新 動機づけ研究の最前線

上淵 寿
大芦 治
編著

北大路書房

はしがき

　動機づけとは何か，それはどのように機能するのか，心理学徒としてどのように関わっていけばよいのか，編者はそんな問題意識を持ち続け，かれこれ30年近くにわたってこの概念と付き合ってきた。

　その途上で，編者は，2004年に北大路書房より『動機づけ研究の最前線』を上梓した。15年が経過した現在，これを読み返してみると，気負いのようなものも感じられていささか恥ずかしくもある。だが，当時，無名の若手が作った著書に多くの専門家から高い評価をいただけて，とても嬉しかったことは今も記憶している。しかし，歳月は経過し，その内容は「動機づけ研究の"最前線"」というタイトルにふさわしいものではなくなってしまった。一方，編者も，この15年間の動機づけ研究の発展を追いかけてゆく中で，過去を振り返りつつ，自分たちなりの動機づけ観を固めるべく努力を続けてきた。そして，ここ数年，それを披露する時期が来つつあることを感じていた。そのような折，北大路書房の薄木さんから前著の改訂の企画のお話をいただいた。こうして，本書『新・動機づけ研究の最前線』は刊行の運びとなった。

　本書の特徴については，編者がここで語るよりも本文を読んで理解していただきたい。だが，その中でも3つほど紹介しておきたい。

　1つ目として，前述のように動機づけの領域では，近年，膨大な知見が集積しつつあるが，本書でも，できるだけそれらをカバーするように努めた。本書の2章から7章の執筆は気鋭の若手研究者諸氏にお願いすることになった。それは，"最前線"に立つ研究者にできるだけ最新の知見を盛り込んでもらおうと考えたからである。

　これらの章で取り上げた主な話題は，円熟期を迎えた自己決定理論をめぐる実証研究の最新動向（2章），学習観や信念と動機づけとの関係に関する研究（3章），他の心理学領域と同様に動機づけ研究においても近年盛んになってきている社会文化的アプローチ（4章，5章），さらには，近年関心が高まりつつある「興味」の問題，動機づけ研究でもようやく取り上げられるようになってきた「コーピング」「エンゲージメント」との関係（いずれも7章）など，実に広範囲にわたる。

i

はしがき

　特徴の2つ目であるが，本書では，前著『動機づけ研究の最前線』で取り上げなかった発達に注目したことをあげておく。読者も6章を一読され，今までにない新鮮さを感じていただけるのではないだろうか。

　最後に，3つ目として述べておきたいことがある。一昔前まで，動機づけ研究は心理学の世界ではややマイナーな領域と見なされてきた。しかし，昨今の研究の飛躍的な発展とともに，特に教育現場の関係者の間で動機づけは一躍人気のテーマとなった。しかし，その一方で，（現場出身者の場合やむをえないのかもしれないが）心理学の専門教育を受けていない者がこの領域に参入するケースも増えてきている。その結果，「動機づけ」と「動機」の混同，「動機づけ」を特性としてみる風潮，「意欲」「やる気」等のあいまいな「日常語」の心理学研究への混入など，心理学的定義，概念，理論的前提を軽視した研究もしばしば目につくようになっている。

　しかし，実際の動機づけ研究には100年以上の歴史がある。本書のタイトルでもある"最前線"の研究も，そうした過去の研究と切り離して語れるものではない。そうした見地に立ち，本書は，まず，序章で「動機づけ」とは，「動機づけ研究」とはいかなるものかを明示し，編者なりに動機づけをめぐるプロセスをモデル化した。こうしたモデル化はおそらく我が国では初めてのものである。そして，このモデルが，初学者や動機づけを専門外とする研究者がこの領域を正しく理解するにあたって少しでも役立つことになれば，と思っている。さらに本音を言えば，このモデルが動機づけの研究者たちにも新しい議論の枠組みを提供することになれば，編者としては存外の喜びである。

　上記のことを考えつつ，本書は何とか出来上がった。しかし，編者もまだ十分に意を尽くせていない面もあるかもしれない。読書諸氏の御指導御鞭撻をいただければ幸いである。

　最後になるが，執筆に際し御教示を賜った諸先生方に厚く御礼を申し上げたい。また，本書の企画及び刊行に際し，今回も万端にわたり支援を惜しまなかった北大路書房編集部の薄木敏之氏に厚く御礼を申し上げる。

2019年6月
編　者

目次

はしがき　i

序章　動機づけ研究の省察―動機づけ・再入門―　1

1節　改めて動機づけとは何か　1

2節　動機づけとは何か：四項関係からみた心理現象　2

3節　動機づけ研究の内容は何か？　3

4節　動機づけの先行要因：環境・文脈　3

5節　動機とは何か　4
  1. 動機と動機づけは異なる　4
  2. 状況変数としての動機と特性変数としての動機　5
  3. 意欲・やる気は動機づけではない　5
  4. 動機の種類　5

6節　動機づけられるもの：動機づけの表出　8
  1. 活性化，方向づけ，維持　8
  2. エンゲージメント　9

7節　結果　10
  1. 生活の変化　10
  2. 動機づけの変化　10

8節　動機づけの主な理論やモデル　11

9節　期待−価値モデル　12

10節　外発的動機づけと内発的動機づけの概念的ねじれ　14

11節　内発的動機づけは「善」で外発的動機づけは「悪」か？　16

12節　本書の構成　17

1章　達成目標理論　20

1節　達成目標理論とそれに関わる中核概念　20
  1. 達成目標理論とは何か　20
  2. 有能さと自尊心との暗黙の関係　21
  3. 有能さとは　21

2節　達成目標理論の変遷と問題　22
1. 初期達成目標理論の概要（1983～1988年頃）　22
2. 中期達成目標理論の概要（1988～1996年頃）　23
3. 後期達成目標理論（1997年頃～現在）　25
4. パフォーマンス接近目標をめぐる論争　28

3節　達成目標に関する実証研究　31
1. パフォーマンス接近目標を中心とする研究やレビュー　32
2. 知見の理論的統合の試み　34
3. 目標の基準・理由をめぐる論争のまとめ　35

4節　達成目標に関連する概念と実証研究　35
1. 暗黙の理論とマインドセット　35
2. work avoidance 目標　37
3. 社会的達成目標　37
4. 目標プロフィールによる個人差の問題　39
5. 目標の数　39

5節　達成目標に関する認知，神経科学的な実証研究　40
1. 記憶　40
2. メタ認知　41
3. 神経科学的知見　42

6節　おわりに：理論の問題点と限界　42
1. 実証研究と理論とのズレ　42
2. 有能さについて　43

2章　自己決定理論　45

1節　認知的評価理論　47
1. 認知的評価理論とは何か　47
2. 認知的評価理論に関する基礎的研究　49
3. 近年の展開，課題と展望　50
4. 認知的評価理論に対する誤解　52

2節　有機的統合理論　54
1. 有機的統合理論とは何か　54
2. 有機的統合理論に関する基礎的研究　56
3. 近年の展開，課題と展望　58

3節　因果志向性理論　60
1. 因果志向性理論とは何か　60
2. 因果志向性理論に関する基礎的研究　61
3. 近年の展開，課題と展望　63

    4節　基本的心理欲求理論　63
        1. 基本的心理欲求理論とは何か　63
        2. 基本的心理欲求理論に関する基礎的研究　65
        3. 近年の展開，課題と展望　65
    5節　目標内容理論　66
        1. 目標内容理論とは何か　66
        2. 目標内容理論に関する基礎的研究　68
        3. 近年の展開，課題と展望　69
    6節　関係性動機づけ理論　70
        1. 関係性動機づけ理論とは何か　70
        2. 関係性動機づけ理論に関する研究と今後の展望　71
    7節　まとめ　73

3章　学習における信念と動機づけ　74

    1節　はじめに　74
    2節　信念の分類　74
        1. 知識の性質に関する信念：認識的信念　75
        2. 学習の成立過程に関する信念　77
        3. 動機づけに関する信念　80
    3節　信念が学習方略に与える影響　83
        1. 個々の信念の影響　84
        2. 信念間の関連　86
    4節　信念の変容　90
        1. 調査研究の知見　90
        2. 介入研究の知見　91
    5節　おわりに　93

4章　社会認知的アプローチ　95

    1節　自己に関連する動機と自尊心　95
        1. 自尊欲求　95
        2. 自己に関連する動機　96
        3. 自尊心の維持・高揚のための行動　96
        4. 自己評価維持モデル　100

  5. 自尊心研究の今後の課題　101
 2節　コントロール　102
  1. 相手を変えるか，環境を変えるか　102
  2. コントロールに関する初期の研究　102
  3. 一次的／二次的コントロール　105
  4. Back/up モデルと Discrimination モデル　106
  5. コントロール研究の今後の課題　107
 3節　制御焦点理論と制御適合理論　109
  1. 快楽原理と2つの制御システム　109
  2. 制御焦点理論　109
  3. 制御焦点の規定因　110
  4. 制御焦点の発達　111
  5. 本邦における研究例　112
  6. 制御適合理論　112
  7. 制御焦点，制御適合を扱う研究の今後の課題　114
 4節　自動動機理論　114
  1. 内省報告の不確かさ　114
  2. 自動動機理論　115
  3. 再現性問題も含めた今後の課題　118

5章　自己と文化のアプローチ　120

 1節　文化心理学としての動機づけ研究　120
  1. 社会文化的アプローチと比較文化的アプローチ　120
  2. 両アプローチの特徴　123
  3. 自己と文化の定義　124
 2節　文化心理学の隆盛　126
  1. 分析の単位　126
  2. 変数間の関連　128
  3. 行為や活動　132
  4. 実践　137
 3節　課題と展望　143
  1. 再現性の問題　143
  2. 展望　145

6章　動機づけの発達　146

1節　はじめに　146

2節　動機づけの起源　147

3節　イフェクタンスとマスタリー　148
1. イフェクタンス動機づけ　148
2. マスタリー・モチベーション　149
3. マスタリー・モチベーションの質的変化　150
4. マスタリー行動の変容の背景　153

4節　自己概念，能力，努力概念の発達　154
1. 自己概念と自己評価　154
2. 能力，努力概念の発達　155
3. 失敗への無力感反応の変化　156

5節　達成目標　158

6節　興味と課題価値の発達　160
1. 興味の発達　160
2. 課題の価値の発達　162

7節　養育態度の影響　163

8節　まとめ　165

7章　感情・ストレス研究アプローチ　166

1節　感情とは　166
1. 感情の定義と種類　166
2. 感情の機能と動機づけ　168

2節　統制−価値理論　170
1. 達成関連感情　170
2. 統制−価値理論　171
3. 統制−価値理論に関する実証研究　172
4. 達成目標と達成関連感情　174
5. 個人間相関と個人内相関の問題　175

3節　興味　176
1. 状況的興味と個人的興味　177
2. 興味の発達モデル　177
3. 類似概念との関係　179
4. 発達モデルの課題　183

4節　ストレス・コーピングと動機づけ　184
　　1. 動機づけレジリエンス　184
　　2. 動機づけレジリエンスに関する実証研究　186
5節　おわりに　187

8章　むすびに代えて
　　―動機づけの4つのプロセスを軸に諸理論を見直す―　188

　　1. 動機づけの定義と4つのプロセス　188
　　2. グランドセオリーについて　190
　　3. それぞれの章について　191
　　4. 動機づけと意志研究について　195

引用文献　198
人名索引　226
事項索引　232

序章

動機づけ研究の省察
—動機づけ・再入門—

1節　改めて動機づけとは何か

　人や動物は，何か行動をする能力を持っていたとしても，常にその行動をとるとは限らない。たとえば，営業先にICTメディアを使って連絡をとることができるからといって，ずっと連絡しているわけではない。また，食物を摂取することができるからといって，いつも食物をとるわけでもない。逆に，たまたま営業先に連絡をとらないからといって，連絡をすることができないとは決めつけられないし，食物をとらないからといって食物をとれないとは限らない。

　こうした問題を解決するのは，動機づけという概念である。つまり，能力と行動（遂行）の間を埋めるのは，能力を行動というプロセスに移す動機づけというプロセスである。

　動機づけ（motivation）とは，行動や心の活動を，開始し，方向づけ，持続し，調整する，心理行動的なプロセスである（上淵，2012a）。

　少し詳細に動機づけの特徴を述べると表0-1のようになる。

▼表0-1　動機づけの特徴

1	心理行動的プロセスが始発する契機（動機）がある。
2	心理行動的プロセスには目標（目的）があり，目標に向かうという意味での方向性(志向性)がある。
3	心理行動的プロセスには強さ（強度）がある。
4	心理行動的プロセスを続ける（持続性）が，時間は限定的。
5	心理行動的プロセスの制御・調整がある（これは特徴に含めない人もいる）。
6	上記のすべての特徴は変化しうる。

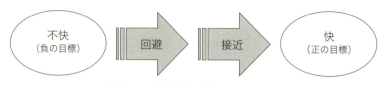

▲図0-1　動機づけの接近と回避の原理

　この表からもわかるように，人の行動の多くは動機づけが関係している。
　動機づけは，目標という視座からすれば，目標志向的な心理プロセスともいえる。ここでいう目標志向性とは，主に快を求め，不快を避けること（正の目標に接近し，負の目標を回避すること）である（図0-1）。
　たとえば，食欲を満たすために，食事をとる。テストで赤点をとりたくないので，勉強するといった行動がそれにあたる。

2節　動機づけとは何か：四項関係からみた心理現象

　動機づけプロセスを要素とその関係として考えると，図0-2のような，4つの要素（先行要因，動機，表出，結果）から構成されることがわかるだろう。
　ただし，動機づけは図0-2の4つのプロセスのような直線的な方向で進むとは限らない。結果は先行要因にフィードバックされ，ループをなしている（図0-3）。

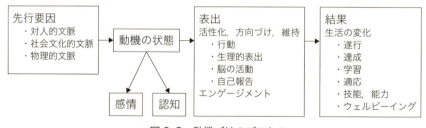

▲図0-2　動機づけのプロセス

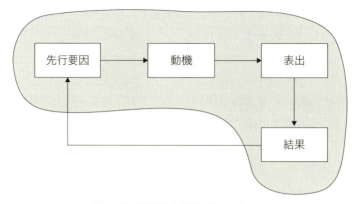

▲ 図0-3　循環的な動機づけのプロセス

3節　動機づけ研究の内容は何か？

上記の動機づけの特徴や要素からすれば，動機づけ研究で問題となるのは次のようなことであろう。

- 動機づけを発動させる先行要因は何か？
- 動機とは何か？
- 動機づけの表出とは何か？
- 結果とは？

以下，この順序で動機づけ研究で扱う内容について検討しよう。

4節　動機づけの先行要因：環境・文脈

個人・個体を取り巻く環境や文脈は多岐にわたる。当然，これらは動機づけにも大きな影響を及ぼす。この影響も，動機を直接刺激して動機づけプロセスを発動させる，いわば刺激変数とでもいうべきものと，発動している動機づけの強度や持続性に変化を与えるという調整変数としての役割を果たすものとに分かれる。

刺激変数としては、必ず取り組む必要のある学習課題や空腹時の食事などが考えられる。一方、調整変数の例を考えると、学校の朝の時間の司会が親友の場合とそうではない場合では、朝の時間への関わりは異なってくるだろう。

また、環境や文脈を別の視点で大別すれば、「対人的文脈」「社会文化的文脈」「物理的文脈」がある。対人的文脈とは、個人を取り巻く他者との関係が中心となる。社会文化的文脈とは、個人を取り巻くより大きな社会の影響、文化の生活様式、価値観などが含まれる。物理的文脈とは、個人が埋め込まれている物理的環境を指す。以下、それぞれについて例をあげておく。

> 対人的文脈の例：好きな先生の担当教科は努力するといったことなど。
> 社会文化的文脈の例：学校に行く・行かないというのは、その人がいる社会や文化の規定によるところが大きい。また、法律等も社会文化によって異なる。たとえば20歳になるまで飲酒はだめだからお酒は飲まない、というルールが当てはまるところもあれば当てはまらないところもある。さらに、自分の卒業大学名を自分の自動車の外から見えるところに貼るのがごく普通の国もあれば、そのようなことがほとんど見られない国もある。
> 物理的文脈（物理的環境）の例：家の外で工事をしていて、うるさくて集中できない、部屋が蒸し暑くて眠く、作業が進まない、など。

5節　動機とは何か

1. 動機と動機づけは異なる

混乱することが多いが、「動機」は、動機づけのプロセスを構成する一要素にすぎない（Reeve, 2018）。動機（motives）とは、動機づけのプロセスを生じさせて持続させる、個体内プロセスの総称である。たとえば、要求、欲求、認知、情動などの変数を包含する。

2. 状況変数としての動機と特性変数としての動機

　一口に動機といっても，状況変数と特性変数の両者があることを指摘しておく必要がある。つまり，状況によって値が変化する変数と，特定の値をとりやすい傾向（特性，パーソナリティ）の2種類がある。主に特性変数が実際の状況変数に影響すると考えられる。なお，後述の感情系の動機は特性変数が多く，認知系の動機は状況変数が多い（信念等を除く）。しかし，名称だけではどちらの変数を指すのかがわかりにくいもの（e.g., 飢餓要求など）があるため，注意が必要である。

3. 意欲・やる気は動機づけではない

　動機づけを日常語に言い換える場合，やる気や意欲のようなものだとたとえることが多い。しかし，本当にそうだろうか。やる気や意欲は，性格，パーソナリティ，特性のように限定的な実体と見なされやすい。これらは，特性変数としての動機にあたるもので，動機づけの一部にすぎない。

　鹿毛（2015）によれば，やる気や意欲は，日常語にすぎないという。つまり，これらは厳密さに欠けるため，「心理学用語」ではないと考えられる。したがって，本書ではやる気や意欲を動機づけと同等のものとは見なさず，これ以降は扱わない。

4. 動機の種類

　まず，要求等の感情系の動機を説明し，次に認知系の動機等を説明する（上淵, 2012b による）。

(1) 感情系の動機
■要求
　要求（needs）は，個人の生活を維持し，成長や健康を養う必要条件である。飢えや渇きは，身体に必要な食物と水を必要とするために生じる生物的要求で

▼ 表0-2　要求の下位分類の例

種類	例
生物的要求	飢えや渇き，性など
心理的要求	自律性，有能さ，関係性など
社会的要求	達成，親和，権力

ある。他方，有能さや所属は，心理的・社会的な維持，健康，成長のために必要な要求である（表0-2）。

■欲求

欲求（desires, wants, strivings）は，要求と混同されることが多い。欲求と要求を区別する立場もある。また，心理的・社会的要求を欲求とし，生物的要求を要求と見なす考え方もある。しかし，どちらも決定的とはいえない。そこで本書では，欲求を要求とほぼ同一の概念として扱う。

■情動

情動（emotions）とは，独自の表出系（表情，姿勢，声音など），独自の情感（feeling），独自の行為傾向（action tendency），独自の喚起状態が結びついた感情プロセスを指す。こうした行為傾向を持つことから，情動は個々の行為を始発し維持する動機づけ機能を持つといわれる（Izard, 1991）。

■選好

選好（preferences）とは，あるものを別のものより好んで選ぶことである。個々人の嗜好（好み）は複数の選択肢間の順序付けとして捉えられる。人は何らかの基準に従って選択肢（alternatives）の中からあるものを選択する。たとえば，音楽CDが10枚あり，どれが一番欲しいか迷う場合，人は好きな順番にCDを並べてみて，一番好きなCDを欲しいと言うだろう。このように，選好は選択や行動に影響するという意味で，動機の一種ということができる。

■態度

態度（attitudes）とは，対象に対する接近と回避に関連した反応準備状態のことである。たとえば，私たちはある政策に「賛成」する，あるいは「反対」するものだ。

態度はきっかけさえあれば，具体的な行動に結びつく要因である。行動の例

としては，政策の浸透のために積極的に発言する。あるいは反対運動をするなどが考えられる。

■動因

動因（drive）は，かつて新行動主義の心理学でよく使われた用語である。歴史的な意義は大きいが，それを除けば，要求とほぼ同義と考えてよい。

では，これらの感情的な動機は明確に区別できるのだろうか。特に情動と要求はどこが違うのか。Reeve（2018）は，動機を「要求」「情動」「認知」の3つに分けている。しかし，食欲と悲しみ，喜び等の個々の感情は区別できるが，情動と要求の線引きは厳密には困難という考え方もある（Panksepp, 2011）。ゆえに，本章では，上記の区別をあくまでも便宜的なものと捉える。

(2) 認知系の動機

主な認知系の動機は表 0-3 のようになる。

▼表 0-3　認知系の主な動機

種類	内容
価値（value）	行動結果への主観的価値づけ
目標（goals）	そうなってほしい事柄（正の目標）または，そうなってほしくない事柄（負の目標）
期待（予期：expectancy）	行動結果が望ましいことになるかの予測（主観的確率；正の期待），あるいは望ましくないことになるのかの予測（負の期待）
信念（beliefs）	安定的な期待や価値観，思い込みを指す。期待は一時的な予測を指すので，信念と必ずしも同一ではない。

■プロセスとしての動機

「動機」を単独の実体として取り上げるモデルは，現在では比較的少ない。近年では，様々な変数が多くモデルに組み込まれることが多い。Reed（2018）が述べるように，「動機」はただの変数というより複数の変数から構成される「プロセス」と考えたほうがよいのかもしれない。

また，要求・欲求に相当するものも，生物学的，神経科学的な解明が進みつつある。このような状況を考慮するならば，繰り返すが「動機」とは単なる実

体ではない。仮定される潜在的能力を行動や心理プロセスとして実行するため，必要なプロセスを仮にそう呼んでいるにすぎない。

6節　動機づけられるもの：動機づけの表出

1．活性化，方向づけ，維持

　主に Reeve（2018）の見解に基づいて，行動，生理的活動，脳の活動，自己報告をあげておく。

　主な行動的表出は，表 0-4 に掲げた。また，生理的活動についても，表 0-5 にあげた。

　自己報告は一般に，インタビューや質問紙による。ヒトの動機づけの測定では，現状では自己報告を使用したものが多い。自己報告は比較的たやすく実施

▼表 0-4　動機づけの行動的表出（上淵，2012a を Reeve, 2018 により一部修正）

努　力	課題達成を目指して力を出して実行する程度。使用した処理容量の割合
潜　時	刺激が露出してから反応するまでの遅延時間
持　続	反応が始まって終わるまでの時間
選　択	複数の行為の選択肢がある場合，他の選択肢ではなく，特定の選択肢を好むこと
反応の確率	行動が生じる様々な出来事がある場合，特定の定位反応を実行する出来事の数（割合）
表　情	表情筋の運動（鼻にしわを作る，上唇を上げる，眉を少し下げる：嫌悪の表情）
身体的ジェスチャー	姿勢，体重移動，足首，腕，手の運動など。

▼表 0-5　動機づけの生理的表出（上淵，2012a を Reeve, 2018 により一部修正）

心臓血管の活動	心臓や血管の活動が，難しい課題や魅力的な誘因を追求するときのように収縮や弛緩をする。
ホルモン活動	唾液や血の化学物質，特にコルチゾールがストレスを，またカテコールアミンが攻撃・逃避反応を制御したりする。
眼球活動	瞳孔の大きさは，心的活動と関係する。不随意の瞬きは，情報処理の流れの中で認知状態の変化を示す。眼球運動は，熟考するときに頻度が増える。
皮膚電位活動	重要あるいは脅威的な事象に対して，電位変化が皮膚の表面で生じる。
骨格の活動	顔面表出や身体ジェスチャー，体重移動と共に生じる，筋肉組織の活動。

できるものだが，報告とその他の指標とがしばしば一致しないという問題がある。また，報告者の経験状態と自己報告された内容とは同一ではない，つまり言語化される際に歪み等を受けるといった問題がある。

2. エンゲージメント

エンゲージメント（engagement）とは，課題への積極的な関与を指す（Christenson et al., 2012；7章参照）。上にあげた動機づけの表出の一種として，Reeve（2018）はエンゲージメントを取り上げている。しかし，エンゲージメントは，上記の行動等と重なる部分が大きい。そのため，エンゲージメントは，表出の他の分類とは同列ではなく，基準が異なると考えられるので，別に項を立てることにした。

エンゲージメントは，さらに行動，感情，認知，行為主体（agency）に分けられる。これらは，図0-4にまとめられる（Reeve, 2018）。

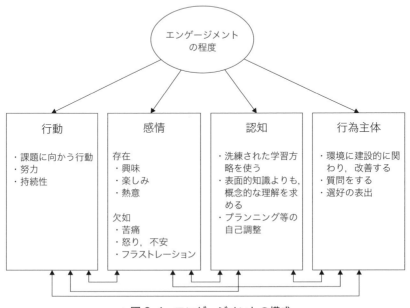

▲図0-4　エンゲージメントの構成

行動的エンゲージメントは，文字通り積極的な行動である。感情的エンゲージメントは，課題に対するポジティブな感情の表出とネガティブな感情の欠如として見出される。認知的エンゲージメントは，適切な方略の使用や理解を求めること，メタ認知の使用などが特徴である。最後に，行為主体的エンゲージメントは，積極的，建設的に活動へ関わっていくことを指す。

ところで，前述のように，行動や結果が，動機に逆に影響を与えることもありうる。特に，情報処理の結果がフィードバックとして，認知的な動機の修正を促すことは十分ありうる。

7節 結　果

1. 生活の変化

遂行，達成，学習，適応，技能・能力，ウェルビーイング等の変化は，従来から動機づけの結果，成果として取り上げられてきたものである。したがって，ここでは詳述はしない。ただ，これらの結果の生体にとっての意味が，生体のその後の動機づけや行動にさらに影響することになる。

2. 動機づけの変化

人は動機づけそれ自体を，積極的に変化させ，調整していく。このような行動を「動機づけ調整（motivational regulation）」と呼ぶ（Wolters, 1998）。近年になって，動機づけ調整研究はさかんになりつつある（Engelschalk et al., 2017；Schwinger et al., 2009；梅本・田中，2012［表0-6参照］など）。

▼ 表0-6　動機づけ調整方略の質問項目の例 （梅本・田中，2012）

自律的調整方略	勉強の内容がおもしろくなるように工夫する 勉強内容でおもしろそうな部分を探してみる 身近な話題に置き換えて考えてみる 自分の興味があることと関連させる 絵や図などを入れてノートの書き方を工夫する 興味のある分野の勉強を合間に挟む がんばって勉強している人を見る 勉強の内容が将来の役に立つと考える 成績を良くするためだと考える 早く勉強を終わらせてしまったほうが楽だと考える 他の人に負けたくないと考える 勉強が終わった後のことを考える 勉強をやり遂げたときの達成感を考える 勉強をやり遂げた自分を想像する 自分の好きな場所で勉強をする 部屋を勉強に集中できる環境にする 勉強の合間に気分転換をする わからない部分を先生や友達などに聞いて勉強内容を理解する 今やっている勉強は簡単だと考える 今の勉強よりも将来はもっと大変なことがあると自分に言い聞かせる この勉強は自分に必要なことだと言い聞かせる
成績重視方略	単位を取るためだと考える 勉強をしないと単位が取れないと考える

8節　動機づけの主な理論やモデル

　前節で述べたように，動機づけは，動機の種類から感情的な動機づけ理論と認知的な動機づけ理論との大きく2つに分類することができる。しかし，これも便宜的なもので，実際には両者の特徴を持った理論やモデルも多い。主な理論・モデルを表0-7に示した。
　これらのうち，自己決定理論，期待−価値モデル，達成目標理論以外は本書

▼ 表0-7　動機づけの主な理論・モデル

感情的な動機づけ理論・モデル	新行動主義の古典的な動機づけ理論，欲求−圧力理論，達成動機，内発的動機づけ，自己決定理論など。
認知的な動機づけ理論・モデル	ローカス・オブ・コントロール（Locus of Control），自己効力，学習性無力感，原因帰属，期待−価値モデル，達成目標理論など。

9節　期待−価値モデル

　本書では，複数の動機づけ理論やモデルを扱っているが，期待−価値モデルに特化した章をおかなかった。そこで，本節では期待−価値モデルについて，簡単に紹介しておく。

　Wigfield & Eccles（2000）の期待−価値モデル（expectancy-value model）は，いわゆる期待×価値理論（たとえば，Atkinson & Feather, 1966）の一種である。期待×価値理論とは，動機づけの強さは期待と価値を乗じたものによって規定されるという理論の総称であり，現在の動機づけ理論やモデルに大なり小なり影響を与えている。期待×価値理論の詳細については，宮本・奈須（1995）を参照されたい。Wigfieldらのモデルは，現在の動機づけの諸理論の中で，期待×価値理論の代表格といえるだろう。

　まず，価値は，課題に対する主観的な価値づけのことである。WigfieldとEcclesは，4種類の価値を想定している（興味価値，達成価値，利用価値，コスト）。興味価値は，「課題をすることがおもしろいということ」である。達成価値は「成し遂げることに意義があること」，利用価値は「課題をすることが将来などで役立つと考えられること」である。最後のコストは他の3つの価値と異なる，「負の価値づけ」である。つまり，課題をすることでかえって損をするという想定などを指す。一方，期待は成功期待1つだけである。

　しかし，彼らのモデル図（図0-5）をみると一目瞭然であるが，このモデルは単純に，期待と価値が行動等に影響することを示すものではない。むしろ，様々な価値観や役割観を持つ社会化の担い手たちの影響を受けて，個人の自己概念や価値観等が発達し，それが期待や価値を形成していることがわかる。つまり，一種の大がかりな社会化モデルなのである。価値の種類等だけに着目することは，彼らのモデルを矮小化することに他ならない。このことに注意する必要があるだろう。

　実証研究をみると，価値と期待はパフォーマンスや方略選択等に影響を及ぼしていることがわかる（Wigfield et al., 2006）。特に，価値は，パフォーマンス

9節　期待－価値モデル

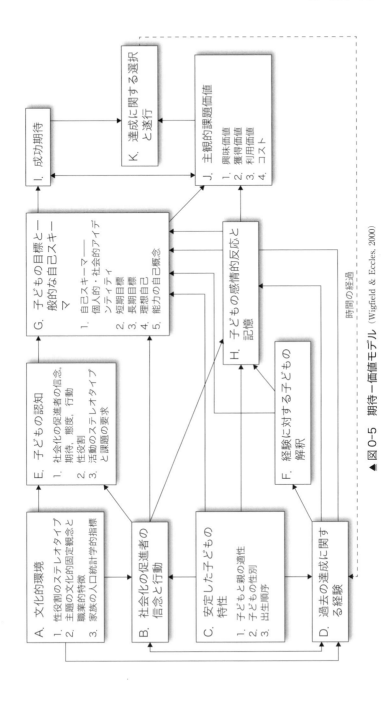

▲図0-5　期待－価値モデル (Wigfield & Eccles, 2000)

よりも，選択や課題遂行の意図に影響していた。

　Lauermann et al.（2017）は，3つの時点にわたる縦断的研究を行った。その結果，課題価値が興味と実用価値が3年後の興味と利用価値やキャリアのプランニングに影響していることが示されている（図0-6）。

　ところで，この期待－価値理論は，達成目標理論，自己決定理論と並んで2000年代以降の動機づけの3大理論とでもいうべきものになっている。しかし，これらの1つひとつは，複雑で様々な特徴を備えており，他のスモールセオリーの基礎となるような，簡潔かつ一般的なグランドセオリーとは，到底言えない。いずれも有力なスモールセオリーと考えるほうがよいだろう。

　動機づけを考える際に，その他にも細かな概念や定義の問題が多数存在する。それらは各章で詳細に扱うが，ここでは1点，動機づけ用語で最も人口に膾炙すると思われる内発的動機づけと外発的動機づけの関係について，簡単に述べておく。

10節　外発的動機づけと内発的動機づけの概念的ねじれ

　外発的動機づけと内発的動機づけの関係については，研究者によって異なる主張がなされている（Schattke & Proulx, 2018）が，それらはかえってこの研究領域を混乱させている。これらの定義をできるだけ統合的に扱おうとする試みもあるが，かえって何が外発的動機づけであり，内発的動機づけであるかがわからなくなるだけだと筆者は考える。

　そこで，本章では，心理学での概念の提唱者である，Woodworth（1918）に立ち戻ることを主張する。彼の記述自体は古風な文体であるためにわかりにくいが，現代風にいえば，内発的動機づけとは「活動に固有の動機がある」動機づけである（p.70）。この記述から推測するなら，外発的動機づけとは「活動とは別に動機がある」動機づけということになる。より現代的に述べるなら，行動自体が目的である動機づけ（あるいはこれが論理矛盾だ［Reiss, 2005］とするならば，目的のない行動の動機づけ）と，行動とその目的を分けることができる動機づけの違いだろう。これが一番単純明解な定義だと考える。

　このような定義をもって考えれば，2章で説明するDeciやRyanの自己決

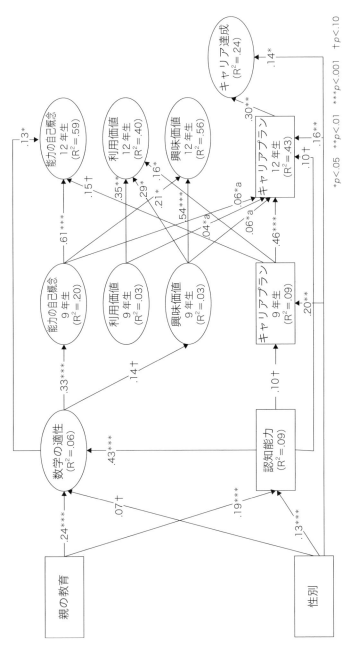

▲図 0-6　Lauermann et al. (2017) の結果

理論，特に有機的統合理論で，なぜ取り入れ的調整や同一視的調整，統合的調整の段階が，内発的動機づけではなく，外発的動機づけの側に位置づけられるのか，簡単にわかるだろう。

また，上記の視座に立てば，達成動機づけ（achievement motivation）は，一部で見なされているような内発的動機づけの一種ではなく，外発的動機づけの一種と見なせることがわかる。

なぜならば，達成動機づけは，何らかの優れた事柄（目標）を成し遂げようとする動機づけのことだからである。

11節　内発的動機づけは「善」で外発的動機づけは「悪」か？

上記の定義を生かせば，日本の教育界などで蔓延っている「内発的動機づけは善で外発的動機づけは悪」という考え方が，いかに偏っているかがわかるだろう。外発的動機づけは，何も「外から強制的に報酬や罰によって人の行動をコントロールするあり方」だけではないのだ。むしろ，社会の中での人の一般的な動機づけのあり方そのものですらある。

これに対して，アンダーマイニング効果の問題を取り上げる人もいるだろう。アンダーマイニング効果とは，自発的活動に対して報酬を与え続けて，後に報酬を取り去ると，報酬を与える前よりも活動量が低下する現象を指す。すなわち，報酬が内発的動機づけを低下させる，とされる現象である（Lepper & Greene, 1978）。一般にアンダーマイニング効果は普遍的に存在すると信じられている（Deci & Ryan, 1987）。しかし，それとは対照的に，むしろこの効果が希少なものだという研究がかなり蓄積されていることも事実である（Cameron & Pierce, 2002）。それゆえに，アンダーマイニング効果の存否については，学界の中での注目度は低いながらも，いまだに議論の的になっているのである（Hidi, 2016）。したがって，アンダーマイニング効果を証拠として報酬の負の効果を論じるのは性急だと言わざるを得ない。

このように，動機づけを善悪で判断するのは不適切というべきであり，それ自体大きな問題だと言わざるを得ない。

さらに，内発的動機づけはポジティブな内発的動機づけ（positive intrinsic

motivation）とネガティブな内発的動機づけ（negative intrinsic motivation）に分けることができる（Pekrun, 1992）。ポジティブな内発的動機づけとは，通常の意味での，行動それ自体が（正の）目標である動機づけである。ネガティブな内発的動機づけとは，行動それ自体が負の目標である動機づけである。したがって生体は，その行動をとらない，もしくは異なる行動をとってその行動を回避することになる。

上記の区別を受け入れるならば，ますます内発的動機づけを倫理的にただ良いとすることはできない。内発的動機づけは，積極的に特定の行動を促すだけではないことになる。しかも，内発的動機づけの正負の違いは，単純に行動それ自体が正の目標か負の目標か否かという問題にすぎない。

内発的動機づけを，教育的，社会的に無条件に善いとする立場には一考を促したい。

12節　本書の構成

2004年刊行の前著の内容を本書でそのまま受け継いでいるのは，2つの章のみである。残りは複数の章を1つにまとめたり，新たに書き起こしたりした章ばかりである。また，自己調整学習（自己制御学習）は，すでに多くの書籍が刊行されているため，本書では省いた。神経科学アプローチは当初独立の章として予定していたが，事情により，残念ながら割愛せざるを得なかった。

序章は，動機づけとはそもそもどんなことなのかをできるだけ厳密かつ簡潔に記し，また「動機づけ」にまつわる様々な誤解を払拭し，そして他の章の基礎となるような他の章同士の関係や本書の構成について明らかにするため，一から書き起こしたものである。

達成目標理論（1章），自己決定理論（2章）は，前著でも詳述したが，さらにいくつかの理論的な進展があり，かつ膨大な実証研究が生産されている。これらについて，複数の特徴的な問題を取り上げる。

さらに，自己や社会文化的アプローチについては，1つの章にまとめつつ，引き続き取り上げる（5章）。社会文化的アプローチは，ここ十数年だけをとっても心理学の様々な領域で普及しつつあり，動機づけ研究も例外ではない

(McInerney et al., 2011)。また，自己心理学の研究も社会文化的なアプローチからの研究が増えている（Kirschner & Martin, 2010）。

　その他の章は，新たに加えたものである。動機づけと信念の章（3章）は，非常に広汎な内容を含むものであるが，ここでは主に行動の結果獲得される知識の性質や，行動の方法等の信念に限定して，動機づけとの関係について検討する。

　社会的認知（4章）は，元々，社会心理学の中では動機づけとの関係が深いものである。顕在的認知・潜在的認知の二重過程モデル等は，動機づけと切っても切れない関係にある。

　感情とストレスの章（7章）は，動機づけを感情やストレスの側面からみるものである。このような視点は，海外では珍しくないが，少なくとも日本では新行動主義が隆盛な時代を除けば，最近まで稀な見方であった（例外として，上淵，1995, 2008）。たとえば筆者らは2012，2013年に国内学会の大会で，感情を基盤とする視座から学習や発達，動機づけ等を検討するシンポジウムを複数回開いたが（上淵・小泉・野坂・若山・利根川・遠藤・松尾，2013；上淵・小松・豊田・本山・利根川・遠藤・市川，2012；上淵・砂上・小松・井ノ崎・澤田・中澤，2013），ほとんど注目されなかった。これもタコツボ型研究社会の弊害であろう。この章では，情動の持つ動機づけ機能（Izard, 1991）について詳述する。また，内発的動機づけの文脈で重視されてきた興味それ自体が研究の俎上に乗ったのは，内発的動機づけ研究よりもずっと遅れた。それはここ20年ほどのことであるが（Renninger et al., 1992），年々増加しているこうした実証研究等を概説する。さらに，最近勢力を拡大しつつあるPekrunの統制－価値モデル（Pekrun, 2006）も説明する。また，ストレスのコーピングやエンゲージメントの観点からの動機づけ研究も進んでおり（Skinner et al., 2009），これらについて概要を記述する。

　重要な章の紹介を忘れてはいけない。動機づけの発達研究の歴史は古いが，発達心理学の中ではそれほど多くの実証研究がされてきたとは言いがたい。しかし，マスタリー・モチベーションの発達，養育行動との関係の発達等についてはみるべきものもある。このような知見については，発達の章（6章）で紹介する。

以上の章で取り上げている内容は，いずれも本章冒頭で示した動機づけプロセス全体あるいはその要素をクローズアップしたものになっている。たとえば，達成目標理論や自己決定理論は，どちらも動機づけプロセス全体を射程に入れて構築されたものと考えられる。ただし，両者ともに実証研究としては，個人内要因を強調する傾向が認められる。自己や社会文化的アプローチの研究は，必ずしも本章で示した動機づけプロセスに位置づけられないものが多い。社会的認知の研究の多くは，環境要因と動機との関係に着目した研究が多いのが特徴だろう。感情とストレスの研究は，先行要因全体と動機，表出，結果の全体にわたるものが目立つ。発達研究はプロセス全体に着目したものが多いと考えられる。

　また，方法論からいえば，達成目標理論や自己決定理論等に基づく研究や，信念に関する研究の多くは，調査に基づくものが多い。それに対して，社会的認知研究は実験的なものが増えている。その他のアプローチ，たとえば社会文化的研究ではフィールドワーク的な研究が目立つ。感情とストレス研究は，質問紙調査も多かったが，今後は実験等の異なるアプローチが増加するだろう。

　最後に，これらの章の関係について整理しておこう。達成目標理論の章や信念と社会的認知の章は認知，感情とストレスの章は感情の側面から動機を捉える。こうした検討の上に，自己決定理論は独自の理論的展開を示す。自己と社会文化的アプローチの章では，先行要因としての内的・外的環境と動機との関係を検討する。このように，近年の動機づけ研究の多様な発展を，できるだけ同じ土俵の上で検討するのが，本書の目的である。

1章
達成目標理論

1節　達成目標理論とそれに関わる中核概念

1. 達成目標理論とは何か

　達成目標理論（achievement goal theory）は，1980年代はじめに台頭し，現在に至るまで研究され続けている理論である。この理論は，人を有能であることを求める存在だと規定する。その有能さ（competence）を求めるために人は達成目標（achievement goals）を設定する。そして，達成目標の内容や基準により，行動や感情が変化すると主張する。なお，達成目標の代わりに目標志向性（goal orientation）という用語が使われる場合があるが，便宜上ここでは，達成目標に統一する。

　達成目標が有能さに関する活動の目的であるとすれば，達成目標は有能さの獲得，維持という主目標に対して下位目標にあたると見なすこともできる（Schutz, 1994；上淵・川瀬，1995）。では，有能さはどのように決まるのか。これを規定する構成体として能力概念（Nicholls, 1984）あるいは知能観（Dweck & Elliott, 1983）というものが導入された。これらはいわば，有能さに関する素朴心理学（心の理論）として構想されている（Dweck & Elliott, 1983；Dweck & Leggett, 1988；Dweck, 1999）。

　では，なぜ有能さが重要なのか。それは，有能さが自尊心と結びつくと考えられているからである。

2. 有能さと自尊心との暗黙の関係

　Covington & Beery（1976）の自己価値理論（self-worth theory）では，能力が高いことが自己価値（自尊心，自尊感情）を高めるとされる。そこで，人は自己価値を高め，維持しようとする傾向を持つと考えられている。また，能力が高いことを示し，低いことを示すのを避けることが，社会的場面では重要になる。この考え方は，達成目標の一種である標準的な「パフォーマンス目標」そのものである。すなわち，達成目標理論は，自己価値理論をほぼ内包している。

　達成目標理論では，Covington や社会心理学における自己研究者たちが仮定する自己高揚動機（自尊心を高めようとする動機）以外の傾向をも仮定しているようだ。たとえば課題選択行動に関する研究では，達成目標のうちの「マスタリー目標」（課題を完了し，能力を発達させること）を設定している人は，中程度に困難な課題や挑戦的な課題（challenging tasks）を選ぶという。この説明として，マスタリー目標を持つ人は「失敗を自己への脅威と見なさず，有益な情報源とする」という主張もされている（Dweck & Elliott, 1983）。これは，おそらく Trope らのいう課題の診断性（Trope & Brickman, 1975）に基づく課題選択が想定されていると思われる。課題の診断性とは，その課題を実行することによって，自己の能力を正しく評価できる程度を指す。たとえば Dweck らの記述では，マスタリー目標を持つ状態では「能力に関する正確な情報を」探索すると述べられている（Dweck & Elliott, 1983, p. 655 など）。したがって，マスタリー目標は，社会心理学で，課題の診断性の重視を背後から支えると仮定される自己知識の動機（自分について理解をしたいという気持ち）と類似する点を持つ。

3. 有能さとは

　では，有能さとはなんだろうか。一般に，有能さとは White（1959）のコンピテンス（competence）を起源とする概念だと考えられている。コンピテンスとは，「効果的に環境と相互作用する能力かつ動機づけ」である。しかし，達成目標理論で扱う有能さは，単純に「できること」「能力があること」を指して

いると思われる。この問題は，本章の末尾で再度検討する。

2節　達成目標理論の変遷と問題

　ここでは3期に理論の流れを区分する。初期・中期の説明は，前著（上淵，2004）で行ったので軽く言及するにとどめ，本章では後期を主に説明する。

1. 初期達成目標理論の概要（1983～1988年頃）

　1970年代～1980年代前半にかけて，帰属因の発達の問題（Nicholls, 1989），学習性無力感の実験結果の問題（Dweck & Elliott, 1983）の解決のために，動機づけモデルが実証研究の積み重ねの上に構築されていった。紙幅の問題と，本章は現在の達成目標理論に焦点を当てることが目的であるため，詳細は，上淵（2004），上淵・川瀬（1995）を参照されたい。理論が形を整えていくのは1986年前後である。

■Dweckのモデル

　初期の達成目標理論には，Dweckらのモデル（Dweck, 1986 ; Dweck & Elliott, 1983 ; Dweck & Leggett, 1988）とNichollsらのモデル（Nicholls, 1984, 1989）がある。両者は共通点が多く，本章ではDweckらのモデル（Dweck, 1986 ; Dweck & Leggett, 1988）を紹介することにする。達成目標理論のオリジナルモデルである両者の異同やその関係は，達成動機づけの理論史を研究する際に興味をひくテーマであるが，これは別稿に譲りたい（上淵，2003）。

　Dweckのモデルは，達成動機づけを，有能さを希求する動機づけと定義する（Dweck & Elliott, 1983 ; Schutz, 1994 ; 上淵・川瀬，1995）。ゆえに，人は能力を立証したり，能力を獲得したりするために，行動すると見なす。ここで，普通の人々からみて，有能さ，つまり能力とは，具体的には何を指すのか。能力にもいろいろあるが，特に知能を定義づける素朴理論として，「（暗黙の）知能観（[implicit] theories of intelligence）」という概念が用いられている。これには，2種類の知能観が想定されている。一方は，知能を統制不能で安定的

▼ 表1-1 Dweckの達成目標のモデル (Dweck, 1986)

知能観	目標	現在の自信	遂行パターン
固定理論	パフォーマンス目標	高	マスタリー志向
		低	無力感志向
増大理論	マスタリー目標	高	マスタリー志向
		低	マスタリー志向

な1つの実体だと捉える「固定理論（entity theory）」であり，他方は知能を統制可能で，不安定で成長する，多数のスキルの集合と捉える「増大理論（incremental theory）」である。

固定理論を持つ人は，能力を安定的で不変とみるために，能力が高いと判断されるようにして，能力が低いと判断されるのを避けることを目標とする。すなわち「パフォーマンス目標（performance goal）」を設定して行動する。一方，増大理論を持つ人は，努力によって能力を伸ばせると考えるので，能力を伸ばすことを目標とする。これを「マスタリー目標（mastery goal）」（Dweck自身は learning goal という用語を使う）と呼ぶ。

パフォーマンス目標を持つ人の行動パターンは，現在の能力への自信が高いか低いかによって変わる。能力の自信が高い場合は，能力が高いことを示そうとして努力するが，能力への自信が低い場合には挑戦を避ける。また，パフォーマンス目標の下では，失敗は低い能力の証拠と判断されるために，無力感になりやすい。逆に，マスタリー目標を持つ人の行動パターンは，能力への自信の高低とは独立に，課題ができることを目指すものである。ゆえに，困難な課題に挑戦し，達成行動を積極的にする。また，失敗を成功の情報源と見なすとされている（Dweck & Leggett, 1988；表1-1）。このうち，達成目標から行動等への影響については Elliott & Dweck（1988）によって立証されている。

2. 中期達成目標理論の概要（1988〜1996年頃）

だが，1990年代以降の達成目標研究は，Dweckの主張とは異なる展開を示した。

1章　達成目標理論

　Ames ら（Ames, 1992；Ames & Archer, 1988）によって，当時，研究者によって異なる名前で呼ばれていた達成目標は，マスタリー目標とパフォーマンス目標に整理された。そして，この2つの目標による，様々な心理現象の説明がなされた。

　これ以降，達成目標研究の多くが，個人のマスタリー目標とパフォーマンス目標を設定しやすい傾向（達成目標志向性）を質問紙で測定し，それと達成指標や適応指標との関係を相関関係から分析する，という手法をとるようになった。この種の研究では，知能観等の達成目標に影響する要因は，ほぼ無視された。

　繰り返しになるが，多くの研究が達成目標を持ちやすい傾向すなわち，達成目標志向性（achievement goal orientations）という特性に近いものを扱っていたことに注意されたい。一方で，実験場面では，教示等によってその場の状況で特定の目標を実験参加者に持たせる場合もある（本章5節等参照）。このような特性変数あるいは状況変数としての達成目標の違いについて，実証研究や文献研究では比較的重視しない場合もある。今後の課題といえるが，本書でも以下特別な場合を除き，達成目標志向性を達成目標と略記する。

　さらに，上記のように同様の目標であっても異なる名称で呼ぶ場合が多い。たとえば，マスタリー目標ではなく学習目標（learning goal）という名称を使う場合もある。あるいは課題志向性（task orientation）という名称も用いられる。また，mastery goal の訳語として，熟達目標，習熟目標，習得目標などが使われることもある。

　しかし，Grant & Dweck（2003）が述べているように，mastery には学習（learning）という意味が十分込められていないようなので，逆に学習の意が込められている上記の訳語は残念ながら適切ではないかもしれない。そのため，本章ではマスタリー目標という言葉を使うこととする。こうした用語の詳細については，上淵（2003）を参照されたい。本章では煩雑さを避けるため，原文では異なる名称を用いていても，便宜上，マスタリー目標とパフォーマンス目標という用語を一貫して用いることとする。

　多くの研究の成果を簡単にまとめると，マスタリー目標が達成と正の関係にあり，適応と結びつきやすく，パフォーマンス目標が達成と負の関係にあり，不適応と結びつきやすいというものであった（実証的知見の詳細は，上淵，

2004 を参照)。だが，マスタリー目標と比べて，パフォーマンス目標は研究によって結果がやや一致しないという問題もみられた。

これが，後期達成目標理論としての改訂版達成目標理論 (revision of achievement goal theory ; Harackiewicz et al., 2002) を生み出すきっかけとなった。なお，上記の Ames らまでの達成目標理論は，改訂版達成目標理論の立場からは，標準理論 (normative theory) と呼ばれることがある。

3. 後期達成目標理論（1997年頃〜現在）

(1) 改訂版達成目標理論：達成動機づけの階層モデル

改訂版達成目標理論の主要な点は，目標数の追加である。その理論的背景の1つに達成動機づけの階層モデルがある。

このモデルは達成目標研究が多くなるにつれて，達成目標概念が混乱してきたことを批判的にみる立場である (Elliot & Church, 1997)。この立場では，概念を整理するために古い理論やモデルを多数利用する。達成動機の研究の初期では，エネルギーとしての動機や感情と，それを方向づける価値を区別することが主張されてきた (McClelland et al., 1953)。そこからヒントを得て，感情や動機を基礎として達成目標が行動に影響するという階層構造から，達成動機づけを捉え直す立場であり，ゆえに「達成動機づけの階層モデル (hierarchical model of achievement motivation)」(Elliot, 1999) と呼ばれる。

Elliot を中心とする研究グループは，達成目標概念に含まれる様々な諸要素を整理して，以下のように主張した (Elliot & Church, 1997)。

達成目標理論は，様々な諸変数を説明できるとされ，感情，価値，原因帰属等といった変数をまとめる概念枠組みとして扱われる場合もある (Urdan, 1997；表 1-2 [Dweck & Elliott, 1983])。しかし，達成目標中の何の要素が，何の変数に影響するかがあいまいになっていることもある (Elliot & Thrash, 2001)。

達成目標研究における目標概念は，二分される (Elliot & Thrash, 2001)。一方は，人がその達成に従事する「目的 (purpose)」であり，他方は，様々な変数関係を統一する達成課題に対する「志向性 (orientation)」である。これらの概念を Elliot らは批判する。

▼ 表 1-2　志向性としての達成目標等 (Dweck & Elliott, 1983, p.655)

知能観	増大理論	固定理論
知能は…	努力を通じて増えるスキルのレパートリー	全体的，安定的な実体で，その適切さは遂行成績によって判断される
努力は…	知能を高める手段	低い知能を曝すかもしれないリスク
目標設定	マスタリー目標	パフォーマンス目標
要　素	能力の増進	能力の判断
1．問題への導入	私は，それがどうやったらできるのか？私は，何が学べるのか？	私はそれができるか？私は賢く見えるか？
2．注意の焦点	過　程	結　果
3．誤　り	当たり前，役立つもの	失　敗
4．不確実性	魅力的	脅　威
5．適切な課題	最大限の学習（賢くなる）	できるだけ賢く見せること
6．探　索	能力の正確な情報を得るため	自分をよく見せる情報を得るため
7．規　準	個人的，長期，柔軟	規範的，直後，固定的
8．期　待	努力の強調	現在の能力の強調
9．教　師	資源，導き手	判定者，報酬の提供者／圧力者
10．目標価値	「内発的」，技能の価値，活動，発展	「外発的」，判断の価値

　まず，「目的」の立場では，「目的」が，何かがされる「理由」と「基準」（e.g., 相対評価基準か個人内評価基準か）という意味の2つで考えられるのに，それを峻別していないことを指摘する。

　次に，「志向性」の立場では，研究で達成目標の効果があっても，達成目標のうちの何が影響したのかが明確ではないこと，達成目標の特徴数を限定するガイドラインがないことが問題視された（Elliot & Thrash, 2001）。

　これらの達成目標の問題に対して，Elliot らは対策を考えた。第一に，達成目標に影響する概念として，「理由（reasons）」を規定し，達成目標と区別した。理由には，従来の達成目標の定義である「できる，能力を伸ばす」または「能力をはっきり示す」という内容も含まれる。また，達成動機づけ研究がこれまで扱ってきた，不安，達成動機，親和動機などのように，感情要素も含まれる。こうして達成目標を「理由」と区別した（Elliot, 1999；図1-1）。

　そして，達成目標を，有能でありたい人が，具体的に達成しようとする内容

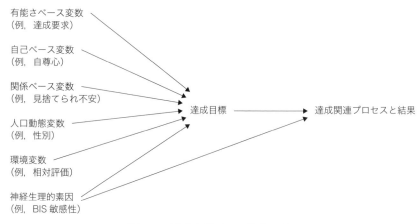

▲図1-1　達成動機づけの階層モデル

の認知的表象と定義した（Elliot, 1999）。「理由」と達成目標はどのように関係するのか。たとえば，方向性が定まらないエネルギーとしての「理由」が行動の基底に存在する。「理由」に，具体的な結果という意味を持つ目的としての目標が適用され，エネルギーの方向性が定まって，実際の行動が決定される。

以上のような達成動機等が達成目標に影響し，それが具体的な達成行動に効果を持つという段階がある。

さらに，達成目標を分類する次元として，接近－回避と，基準（個人内評価－相対評価）を設定した。これについては，4目標説の節で説明する。

(3) Harackiewicz, Elliot らによる3目標説（1997〜2000年前後）

この説では，特に，パフォーマンス目標を二分して研究することが強く主張された。相対評価の基準で接近すべき正の目標をパフォーマンス接近目標，回避すべき負の目標をパフォーマンス回避目標とした。この主張の根拠は，前述したように，パフォーマンス目標と達成行動との関係が不安定なことにある（Pintrich, 2000）。したがって，Elliot ら（Elliot, 1999；Elliot & Harackiewitz, 1996；Elliot & Sheldon, 1998）は，パフォーマンス目標を2つに区分し，少なくとも3つの達成目標を設定するモデルを提案した。そして，パフォーマンス

1章　達成目標理論

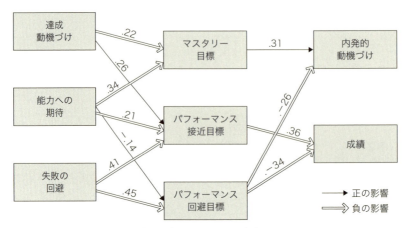

▲図1-2　3つの達成目標に関するパス解析（Elliot & Church, 1997）

接近目標が正の結果と関連があり，パフォーマンス回避目標が負の結果と関連がある，と主張した。

　上記の3つの目標と理由との関係について，Elliot & Church (1997) は実証を試みている。この研究では，達成動機づけ，能力への期待，失敗の回避を第1水準，マスタリー目標，パフォーマンス接近目標，パフォーマンス回避目標を第2水準におき，第3水準に内発的動機づけと成績を設定して，パス解析を実施し，モデルを実証している（図1-2）。また，Rawsthorne & Elliot (1999) は，メタ分析を行って，パフォーマンス目標を二分する有効性も主張している。

4．パフォーマンス接近目標をめぐる論争

　Midgley et al. (2001) は，知見の矛盾に基づき，3目標説に対して批判を行った。このうちパフォーマンス接近目標への批判は重要で，以下の4点にまとめられる。

(a) パフォーマンス接近目標は達成成績のような変数とは正の関係にあるが，有意味学習や記憶の保持とはそのような関係にない。

(b) パフォーマンス接近目標は高学年の能力の高い生徒では正の結果と関係があるが，それ以外の生徒では関連が低い。
(c) パフォーマンス接近目標は，競争環境では正の結果と関連があるが，それ以外の環境ではそうでもない。
(d) 環境の変化があるとき，パフォーマンス接近目標の適用はリスクを伴う。

以上からわかるように，彼女らは，パフォーマンス目標を2つに分けることの意義について疑問を呈しているのだ。

それに対して，Harackiewicz et al. (2002) は，主に新しい知見に基づいて反論を行った。その概略は，①マスタリー目標は，パフォーマンス目標とは独立に興味と関連があるが，達成とはほとんど関係がない。一方で，パフォーマンス接近目標は興味と関連がないが，達成と関係がある，②マスタリー目標とパフォーマンス接近目標がどちらも高いときに最も適応的であること，などである。

Kaplan & Middleton (2002) は，おおむね Harackiewicz らの主張を受け入れ，パフォーマンス接近目標の存在意義を認めている。一方で，先に述べた (a) ～(d) の主張は譲っていない。また，「マスタリー目標は常に良く，パフォーマンス目標は常に悪い」という主張を Kaplan らがしたかのように Harackiewicz らが決めつけているがそのようなことは主張していない，と否定している。

この論争以降，パフォーマンス接近目標の存在意義や機能についての研究やレビュー，論争が，達成目標研究の中心課題の1つとなっていった。

また，上記の論争とは別に，Grant & Dweck (2003) は同様の問題を扱っている。彼女らは達成目標概念の混乱を整理するために，複数の目標概念を測定する質問項目への回答に因子分析を実施した。その結果，学習目標（マスタリー目標に相当），能力目標（自己の能力を立証する），結果目標（できるようになりたい），相対目標（他人よりもできる）に因子が分かれた。そして，内発的動機づけの喪失や学習に時間や努力をかけないこととの相関関係から，パフォーマンス目標としては，能力目標が適している，と結論づけている。

これらの問題は実証研究の節で改めて扱う。

(1) 4目標説

　この説は，Elliot & Thrash（2001）が詳しく説明している。Atkinson は，達成動機づけ研究において，達成動機を成功接近動機と失敗回避動機に区分した（Atkinson & Feather, 1963）。Elliot らは，Atkinson らの理論を手がかりにして，「接近－回避」を両極とする次元を考案した。さらに，個人内評価と相対評価を両極とする「基準」を2つ目の次元と見なした。この2つの次元を組み合わせると4象限ができる。そこに各々の達成目標を位置づけた（Elliot & McGregor, 2001；表1-3）。まず，マスタリー目標とパフォーマンス目標を区別するために，先にあげた達成目標の基準の区別（個人内評価か相対評価か）を適用した。そして，マスタリー目標とパフォーマンス目標に，各々接近目標と回避目標を設定した。こうして，4つの達成目標が設定された。

　なお，誤解されがちなので明記しておくが，Elliot らは，まだ4目標説の実証研究を開始したばかりの2001年の段階で（Elliot & Thrash, 2001），すでに後述の6目標説も主張している。6目標説が実証研究として明確に示されるのはかなり後だが，理論的には2001年の段階で唱えられていることに注意されたい。

▼ 表1-3　有能さの基準と接近－回避性との組み合わせによる4つの達成目標
（Elliot & Thrash, 2001；Pintrich, 2000）

有能さの基準	接近への注目	回避への注目
個人内基準	課題の完了，学習，理解に着目 自己の成長，進歩の基準や，課題の深い理解の基準を使用 マスタリー接近目標	誤った理解を避け，学習しなかったり，課題を完了できなかったりすることを避ける 課題に対して正確にできなかったかどうか，よくない状態ではないかという基準を使用 マスタリー回避目標
相対基準	他者を優越したり打ち負かしたりすること，賢くあること，他者と比べて課題がよくできることに着目。 クラスで一番の成績をとるといった，相対的な基準の使用 パフォーマンス接近目標	劣っていることを避けたり，他者と比べて愚かだったり頭が悪いと見られないことに注目。 最低の成績をとったり，教室で一番できなかったりすることがないように，相対的な基準を使用 パフォーマンス回避目標

	定義		
	絶対 (課題)	個人内 (自己)	対人 (他者)
ポジティブ (成功接近)	課題接近目標	自己接近目標	他者接近目標
ネガティブ (失敗回避)	課題回避目標	自己回避目標	他者回避目標

(縦軸：誘因価)

▲図1-3　6目標モデル

(2) 6目標説

Elliot et al.（2011）の3×2の6目標説は，2001年の論文（Elliot & Thrash, 2001）ですでに言及済みである。有能さの第3の基準として，課題基準を2×2の4目標説に組み込んだのだ。課題基準とは，課題を正確にこなすことを指す。したがって，課題接近とは，課題を正確に解決することを指す。課題回避とは，課題を不正確にこなすことを避けることになる。この2つの目標を4目標説に組み込んで，6つの目標によって達成目標を構成する考え方を，ここでは6目標説と呼んでおく（図1-3）。

この説にしたがって，Elliotらは自己報告尺度を構成し，その信頼性と妥当性を確認している。

だが，この説については，現時点ではまだそれほど実証が進んでいない。

3節　達成目標に関する実証研究

達成目標の実証研究は非常に多く，類似の研究間で異なる結果が得られていることも多い。そこで，以下では，実証研究のメタ分析やレビュー論文を中心に取り上げて，最近の達成目標研究の全体像を少しでも浮き上がらせるように努めた。

なお，質問紙調査や実験の手続き等の詳細は，紙面の都合上省いた（上淵

[2004], 上淵・川瀬［1995］等を参照)。

1. パフォーマンス接近目標を中心とする研究やレビュー

 Payne et al. (2007) のレビューでは, 達成目標の規定因から, 特性としての達成目標へ, さらに状況変数としての達成目標を経て, 達成結果という因果連鎖を仮定して, メタ分析を行った (図1-4)。

 その結果, 暗黙の知能観の固定理論から, マスタリー目標へは弱い負の影響が, パフォーマンス接近目標へは正の弱い影響がみられた。また, 特性としての達成目標から状況変数としての達成目標への影響は, パフォーマンス回避目標以外で, 中程度の正の影響がみられた。最後に, 達成結果への影響は, 特性としての達成目標では, 主にマスタリー目標から学校でのテスト成績とフィールドでの仕事の成績に正の影響がみられた。パフォーマンス回避目標からは, 学校でのテスト成績や実験室での実験成績に負の影響がみられた。パフォーマンス接近目標からは有意な関係がみられなかった。状況変数としての達成目標

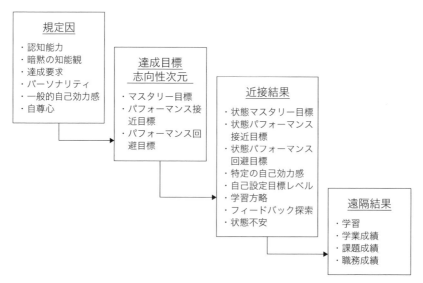

▲ 図1-4　検証する変数の体制化 (Payne et al., 2007)

では，マスタリー目標は特性としての達成目標と同様の結果が得られた。パフォーマンス接近目標からは，実験室での実験成績に負の影響がみられた。パフォーマンス回避目標は有意な関係がみられなかった。

一方，類似する実証研究（レビューではない単独の実証研究）として，Harackiewicz et al.（2008）によるものがある。彼女らは，興味と達成に関連して，達成目標に関するモデルを検討した。その結果，パフォーマンス接近目標は興味と関連がなかった（図1-5）。

それに対して，Linnenbrink-Garcia et al.（2008）は，90の実証研究を分析した。そして，マスタリー目標とパフォーマンス接近目標のどちらでも，40%が達成と正の関連があり，5%が負の関連が示された。さらに，別の文献レビューの結果，マスタリー目標より，パフォーマンス目標のほうが達成と関連する場合さえもあることがわかった（Senko, Hulleman, & Harackiewicz, 2011）。

マスタリー目標，パフォーマンス目標の比較だけではなく，接近目標と回避目標の比較研究も行われている。Van Yperen et al.（2014）の研究では，3つの領域（職務，スポーツ，教育）ごとに自己報告式の達成目標と非自己報告式

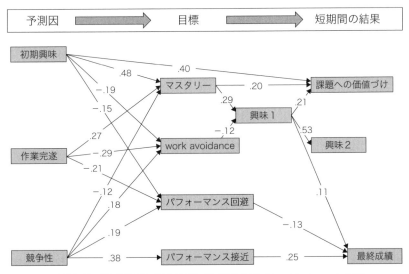

▲ 図1-5　達成目標に関するモデルの適合図（Harackiewicz et al., 2008）

の遂行成績（第三者からの評定）等との関係について，メタ分析を行った。その結果，3領域を通じて，接近目標は遂行成績と正の関係にあり，回避目標は遂行成績と負の関係にあった。しかし，領域ごとに多少違いもみられた。たとえば，スポーツ領域では，回避目標と遂行成績の負の関係は相対的に低かった。実験的な目標操作研究についての分析も行われている（Van Yperen et al., 2015）。この研究では，達成目標と遂行成績（客観的指標）との関係について，メタ分析を行った。その結果，Van Yperen et al. (2014) とほぼ同様の結果を得た。ただし，マスタリー接近目標の場合のほうがパフォーマンス接近目標の場合よりも，遂行成績が高かった。

2. 知見の理論的統合の試み

　Crouzevialle & Butera (2017) は，パフォーマンス接近目標が適応的か，不適応的かという対立する説を吟味した。その結果，評価や不安の混入といった注意の分割により，ワーキングメモリが十分働かないため，短期的にはパフォーマンス接近目標は不適応的な様相を示す。しかし，長期的には広範囲な問題解決方法の実行につながるため適応的に働く，と考えた。このように長期・短期的効果の違いから，パフォーマンス接近目標に関する対立する説の統合を試みている。

　別視点からの統合の試みもある。Senko & Dawson (2017) は，パフォーマンス接近目標についてメタ分析を行った。その結果，パフォーマンス接近目標は2つの目標，つまり相対目標（normative goal）と外見目標（appearance goal）に分けられることが示された。相対目標は，Elliot流の基準による分類でのパフォーマンス目標である。それに対して，外見目標は達成目標のオリジナルタイプの「有能さを明らかにする（demonstrating competence）」ことを内容とする，いわば「理由」による目標である。相対目標のほうが外見目標よりも，適応的という結果が得られた。しかし，SenkoとDawsonは，2つの目標の優劣を唱えるよりも，その適度な統合を目指すほうが生産的だと主張している。しかし，その統合も，主にElliot流の達成動機づけの階層モデルに基づき，理由としての外見目標を下位目標として，上位目標に「真の」目標としての相

対目標がある，という統合を強調しているようである。他に Sommet & Elliot (2017) が行った研究は，おそらく上述の研究等の影響を受けたものと考えられる。この研究では，理由と目標との関係について検討されている。そして，両者は個別のものだが，同時に重なる部分があることが確認されている。

3. 目標の基準・理由をめぐる論争のまとめ

以上のように，達成目標に関する研究の中でも主にパフォーマンス接近目標をめぐる研究はいまだに続いており，決着はついていない。複数のメタ分析が行われているが，その結果は必ずしも一致するものではない。また，研究結果の相違を説明する提案も複数されているが，どれかが決定的というわけでもない。

これには，Hulleman et al. (2010) が指摘している問題が関係するだろう。つまり，達成目標の概念的定義と操作的定義が異なるものが，実証研究で多く使われており，その結果，名称は同じだが異なるものが測定され，異なった関係が見出されると考えられる。

さらに，確定的ではないがわかってきたこともある。Elliot らが初期の達成目標理論の中核だった標準目標（normative goals：理由から構成される2つの目標）を駆逐して，基準目標（目標の内容はあくまで有能さの基準である）のみを達成目標としようとしたことは，必ずしもうまくいかなかった，ということである。そのため，Senko & Dawson (2017) のように，2種類の目標の統合を目指す方向性や，理由と（基準）目標の関係づけを明確にしようとする試みも生まれている。

ゆえに，達成目標研究を今後行っていく際には，どちらの種類の目標を扱っているのか，また，2種類の目標の関係についてどのように考えているのかを明らかにしていく必要があるのかもしれない。

4節　達成目標に関連する概念と実証研究

1. 暗黙の理論とマインドセット

Dweck は，1988 年以降，達成目標の研究から暗黙の理論に関する研究にシ

フトした。そして，知能観だけではなく，暗黙のパーソナリティ観，暗黙の道徳観等の研究も行っている。その中で，暗黙の理論という言葉に代えて，マインドセット（mindset）という言葉を使用するようになった。マインドセットとは，「能力の源に関する暗黙の見方」である（Dweck, 2006）。

　能力に関するマインドセットは，暗黙の知能観とほぼ同じである。成長マインドセットは増大理論と，固定マインドセットは固定理論にほぼ相当する。マインドセットの流行によって，再び知能（能力）観と達成目標の関係についての研究も増えていった。以下，暗黙の知能観やマインドセットと，達成目標に関する研究をみていこう。

　Burnette et al.（2013）は，メタ分析の結果，暗黙の知能観（増大理論）からマスタリー目標へ正の影響，パフォーマンス目標へ負の影響を見出した。同様に，質問紙調査による実証研究（Dickhäuser et al., 2016）でも，暗黙の知能観からマスタリー目標への影響があったが，パフォーマンス回避目標への影響はなかった。それに追随するように，Smiley et al.（2016）によれば，やはり暗黙の知能観からマスタリー目標へ正の影響はあったがパフォーマンス目標への影響はみられなかった。似た研究として，Cook et al.（2017）では，成長マインドセットがマスタリー目標へ正の影響を与えることが見出されている。

　一方，Puente-Díaz & Cavazos-Arroyo（2017）では，成長マインドセットはマスタリー目標へ正の影響を，固定マインドセットはパフォーマンス回避目標へ正の影響を与えることがわかった。

　少し変わった研究といえるのが，Bostwick et al.（2017）の研究である。この研究では，成長マインドセットと達成目標をまとめて，1つの目標志向性の潜在変数を構成するものと見なした。それが学業へのエンゲージメントを予測することを見出した。

　暗黙の知能観やマインドセットと，達成目標の関係については，Dweckらの指摘とほぼ同様の結果が得られている。しかし，知見の蓄積は，達成目標のみを独立変数とする動機づけの研究と比べればまだ少ない。今後の研究課題の1つといえるだろう。

2. work avoidance 目標

work avoidance 目標とは,「有能さを得ようとせず,与えられた課題を最小限の努力で遂行する」という目標を指す。学業回避という訳語も存在するが(小方,2004),日本では学業回避動機という用語も使用されている。ただ,学業回避動機は,文字通り「学習をしたくない」という欲求であり,work avoidance の本来の意味と異なるために,ここではそのまま原語を用いる。

この目標は,Nicholls et al.(1985)が提唱したものである(松村,2017；小方,2004)。現状,達成目標研究でほとんど重視されず,研究も少ない。しかし,学習や仕事を積極的にしないという理由を説明するのに,極めて重要な概念である可能性がある。

一方で,数少ない work avoidance 傾向を測定する尺度はいずれも信頼性が低く,今後の研究を進めるには問題がある。そのため,松村・上淵(2016)は,従来の尺度項目を精選して,新しい1次元尺度を構成した。信頼性は $\alpha = .896$ で高い値を示し,他の変数との関係から,妥当性も示された。将来はこうした尺度を使った新たな研究が期待される。

3. 社会的達成目標

社会的達成目標(social achievement goals)とは,人々がなぜ,どのように関わり合うのかを説明する目標のことを指す。主に青年期に発達する。

達成目標が,個人的な有能さを中心に構成されているのに対し,社会的達成目標は社会的有能さ(社会性)を中心に構成されている(Elliot et al., 2006)。

3つの目標が主に考えられている。「社会性発達(social development)」「社会性明示接近(social demonstration-approach)」「社会性明示回避(social demonstration-avoid)」である。社会性発達は,社会的能力を発達させ,他者とつながろうとするものである。社会性明示接近は,「人気がある」とみられて,社会的能力が高いと思われようとするものである。社会性明示回避は,社会的に野暮だと思われないようにするものである。ここでは,社会的達成目標と情動,適応,学習に関連する研究を紹介する。

(1) 情動

　Shim, Wang, & Cassady（2013）は，中高生を対象に社会的達成目標と情動の関連を検討した。その結果，社会性発達は正の情動と関連があった。社会性明示回避は喜びが低く，恐れ，恥，悲しみが高いといった不適応パターンを示した。社会性明示接近は喜びと関連があったが，それ以外の情動とは特に関連がみられなかった。この結果から，社会性発達はストレス下でも不適応に至らない緩衝的役割を果たしているが，社会性明示回避は低い自尊感情等に影響する潜在的不適応の問題を持つものと解釈された。一方，Mouratidis & Michou（2011）の小学校高学年を対象にした研究では，社会性明示接近目標は負の情動と正の関連があった。

(2) 適応

　Shim, Cho, & Wang（2013）は，中高生の教室への適応と社会的達成目標との関連をみた。その結果，社会性発達は適応と正の関連があった。社会性明示接近は破壊行動や対人不安と関連があった。社会性明示回避は対人不安と関連があったが，破壊行動とは関連がみられなかった。同様の研究が大学生でも行われている（Shim & Ryan, 2012）。また，完全主義の2つの次元（個人的基準と失敗への心配）と社会的達成目標との関連をみた研究もある（Fletcher et al., 2012）。その結果，失敗への心配との関係はみられなかった。一方，個人的基準と社会性発達や社会性明示回避とは，正の関連があった。ゆえに，完全主義には，社会性発達や，社会性明示回避が，影響している可能性も考えられる。

(3) 学習

　Liem（2016）は，達成目標と社会的達成目標の学校機能への影響について，中高生を対象に研究を行った。そこでは，達成目標と社会的達成目標は加算的影響をもたらすことが示された。特に協同学習でその威力を発揮することがわかった。

　社会的達成目標研究は，まだ始まったばかりであり，知見の蓄積は十分ではない。今後新しい研究や追試が行われていく必要があるだろう。

4. 目標プロフィールによる個人差の問題

　個人差研究は，達成目標研究の中では遅れがちなテーマであり，今後，検討されるべき領域である。ここでは一例として，Wormington & Linnenbrink-Garcia（2017）の研究を紹介する。この研究では，4目標説の立場から，各個人内で4つの目標の高低をもとに6種類に人を分類し，メタ分析を行った。その結果，マスタリー目標がすべて高く，パフォーマンス接近目標が高いプロフィールの場合が，特に適応的であった。また，パフォーマンス目標すべてが低く，work avoidance 目標が低い場合も適応的であった。それに対して，すべての目標が平均的なプロフィールとすべての目標が低いプロフィールの場合は不適応的であった。

5. 目標の数

　Huang（2012）は，目標の数の妥当性についてメタ分析を実施し，4因子が最も妥当性が高いと述べている。だが，Huang が取り上げた目標を測定する尺度は多岐にわたる。代表的な自己報告尺度である AGQ（the Achievement Goals Questionnaire；Elliot & Church, 1997；Elliot & McGregor, 2001）は，Elliot らが開発した2次元構成の尺度であり，特に基準によって目標を大別している。それに対して，もう1つの代表的な尺度である PALS（Patterns of Adaptive Learning Scales；Midgley et al., 1996）は，Midgley, Maehr らが開発したもので，パフォーマンス目標を2つに分けている。だが，理由，基準という観点からいえば，理由を測定する3目標説に基づく尺度である。このように，同じ達成目標の測定尺度でありながら，その内容はかなり異なるものである。したがって，これらの尺度で測定された達成目標と他の変数との関係が大きく違っているのは当然だろう。

　さらに，Huang は，達成目標はどの目標説でも，達成を十分には説明できていないと批判している。

5節　達成目標に関する認知，神経科学的な実証研究

1. 記　憶

　Murayama & Elliot（2011）は，達成目標と再生・再認の関係を検討した。パフォーマンス接近目標は直後再生の正答と関係があった。一方，マスタリー目標は遅延再生の正答と関係があった。達成目標は再認とは特に関係なかった。その理由として，マスタリー目標がより様々な情報の処理を促進するのに対して，パフォーマンス目標ではより狭い情報処理が促されるために，時間が経つとその記憶痕跡が薄らぐ可能性が考慮された。さらに，Ikeda et al.（2015）の実験によると，検索誘導性忘却（ある項目の検索を繰り返すことで，その項目に関連する項目が想起されにくくなる現象）が，実験的に導入したマスタリー目標では抑制され，パフォーマンス目標では促進されることが示された。これは，マスタリー目標が能力を発達させることなので，広い意味での学習が促進され，ひいては関係処理が促進されると考えられるのに対し，パフォーマンス目標では競合する情報の処理を抑制することでターゲットの学習を行う傾向があるからだと考えられる。

　ワーキングメモリに関する研究も少しずつ増えている。Linnenbrink et al.（1999）によると，マスタリー目標はワーキングメモリと正の関係があった。そして，マスタリー目標はワーキングメモリの機能を促進した。負の感情を統制すると，パフォーマンス目標は，男性ではワーキングメモリを促進した。だが，女性ではこの傾向はみられなかった。

　しかし，Avery & Smillie（2013）の研究では，パフォーマンス目標群は，マスタリー目標群や非目標群と比べて，ワーキングメモリの負荷が高い場合，ワーキングメモリの処理が劣った。このように達成目標の設定とワーキングメモリの負荷との間に関係がみられたため，Avery et al.（2013）の研究では，ワーキングメモリに負荷をかけたときの，各目標で使用する方略の差に注目した。その結果，マスタリー接近目標時では顕在的な方略（つまり，ワーキングメモリの容量を多く使用する方略）がより使用された。一方，パフォーマンス接近目標時では潜在的な方略（ワーキングメモリの容量をあまり使用しない方略）を使用することが示された。

また，Lee et al.（2014）は達成目標，ワーキングメモリ，数学の成績の関係を調べた。その結果，達成目標からワーキングメモリ，そして数学成績へのパスのモデルがデータに最も適合した。

以上のように，記憶と達成目標の間には一定の関係が認められた。マスタリー目標とパフォーマンス目標では，記憶の記銘時に処理される情報の広さに違いが認められた。また，マスタリー（接近）目標の設定によって効果的なワーキングメモリの容量の使用が促される一方で，パフォーマンス（接近）目標の設定により，ワーキングメモリの容量の使用はあまり効果的ではない可能性がある。

2. メタ認知

Escribe & Huet（2005）では，自由再生課題を行った際に，マスタリー目標を設定すると再生方略（記憶項目のカテゴリー化）の有効性を高く認知していたが，パフォーマンス目標を設定した場合ではそれほどでもなかった。それに対して，Bartels & Magun-Jackson（2009）の研究においては，達成欲求とメタ認知的自己調整は，正の関係があった。そして両者の間をマスタリー目標が媒介した。一方，失敗への恐れとメタ認知的自己調整は，負の関係があった。しかし，パフォーマンス回避目標はこの関係を媒介しなかったため，必ずしもパフォーマンス回避目標がメタ認知と負の関係にあるとはいえない。

さらに，Ikeda et al.（2016）によれば，単語対のJOL（judgement of learning）は，パフォーマンス接近目標群のほうがマスタリー接近目標群よりも高かったが，手がかり付き再生には差がなかった。テキストの文章についてのメタ認知判断は，パフォーマンス接近目標群のほうがマスタリー接近目標群よりも高かったが，理解テストには差がなかった。

このように，メタ認知についても，従来の達成目標に関する他の知見と同様の関係が垣間見える。

以上，現状としては，認知的情報処理と達成目標との関係について，少しずつその一端が明らかになりつつある。

3. 神経科学的知見

達成目標理論の背後にある神経科学的なメカニズムを検討した研究は極めて少ない。ここでは数少ない研究の中から，3例をあげておく。

DePasque & Tricomi（2014）の実験では，パフォーマンス目標志向性が高いほど学習課題で成績が高く，ポジティブ，ネガティブなフィードバックへの線条体の敏感性を強めることが示された。一方，Lee & Kim（2014）によると，ルール発見課題でのネガティブフィードバックの処理時に，パフォーマンス接近目標志向性の高い参加者は，背外側前頭前野，頭頂葉の活動を低下した。

また，Ng（2018）は，マインドセットと神経科学的知見との関係について知見を整理している（表1-4）。

▼ 表1-4　成長マインドセットの神経科学的エビデンス

成長マインドセット（行動）
エラー陽性電位の振幅の促進（知覚と注意）
背外側前頭前野（エラーモニタリングと行動適応）
前帯状皮質背側部（エラーモニタリングと行動適応）
背側および腹側線条体（行為の内発的価値）

これらの知見間には離齟(そご)があり，統一見解を示すことはできない。しかし，少なくとも背外側前頭前野や線条体の活動と達成目標との間に何らかの関係があるといえるだろう。

6節　おわりに：理論の問題点と限界

1. 実証研究と理論とのズレ

既述のように，達成目標の概念的定義と操作的定義との間にズレがあるため，同じ名称の目標を用いた研究でも，結果が異なることが多い。そしてそれが，達成目標についての認識が研究者によって異なることにもつながる。そのため，4目標説等が現在の達成目標研究の中核にあるとは必ずしも言い切れない状況

にあることも示された。このような問題は心理学の他の領域でも非常に多くみられることであるが，その原因の1つとしては，次のようなことがあるのではないか。それは最先端の先行研究だけではなく，伝統的な古くからの先行研究を深く丁寧に調べた上で研究上の先達の仕事に「敬意」を払い，用語を定義し文字化したり翻訳したり多様な用語を検索したりする習慣を，研究者たちが身につけていないということである。自分たちの研究がどのような伝統の上に成り立っているのか，少しだけでも振り返る習慣を身につけていればこのような混乱は起きなかったはずである。このような理由で現在の達成目標研究のみならず，動機づけ研究全般に不要な混乱がもたらされていると感じるのは筆者だけだろうか。達成目標の今後の発展は，こうした混乱を上手に解消できるかにかかっているといってよいであろう。

2. 有能さについて

達成目標理論には，自己価値理論（Covington & Beery, 1976）が，理論の基礎となっていることがあげられる。すなわち，評価される自己のあり方や価値が問題とされ，それが目標の1つとして重視されているのである。では，なぜ能力が高い必要があるのだろうか。それに関する詳細な検討は，あまり行われていない。能力の高さを重視する理由として，たとえばNicholls (1989) やCovington (1992) のように，アメリカにおける競争主義の行き過ぎを指摘することはあるが，それだけでは十分とはいえない。つまり，達成目標理論では，十分な根拠がないままアプリオリに能力が高いことが重要だとされているのではないだろうか。

そもそも有能さとは何だろうか。「有能さを得ることは，環境に関わる知識獲得とその使用である」と考えるか，「有能さを得ることは，高く評価された能力を持つことを確認することである」とするか（上淵, 2003）。前者だとすれば，知識獲得がどのようにされるのかに焦点を当てる必要がある。知識獲得に際して，既得の知識をどのように使用するのかが，動機づけの問題である（Dweck & Elliott, 1983）という指摘もある。このような認知の問題は，既述のように実証研究で焦点を当てられつつある。

その一方で，能力が高いことはどのような意味があるのだろうか。これについて，上淵（2004）の指摘によれば，知能観としての増大理論の，スキルを増やすことによって知能が高まるという信念は，スキルの柔軟性によってレジリエンスを養い，脆弱性を逃れることを目的としていると捉え直すことができる。ゆえに，有能さの中核にあるのは，心理的適応ではないだろうか。そのような視点に立って考えてみると，有能であることをよいものとする前提に基づく評価される対象としての有能さから，実際に適応する機能としての有能さへと有能さ概念を変更する必要性があるのではないだろうか。これは，White（1959）のコンピテンス概念とかなり近しいものに違いない。そうすることで，有能であること，能力が高いことは，意味を持つことになるのだ。

2章

自己決定理論[注1]

　「自己決定理論（Self-determination Theory）」とは，ロチェスター大学（アメリカ）の Deci, E. L. と Ryan, R. M. によって提唱された人間の行動やパーソナリティの発達に関する動機づけ理論のことである。この理論では，人間の行動やパーソナリティの発達に関して，統制的動機づけから自律的動機づけによって表現される個人差を仮定し，この動機づけの個人差は，自律性，有能感，関係性という3つの基本的心理欲求が満たされているかどうかによって生じると主張する。そして，これらの基本的心理欲求が満たされることによって，人としての適応的な発達や精神的健康，心理的成長を獲得できると想定している（Ryan & Deci, 2017）。

　人間の行動やパーソナリティの発達に関する動機づけの理論と説明したが，Deci と Ryan は動機づけをテーマとして，このような壮大な理論の構築をはじめから思い描いていたわけではない[注2]。彼らの研究の関心の推移をたどると，1970年代の内発的動機づけに関する研究が出発点であった。その後，内発的動機づけに関する実験や行動観察による知見が蓄積されていき，1985年に出版された『Intrinsic motivation and self-determination theory in human behavior』で主に内発的動機づけに与える社会的要因の効果がまとめられた。また，それ

【注1】本章を執筆するにあたり，ロチェスター大学教授の Deci, E. L.（エドワード・ルイス・デシ）先生，筑波大学名誉教授の櫻井茂男先生，高知工科大学准教授の鈴木高志先生にご指導をいただいた。記して感謝申し上げる。
【注2】本章には一部断定的な記述が見られるが，それらの内容については Deci, E. L. 先生へのインタビューをもとにしている。

と同時に彼らの関心は，特定の状況における動機づけではなく，一般化された人間の行動とパーソナリティにも拡張され始めた。初めて自己決定理論の理論体系が現在に近い形で紹介されたのは2002年に出版された『Handbook of Self-determination Theory』である。そして2017年には集大成として『Self-determination theory: basic psychological needs in motivation, development, and wellness』が出版されている。これら専門書のタイトルからも自己決定理論の関心の推移を読み取ることができる。

自己決定理論は，「認知的評価理論」「有機的統合理論」「因果志向性理論」「基本的心理欲求理論」「目標内容理論」「関係性動機づけ理論」という6つの下位理論から構成されている。研究の発展に伴い，新しい知見が取り入れられてアップデートされてきた。現在も発展途上にある。それぞれの下位理論の概要を表2-1に示した。認知的評価理論は内発的動機づけに関する理論であり，有機的統合理論では外発的動機づけも含めた動機づけ全般に言及がなされている。そして因果志向性理論の発表以降は，より一般化された人間の行動とパーソナリティ，精神的健康，心理的成長に関心を広げていった。最後にあげた関係性動機づけ理論ではそれらの関心を，親密な関係の中で議論している。

ここ10年にわたる自己決定理論に関する研究の大きな流れとしては，次の

▼表2-1　自己決定理論における6つの下位理論の概要
(Deci, E. L. へのインタビューをもとに作成)

下位理論	研究の時期	理論の関心	水準
認知的評価理論	1970年〜	内発的動機づけと社会的要因	状況レベル
有機的統合理論	1980年〜	外発的動機づけ（内発的動機づけも含む）と価値の内在化	状況と文脈レベル
因果志向性理論	1990年〜	自律的，統制的，無価値的パーソナリティとその個人差	一般レベル
基本的心理欲求理論	2000年〜	心理的ウェルビーイングと自律性，有能さ，関係性への欲求の充足と阻害	文脈と一般レベル
目標内容理論	1990年〜	内発的 vs 外発的人生目標	一般レベル
関係性動機づけ理論	2000年〜	親密な関係の中での欲求充足と自律性支援の役割	状況と文脈レベル

ようなことがあげられる。

①教育や健康・医療福祉，仕事，心理療法，スポーツなど，様々な分野への応用研究が進んできたこと
②国際比較研究によって自己決定理論の仮説の普遍性がさかんに検証されてきたこと
③メタ分析によってこれまでの研究の知見が整理されてきたこと
④認知神経心理学的アプローチによる研究によって動機づけの脳内メカニズムを解明しようとする研究が増えてきたこと

これら4つの点をふまえながら，以下では表2-1に示した6つの下位理論について，それらの概要と理論の構築に貢献した重要な研究を紹介しつつ，近年の新しい展開および今後の課題と展望について整理していく。

1節　認知的評価理論

1. 認知的評価理論とは何か

認知的評価理論（Cognitive Evaluation Theory）は内発的動機づけのための理論である。内発的動機づけは課題自体のおもしろさや興味によって行動が生起されることを特徴とする。この内発的動機づけに影響を及ぼす社会的要因を明らかにし，そのメカニズムを体系化したのが認知的評価理論である。ここでいう社会的要因とは，お金による報酬，肯定的な言葉がけ，罰などのことである。認知的評価理論では，社会的要因を個人がどのように認知するかによって，より具体的には，その社会的要因が結果的に個人の自律性を阻害するかどうか，また，個人の有能感を高めるかどうかの2つの観点から内発的動機づけの変化の説明を試みる。ここで用いた自律性という言葉は，自身の行動を自分で決定している感覚を意味している。また，有能感は，自身の能力や才能を示すことができているという感覚を意味している。

せっかく自分から進んで勉強しようと思っていたのに，親から「勉強しなさい」と言われて勉強に対する動機づけを失ってしまった経験はないだろうか。

この原因は「勉強しなさい」という言葉によって自律性が阻害されたからである。まず，認知的評価理論では，社会的要因が個人の自律性に影響を与え，それが内発的動機づけを左右すると説明する。たとえば，楽しいと思って活動している子どもに対して，お金などの報酬を提示すると，子どもの自律性を阻害してしまう。せっかく自分から進んで活動していたのに，自身の行動の動機が外発的なものへ変化させられたからである。純粋にその活動を楽しんで取り組んでいたのに，お金などの報酬のために活動していると認知させられた結果，内発的動機づけが低下してしまうのである。この他にも，親や先生から「最近，がんばっているね」と声をかけられると動機づけが高まることがある。言葉がけによる報酬も内発的動機づけを左右するが，この場合，動機づけの低下は起きないことが多い。これは言葉がけによって有能感が高まったからである。課題を達成した後に，「この問題はとても難しいのに，よくがんばったね」，もしくは「この課題は難しいけれど，十分な進展がみられているよ」などと言葉がけを行うと内発的動機づけは高まるとされている。

　認知的評価理論では，社会的要因が個人の自律性と有能感に対してどのような意味をもたらしたか，より正確に言うと，個人がその社会的要因をどのように解釈したかによって，内発的動機づけの変化を説明しようとする。ここに3つのポイントがある。まず1つ目は，社会的要因が統制的かどうかである。社会的要因によって自分がやらされていると強く感じると自律性が阻害され，内発的動機づけは低下してしまう。次に2つ目は，社会的要因が自律性と有能感をサポートしているかどうかである。社会的要因が自律性を促進させ，有能感を高めるのであれば，その結果として内発的動機づけは上昇する。そして3つ目は，社会的要因が自身の能力を否定していないかどうかである。テストで0点をとってしまったり，先生から「課題を終えるまで時間がたくさんかかったね。何していたの？」などと言われたりしたら，一瞬で勉強に対する動機づけを失うかもしれない。繰り返しになるが，社会的要因を個人がどのように解釈したかが重要なのである。中にはお金をもらうことによって動機づけが高まる人もいるが，その解釈によって動機づけの個人差が生じるのである。

2. 認知的評価理論に関する基礎的研究

1970年代のはじめ，Deciは実験に自由選択場面（free-choice period）を設定し，内発的動機づけに関する研究を行った。実験参加者に対して報酬に関する実験操作がなされた後に自由時間が設けられ，実験参加者がターゲットとなる課題にどれくらい取り組んでいたかが観察された。あらかじめ，実験参加者には①ターゲットとなる課題をしてもしなくてもよいこと，②取り組んでもこれ以上の報酬はないこと，が伝えられた。もし実験参加者が自由選択場面でも，課題に取り組んでいたとしたら，それは内発的動機づけ（の行動的側面）と解釈できるとDeciは考えたのである。実験参加者には，課題に取り組まなくてもよいこと（自由）が保障されていたことも実験の手続きとして重要な点である。

Deci（1971）の実験では，統制群と報酬群の2つのグループが設けられ，報酬群にはパズルを1つ解くことに対して1ドルの報酬が与えられた（実験のデザインを図2-1に示した）。そして自由選択場面の行動を観察したところ，その結果は，報酬が動機づけを高めると主張する行動主義の研究者たちの見解とは異なるものであった。なんと，金銭的報酬が与えられた報酬群の参加者は，統制群の参加者と比べて，自由選択場面で課題に従事することが少なかったのである。この実験によって，金銭的報酬によって内発的動機づけが低下することが実証され，この知見はアンダーマイニング効果（undermining effect）と名づけられた。その後の研究では，社会的要因（外的報酬）の形態や報酬に対

注）通常は各セッションの後に自由選択場面を設けることが多いが，Deci（1971）の最初の実験では，各セッションに8分間ずつ実験者が部屋を退室する時間が設けられ，その期間での課題への従事時間が内発的動機づけの指標とされている。

▲図2-1 アンダーマイニング効果を検討する実験の基本的なデザイン

▼ 表 2-2　アンダーマイニング効果に関するメタ分析の結果
（Deci, Koestner, & Ryan, 1999 をもとに作成：結果の一部）

条件	自由選択場面の行動評定		自己報告による興味	
	効果	研究数	効果	研究数
すべての報酬	−0.24	101	0.04	84
言語的報酬	0.33	21	0.31	21
物質的報酬	−0.34	92	−0.07	70
報酬に対する予期なし	0.01	9	0.05	5
報酬に対する予期あり	−0.36	92	−0.07	69
報酬が課題の成功と関連のない場合	−0.14	7	0.21	5
報酬が課題の成功と関連のある場合	−0.40	55	−0.15	35
課題の完了に伴い報酬が支払われる場合	−0.44	19	−0.17	13
課題の成績に応じて報酬が支払われる場合	−0.28	32	−0.01	29

注1）効果の大きさの目安は，0.20で小さい，0.50で中程度である。
注2）効果の符号がマイナスの場合は，報酬が内発的動機づけを低めることを意味している。

する予期の有無，またそれが自分のパフォーマンスに見合ったものかどうかなどが検討され，それらの効果は，Deci, Koestner, & Ryan（1999, 2001）のメタ分析によってまとめられている。結果の一部を表2-2に示した。アンダーマイニング効果は，報酬が言語的なものよりは形のあるもの（お金など）で，それが予期された（事前に報酬が約束された）ときに生じやすく，成果に応じた報酬や努力の過程に見合った報酬が支払われた場合にその効果は大きくなること（内発的動機づけは低下すること）が示されている。

3. 近年の展開，課題と展望

社会的要因が内発的動機づけに及ぼす効果に注目した研究は数こそ少ないものの現在でも続けられ，認知的評価理論の精緻化に貢献している。たとえば，Hewett & Conway（2016）は職場における言語的報酬の顕在性（salience：はっきりと形にあらわれること）が仕事に対する内発的動機づけに与える効果を検討した。その結果，難しい課題の場合において言語的報酬の顕在性がアンダーマイニング効果を生じさせる可能性を指摘している。また，Murayama &

Kuhbandner（2011）の記憶に関する研究では，おもしろくはない知識を記憶することに対しては報酬（お金）が効果的であるという結果を報告している。動機づけの社会的要因の効果に関しては，課題それ自体の性質（おもしろさや困難度）によって調整される可能性が示唆されている。

　一方で，認知神経心理学的アプローチによる内発的動機づけの研究が増えてきたことも無視できない。なかでも Murayama et al.（2010）の fMRI を用いた研究は，アンダーマイニング効果を脳内基盤に着目して実証した初めての研究として知られている。パフォーマンスに応じた報酬が与えられた後，次のセッションで追加の報酬が提示されないと報酬のフィードバックと関連の深い線条体と前頭前野外側部の活性化が顕著に低下することが示されている。また Ma et al.（2014）の脳波測定器を用いた研究では，パフォーマンスに応じた報酬が取り除かれた後は，課題の失敗後に対する主観的評価に関連する脳波の振幅が小さくなることが確認され，アンダーマイニング効果を示唆する結果が報告されている。他にも，内発的動機づけによる行動は主観的な感情評価と関係の深い島皮質の活性化と関連している一方で，外発的動機づけによる行動は外的報酬に基づく意思決定と関係の深い後帯状皮質の活性化と関連しているといった両動機づけの相違に関する結果も報告されている（Lee et al., 2012）。このように脳・神経基盤に基づく研究からも内発的動機づけの固有の特徴や報酬の動機づけに対する効果が明らかにされてきている（詳細は Di Domenico & Ryan, 2017；Hidi, 2016 を参照）。

　また，注目すべき研究として，自由選択場面を改善しようとする試みを紹介しておく。Wiechman & Gurland（2009）は自由選択場面の問題点として，最初の3分と最後の3分で実験参加者は異なる動きをしている可能性を指摘し，特に U 字型のように最初と最後に課題に従事する実験参加者がいることを示唆している。そして，自由選択場面は金銭的報酬で得られた効果の個人差（自由選択場面でも課題に従事する人と従事しない人の差）を広げるのではないかと指摘している。この見解は，Marsden et al.（2015）の研究でも確認されており，自由選択場面の時間のほとんどをターゲットとなる課題に費やした参加者とまったく興味を示さなかった参加者の二極化傾向が報告されている。一方，新たな試みとして，Goswami & Urminsky（2017）はターゲットとなる課題とターゲッ

トではない対となる課題を提示し，その2択から選択させる方法を考案している。すなわち，自由選択場面でもターゲットとなる課題を選択することが内発的動機づけの指標とされたのである。内発的動機づけの測定方法に関しては，どうやら工夫の余地があり，これからも様々な方法が開発されていくだろう。

4. 認知的評価理論に対する誤解

　最後に，認知的評価理論は一部誤解されている節があるため，ここで説明を加えておく。それは，この理論が「金銭的報酬（monetary reward）は内発的動機づけを低めると主張する理論」として紹介されてしまうことである。伝統的な行動理論や強化学習理論への挑戦的な現象として注目を集めたアンダーマイニング効果であるが，1990年代には疑義も提示されて大きな論争を呼んだ（e.g., Eisenberger & Cameron, 1996；Eisenberger et al., 1999）。実際に，金銭的報酬と動機づけとの関連を調べた研究では，報酬は動機づけ（その結果としてのパフォーマンス）を高めることも報告されたからである。特にアンダーマイニング効果に対する批判の先鋒となったEisenbergerは，報酬が提示されると課題に対する抵抗感が低まり他の課題に対するパフォーマンスが強化されることを主張し，反論を行っている（Eisenberger, 1992）。さらに経済学の分野では，パフォーマンスに基づく金銭的報酬は動機づけを高めるという考え方が主流であることも知っておくべきである（e.g., Bénabou & Tirole, 2003；Kreps, 1997）。

　以上の見解の相違を読み解く上では，何を根拠に金銭的報酬による動機づけの効果を論じているかという点をもう一度振り返る必要があろう。アンダーマイニング効果に関する研究では，金銭的報酬を約束し，その後，実際にその報酬を支払ったあとに，これ以上の報酬がないことを実験参加者に伝えている。これが基本的な実験のデザインである。そして，焦点を当てているのは報酬がないことを明示した後の行動（内発的動機づけ）である。一方，金銭的報酬が動機づけを高めるという結果を示した研究は，報酬が予期された課題でのパフォーマンスの向上（e.g., Krebs et al., 2010；Padmala & Pessoa, 2011）や報酬に関連したブロックのパフォーマンスの向上（e.g., Locke & Braver, 2008）

を動機づけの高まりの根拠としているケースが多い。これらの研究では，報酬の提示が取り下げられたあとの行動にはそもそも着目していないのである。金銭的報酬と動機づけとの関連を検討する実験デザインおよび注目している金銭的報酬の効果がまったく違うことに気をつけてほしい。

内発的動機づけに対する社会的報酬の効果については，常に再評価がなされていることも忘れてはならない。たとえば，Cerasoli et al. (2014) の内発的動機づけとパフォーマンスとの関連を調べたメタ分析では，過去40年間の研究から計154編の論文（計183サンプル）を抽出し，たとえ報酬が存在していたとしても内発的動機づけとパフォーマンスとの関連は残ることが明らかにされた。一方で，報酬の顕在性が高い（はっきりとわかる）場合は，その関連が弱まることも指摘し，同時にアンダーマイニング効果も支持しているのである。

このように「報酬は動機づけを高めるか否か」という問いに明快な答えを出すことは困難である。今のところ「条件次第である」と答えるしかない。Deciたちのメタ分析で示されたとおり，報酬が何に基づいて支払われるのかといった方法の違いによっても答えは変わるからである。ただし，あえて言わせてもらうと，アンダーマイニング効果に批判的な論文の中には，アンダーマイニング効果を検証する実験のデザインをしっかりと理解していないものが多い。金銭的報酬の効果をどのようなデザインによって検討しようとしているのかを再確認してほしい。この点について，DeciとRyan本人たちが，アンダーマイニング効果に対して，他の研究者があまりにもきちんとした理解をしていない現状を嘆き，次の言葉を著書に記している。

"First of all, the fact that rewards can, under well-specified conditions, yield detrimental effects on intrinsic motivation does not mean that SDT is against all rewards, as some claim", （途中省略）"Secondly, even with regard to intrinsic motivation, we do not cast all rewards as problematic" (p. 125, Ryan & Deci, 2017)。

この言葉を訳すと，「ある特定の状況において，報酬は内発的動機づけを低下させるが，自己決定理論がすべての報酬に対して否定的な立場をとっている

わけではない」となる。つまり，彼らも報酬のポジティブな効果を否定はしていないのである。

2節　有機的統合理論

1. 有機的統合理論とは何か

　有機的統合理論（Organismic Integration Theory）は，外発的動機づけのための理論である。外発的動機づけとは，活動自体とは直接関係のない目的を達成するための手段としての動機づけのことである。世の中がおもしろい活動に満ち溢れていればすばらしいが，実社会で生活していくためには，興味の持てない活動にも取り組まなくてはいけないときがある。このようなとき，この有機的統合理論を知っていると，どうすれば自分の動機づけを高めることができるのか前向きな視点を持つことができるだろう。

　この理論では，活動に対する価値に着目し，外発的動機づけを，内発的動機づけとの関係を含めた形で相対的な自律性の程度（価値の内在化の程度）によって捉え直している。概要を図2-2に示した。図の左中段にある調整スタイル（regulatory styles）とは，活動の理由に相当する動機づけの概念である。この理由の内容によって，活動の価値をどの程度自分のものにしているかを判定する。

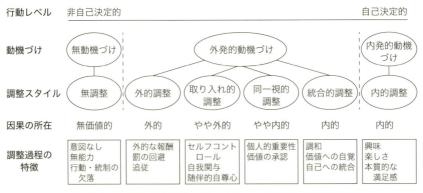

▲図2-2　有機的統合理論で想定されている動機づけの概念図
（Ryan & Deci, 2017をもとに作成）

1つ目は，外的調整（external regulation）である。報酬の獲得や罰の回避，または社会的な規則などの外的な要求に基づく動機づけを表し，従来の典型的な外発的動機づけに相当する。たとえば，勉強する理由に関しては，「勉強をしないと親に叱られてしまうから」や「勉強をすることは社会のルールのようなものだから」などが例としてあげられる。2つ目は，取り入れ的調整（introjected regulation）である。自我拡張や他者比較による自己価値の維持，罪や恥の感覚の回避などに基づく動機づけである。消極的であるがその行動の価値を部分的に取り入れているという特徴を持つ。例として，「勉強ができないと恥ずかしい気持ちになるから」や「勉強で自分の価値を示したいから」などがあげられる。3つ目は，同一視的調整（identified regulation）である。例として，「勉強は自分にとって重要なことだから」や「勉強は自分の将来を左右するものだから」などがあげられる。活動の価値を自分のものとして受け入れている状態を表す動機づけである。外的調整，取り入れ的調整よりも自律性は高いが，これも外発的動機づけである。加えて，内発的動機づけに相当する調整スタイルとして内的調整（intrinsic regulation）も提案されている。これは最も自己決定性の高い動機づけと位置づけられている。興味や楽しさに基づく動機づけである。例として「勉強している内容に，とても興味を持っているから」や「勉強をすることに楽しさを感じているから」などがあげられる。

　これらの調整スタイルは自律性の高い順に，内的調整，同一視的調整，取り入れ的調整，外的調整と1次元上に並び，概念上隣接する調整スタイル同士は関係が強く，概念上離れた調整スタイル同士では関係が弱くなるというシンプレックス構造と呼ばれる関係にある（Ryan & Connell, 1989）。また，これらの4つの調整スタイルについては「知覚された行動の因果の所在」という観点から，内的調整と同一視的調整は自律的な調整スタイル（もしくは自律的動機づけ），取り入れ的調整と外的調整は統制的な調整スタイル（もしくは統制的動機づけ）と二分されることもある。なお，図に示したとおり，有機的統合理論では上述した4つの調整スタイル以外にも，活動の価値と自己の欲求との調和がなされた状態を表す統合的調整（integrated regulation）が内的調整と同一視的調整との間にあり，活動の価値が見出せず行動意図の欠如を特徴とする無調整（non regulation）も想定されている。さらに，図2-2の補足説明になる

が,「因果の所在」とは, 自身の行動の原因が自己の外部にあるものか, もしくは内的にあるものかを意味している。各調整スタイルの特徴については, 図の一番下に示した調整過程の特徴に示した。

　有機的統合理論の功績の1つは, 動機づけの変化を活動の価値をどの程度見出しているかといった点から捉えたことである。そのため, 動機づけの低い子どもに対して, どのようにすれば動機づけを高めることができるのかといった視点を持つことが可能になった。動機づけの自律性がより高いものに変化していくこと, より正確にいうと, 外発的に動機づけられた活動の価値を自己のものへと取り入れていく過程（他者や外的要因によって左右されている価値から自分のうちにある本来の価値へと変換する過程）を内在化（internalization）という。有機的統合理論では, 認知的評価理論でも注目された自律性と有能感に加え, ここに関係性を導入し, これらの欲求の充足が動機づけの内在化を促すことを仮定している。関係性とは, 重要な他者と互いに関与し合い, 心理的につながっている感覚である。活動の価値はそもそも家族や仲間との交流, 社会経験を通じて獲得されるものであるが, その際, 関係性への欲求が満たされた対象からの影響はとりわけ強いだろう。理科の先生と良好な関係だと, 理科が得意でなくても勉強しようという気持ちになるといった現象が一例である。

2. 有機的統合理論に関する基礎的研究

　有機的統合理論で想定された調整スタイルを測定する代表的な尺度として, Ryan & Connell（1989）の Self-Regulation Questionnaire がある。この尺度は調整スタイルの中でも, 内的調整, 同一視的調整, 取り入れ的調整, 外的調整の4つを測定する。他にも学業場面に特化した尺度として, Vallerand et al.（1992）の Academic Motivation Scale が知られている。この尺度は内的調整を, ①知ること, ②達成すること, ③刺激を経験することの3つに細分化して測定する。さらには, 同一視的調整, 取り入れ的調整, 外的調整に加えて, 無動機づけも測定する尺度である。これらの他にもいくつかの尺度が開発されているが, 多くの場合, この2つの尺度がもととなり, 領域や対象年齢によって項目が修正され用いられている。

2節　有機的統合理論

　有機的統合理論に基づく尺度が作成された際には，先述したシンプレックス構造の検証が行われる。岡田（2010a）は，スポーツや学習，対人関係，政治活動，宗教などの研究領域から計87編の論文を対象にメタ分析を行い，概念的に近い調整スタイル同士は関連が強くなることを確認した。またそれと同時に，自律的動機づけと統制的動機づけの2つの軸で動機づけを整理できるのではないかと提案した。さらに，岡田（2010b）は，教育（学習）領域にターゲットを絞り，計27編の論文（計35サンプル）を対象にメタ分析を行った結果，この2つの動機づけの関連が学校段階によって異なることを明らかにした。小学生と大学生とでは自律的動機づけと統制的動機づけが比較的独立している一方で，中学生と高校生とではそれらの関連が強くなることを報告している。一方，Howard et al.（2017）は，仕事，スポーツ，教育（学習），体育教育などの領域から計486サンプルを対象にメタ分析を行い，シンプレックス構造が領域や年齢段階を問わずみられることを確認している。

　自律性の高い調整スタイルほど，適応的な変数との関連は強いようである。たとえば，教育（学習）領域の研究では，自律性の高い調整スタイルは学業達成（d'Ailly, 2003；Hardré & Reeve, 2003）や精神的健康（Levesque et al., 2004）と関連を示している。Taylor et al.（2014）は計18個の研究を対象にメタ分析を行い，自律的動機づけである内的調整と同一視的調整は学業達成と正の関連を，統制的動機づけである取り入れ的調整と外的調整とは負の関連を示すことを報告している。また，調整スタイルの組み合わせによって個人の動機づけのパターンが報告され，おおむね内的調整と同一視的調整が相対的に高く，取り入れ的調整と外的調整が相対的に低いパターンが適応的であることが示されている（Gillet et al., 2017；Ratelle et al., 2007）。

　有機的統合理論では，動機づけの内在化を促進させ自律性の高い動機づけを形成させるためには，自律性と有能感，そして関係性への欲求を満たすこと（教育的にはそれらを支援すること）が重要であると仮定されている。なかでも多くみられるのは自律性支援に着目した研究である。自律性支援とは，文字通り対象者の自律性を促す支援にほかならないが，Deci, Eghrari, Patrick, & Leone（1994）によると，①対象者に活動に対する合理的な動機を提供すること，②対象者の気持ちを汲み取ること，③対象者に活動の選択肢を与えること，

などがその具体例としてあげられている。Reeve et al. (2004) は，高校教師に対して自律性支援とは何かを説明し，介入研究を行った。その結果，教師の指導スタイルが生徒の自律的な活動を尊重する姿勢に変化し，生徒の学習活動に改善がみられたことを報告している。また，Jang et al. (2010) の研究では，教師は生徒に対して期待していることを明確に伝えることや，どうすれば目標を達成できるか，そのプロセスを明確にしてあげるなどの支援が合わさることで，自律性支援の効果は高まることが示されている。

　自律性の高い動機づけを形成させるためには，自律性のほかにも，有能感や関係性への欲求を満たすこと，すなわちそれらが満たされるように支援することが重要である。しかし，実際の介入では，自律性支援にのみ焦点が当てられることが多い。この理由は，自律性支援がなされた場合，それと同時に直接的ではないにせよ有能感や関係性への欲求が満たされるからである。自分の興味や目標に沿って指導してもらえれば，その教師に対する関係性への欲求は満たされるだろうし，自律性支援を行っている教師ほど有能感を高めるフィードバックをするだろう。介入研究で自律性支援が重要視されている背景には，このような考えがある。ただし，自己決定理論では有能感と関係性への欲求に関する支援も並行して重要だとは考えられている（Vansteenkiste et al., 2010）。

3. 近年の展開，課題と展望

　近年，有機的統合理論は様々な領域に応用されている。学校教育に関する国内の研究に限っても，学業（安藤ら，2008；後藤ら，2017；鈴木ら，2015），友人との学習活動（岡田，2008），教師関係（中井，2015），キャリア選択（萩原・櫻井，2008；吉崎・平岡，2015），進学（永作・新井，2005）など多岐にわたる。また国内の研究と比べて海外の研究で多く扱われているのがスポーツ（Gagné et al., 2010）や体育教育（Ntoumanis et al., 2009），仕事（Gagné & Deci, 2005；Fernet, Gagné, & Austin, 2010）である。そして，近年の展開として特筆すべきこととしては，縦断調査による検討が増え，動機づけの中長期的な効果が検討されていることである。たとえば，学業達成に対する自律的な調整スタイルの効果は小さくはなるものの残ることが示されている（Otiz et al., 2005；

Taylor et al., 2014)。

　その一方で，各領域でいったい何をもって調整スタイルの効果を検討すべきか，すなわち，動機づけの従属変数を何にするのかといった点は，研究者間での統一的な見解が見出されているわけではない。図 2-3 には筆者が独自に収集した学業活動に有機的統合理論を適用した計 89 編の国際誌（計 101 サンプル）から，動機づけとの関連が検討された変数のうち，登場回数の多いもの上位 10 個をあげた。自己決定理論の理論的背景をふまえると，ここにあげられた変数が選択された理由については一定の理解ができる。

　ただし，ここで注目してもらいたいことは，学業達成以外，ほとんどが自己報告による変数が扱われているということである。また，学業達成との関連が最も検討されてはいるが，自律性の高い調整スタイルでも学業達成との関連はけっして大きくはないことがわかっている（Taylor et al., 2014 を参照）。有機的統合理論で想定される動機づけは私たちの実生活における何を予測するのだろうか。自己報告による変数だけではなく客観的指標を含め，何をもって動機づけの効果を評価すべきか指針が必要である。少なくとも認知的評価理論の流れをふまえると，観察可能な動機づけの行動的側面や学業成績のような客観的指標は重要である。また Boiché & Stephan（2014）の研究では，授業の出席率や授業外の勉強時間などの量的指標（quantity of investment）と学習の理解

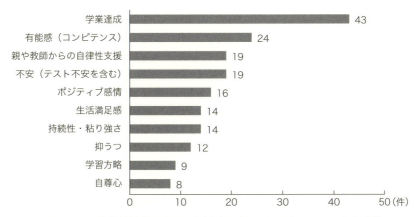

▲ 図 2-3　有機的統合理論を学業活動に適用した研究で用いられた変数

を促す深い学習方略などの質的指標（quality of investment）という観点から従属変数が選択されている。これらは大いに参考になるだろう。

　自律性支援による介入研究に関しては，現在では教育分野に限らず会社の経営者（Hardré & Reeve, 2009）やカウンセラー（Williams et al., 2006），インストラクター（Edmunds et al., 2008）や親（Froiland, 2011）などを対象に行われている。Su & Reeve（2011）のメタ分析では計19編の論文（計20サンプル）の効果が整理され，自律性支援による介入には十分な効果があること，また様々な要素を組み合わせた自律性支援の介入のほうがより高い効果をもたらすことが示されている。今後も，実際の人の行動や精神的健康を改善させるといったさらなる報告が多領域で待たれる。

　一方，そもそも自律性支援を受けるとなぜ人の行動や精神的健康が改善されるのか，こうした素朴な疑問に立ち返る必要もあるだろう。たとえば，Legault & Inzlicht（2013）は，脳内プロセスをふまえた自律性支援の効果に言及し，自律性支援を受けた人のほうがエラー関連陰性電位の振幅が大きくなることを報告している。この結果が意味することは，人は自律性支援を受けた場合，ネガティブな感情に対してもよりそれを知覚し受け入れる傾向を持つということである。自律性支援によって導かれる人の行動や精神的健康の改善のメカニズムは，脳内プロセスをふまえた検討でも注目され始めている。

3節　因果志向性理論

1. 因果志向性理論とは何か

　因果志向性理論（Causality Orientations Theory）とは，動機づけの観点からパーソナリティの個人差に着目した理論のことである。これまで概観してきた認知的評価理論と有機的統合理論は状況もしくは文脈レベルで論じられてきたが，因果志向性理論では一般レベルでの話となる（図2-4［p.62］を参照）。この理論では，計3つの志向性（パーソナリティ）が想定されている。まず1つ目が自律的志向性（autonomy orientation）である。この志向性は，自分自身を取り巻く環境に対して積極的に関わったり，自分自身の興味を表現しようとしたりする傾向を表している。次に2つ目が被統制的志向性（controlled orientation) である。この志向性は，外的な評価に関心が向けられている傾向を表している。外的な報酬や社会的なプレッシャーを気にしすぎて，自分の興味や価値に重きが置かれていない傾向でもある。そして3つ目が無価値的志向性（impersonal orientation）である。この志向性は，目標達成に対して無気力であり，結果に対して自分は何も影響を及ぼすことができないと考える傾向である。これら3つの志向性は，様々な場面で経験された動機づけの積み重ねによって相対的に形成されると考えられている。ここでいう「相対的に」という意味は，3つの志向性のどれか1つが個人に当てはまるというわけではなく，個人のパーソナリティは3つの志向性のバランス（高低）によって特徴づけられるという意味である。

　パーソナリティとしての自律的志向性や自己決定理論で重視されている「自律的」という言葉については，誤解されることの多い概念なのでここで説明を加えておく。まず，「自律的」は，他者からの独立（independence）を意味するわけではない（Ryan & Deci, 2006）。その理由は，独立は，それが自己決定によるものなのかどうかを判定できないからである。加えて，自己決定理論で想定する自律的という意味は，自分自身の行動を自分で決定するという意味合いが強いが，それと同時に他者と関わりを持つことを必ずしも否定してはいない（Deci & Ryan, 2000）。たとえば，他者の援助が必要であると自己決定し，友人に助けてもらうことは自律的なのである。また，「自律的」は西洋文化を代表する特徴であると思い浮かべるかもしれないが，その重要性は国や文化による制約を受けない。すなわち，自律的という言葉の意味合いがたとえ国によって異なっていたとしても，「自律的」が精神的健康と関連を持つという関係とその重要性は変わらないのである（Chirkov et al., 2003）。この点は，Yu et al., (2018) のメタ分析が参考になるだろう。彼らは計36個のサンプルを用いて，自律性（autonomy）と精神的健康との関連に関する効果をまとめた結果，アメリカと東アジアの国々での関連性は同程度であることを報告している。

2．因果志向性理論に関する基礎的研究

　認知的評価理論や有機的統合理論の知見の延長としても推測されることでは

あるが，因果志向性理論では，自律的志向性が望ましいパーソナリティであることが想定されている。Deci & Ryan（1985）は，因果志向性理論で想定されたパーソナリティの個人差を測定する尺度（General Causality Orientations Scale）を公表し，自律的志向性は自尊心，自我発達，自己実現化傾向と正の相関関係にあることを報告している。また，Soenens et al.（2005）はアイデンティティの形成に対する態度との関連を検討し，自律的志向性はアイデンティティの形成に必要とされる自己に関連する情報を積極的に探索する特徴と関連が強いことを明らかにしている。

　一般レベルで仮定されたパーソナリティの個人差は，ある領域や特定の状況においても一定の影響力を持つ。また，パーソナリティの個人差はある領域や特定の状況での経験によって形成されると考えられている。この考えを表現したのが Vallerand（1997）の動機づけの階層モデルである。このモデルでは，一般レベル（general level），文脈レベル（contextual level），そして状況レベル（situational level）を仮定し，様々な場面での動機づけとレベル間の相互影響の関係が整理されている（図2-4）。一般レベルは，まさしく動機づけによるパーソナリティの個人差を表すが，文脈レベルでは，学業，対人関係，レジャー活動などでの動機づけを想定できる。また状況レベルでは，文脈レベル

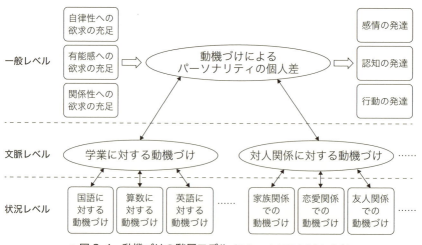

▲ 図2-4　動機づけの階層モデル（Vallerand, 1997 をもとに作成）

が学業の場合，国語，算数，英語などへの動機づけが，対人関係の場合，その下位レベルには，家族関係，恋人関係，友人関係などへの動機づけが想定されるだろう。これらはあくまで筆者があげた例である。状況レベルではさらに細かい状況を設定しても問題はない。

3. 近年の展開，課題と展望

　因果志向性理論に関する研究では，他の下位理論の研究と比べるとその数はけっして多くはない。その理由の1つは，様々な現象の検討にあたっては，どうしても文脈および状況レベルで論じたほうが合理的だからである。様々な行動やそれに伴う結果は，パーソナリティだけによって説明されるわけではなく，状況との相互作用によって見えてくる。状況の効果はけっして無視できない。ただし，これまでの状況や文脈レベルを中心としていた議論を拡張し，自己決定理論の関心や主張を一般化させた点において，因果志向性理論の功績は大いに認められるべきだろう。

　その後の展開としては，レベル間（一般－文脈－状況レベル）の動機づけの相互の影響関係が検討されている。たとえば，Guay et al.（2003）は5年間にわたる縦断調査を実施し，学業における動機づけと一般レベルでの動機づけの個人差は相互に影響を及ぼすことを明らかにしている。この他にも，Hagger & Chatzisarantis（2016）は計24個のサンプルを用い，学校場面での動機づけが学校外への動機づけに及ぼす効果をメタ分析によって実証した。このように特定のレベル内の動機づけとその結果との関係のみならず，レベル間の関係を含む統合的なモデルが構築されているのである。こうした取り組みは，今後も継続されていくだろう。

4節　基本的心理欲求理論

1. 基本的心理欲求理論とは何か

　基本的心理欲求理論（Basic Psychological Needs Theory）とは，自己決定理論の中核となる3つの基本的心理欲求（自律性，有能感，関係性への欲求）

とそれらの充足による効果をまとめた理論のことである。そして，人の幸せや人生満足感とは何かを再考した理論でもある。幸福感に関する研究者が「幸せだ」や「生活に満足している」といった主観的な精神的健康（subjective well-being）に注目するのに対し，基本的心理欲求理論は心理的な精神的健康（psychological well-being）に注目する。そして，この心理的な精神的健康は，これまで紹介した下位理論で重視された自律性，有能感，関係性への欲求が満たされることで達成されると主張する。自律性への欲求は，自分の経験や行動を自らの意思で決定したいという欲求である。次に有能感への欲求は，環境の中で効果的に自分の力を発揮し自分の有能さを示したいという欲求を指す。そして，関係性への欲求は，他者と良好な関係を形成し，重要な他者からケアされたり，またその他者のために何か貢献したいという欲求である。これまでで自分自身が一番充実していたときのことを思い出してほしい。たいていは自分の意見を主張できたり，対人関係に気疲れせずに自分らしく振る舞っていたりしていたときではないだろうか。また表彰されて自分の力が認められたり，親友との関係が安定していたりしたときには充実した生活を送っていたはずである。

　基本的心理欲求理論は，当初は上述した3つの基本的心理欲求の充足だけに焦点を当ててきたが，2010年以降はそれらの欲求が阻害されることにも着目し始めた。これは基本的心理欲求が充足されないことが必ずしも不健康にはならないことに端を発している（Bartholomew et al., 2011）。基本的心理欲求理論では，これを frustration という言葉で表現しているが，その内容は欲求が害されている状態を意図している[注3]。そして精神的不健康（ill-being）は基本的心理欲求が阻害されることによってよく説明されることから，現在では，3つの基本的心理欲求が充足され，かつ阻害されていないことが精神的健康を導くと説明されている。そして3つの基本的心理欲求の充足と精神的健康との関連は人種や国，文化を問わず普遍的に成立するというのがこの理論の主張である（Vansteenkiste & Ryan, 2013）。

【注3】「need frustration」の日本語訳については，自己決定理論の背景をふまえると「基本的心理欲求の阻害」と訳すのが良いだろう。しかし，欲求の阻害は関連概念の need thwarting に対応しているため，代わりに阻害に伴う内的な葛藤状態をより良く表す「基本的心理欲求の不満」と訳すのも妥当である。

2. 基本的心理欲求理論に関する基礎的研究

　基本的心理欲求理論に関する研究で，まず進められたことは尺度の開発である。現在までに，職場（Ilardi et al., 1993）や日常生活全般（Gagné, 2003），スポーツ場面（Vlachopoulos & Michailidou, 2006）などの尺度が作成されているが，これらは基本的心理欲求の充足のみを測定したものである。一方で，Chen et al.（2015）は基本的心理欲求の阻害を含む尺度（Basic Psychological Needs Satisfaction and Frustration Scale）を開発している。

　3つの基本的心理欲求の充足を測定する尺度を用いた研究では，それらの充足とバイタリティ（Reinboth & Duda, 2006）や自尊心（Deci, Ryan, Gagné et al., 2001）との正の関連が示され，基本的心理欲求理論の仮説が支持されている。また，Church et al.（2013）では，アメリカ，オーストラリア，メキシコ，ベネズエラ，フィリピン，マレーシア，中国，日本のサンプルで検討され，精神的健康の指標との関連には国家間差はあるものの，おおむね仮説は支持されることが報告されている。一方，基本的心理欲求の阻害も含む尺度を開発したChen et al.（2015）の研究では，ベルギー，中国，アメリカ，ペルーのサンプルで仮説の検証が行われ，基本的心理欲求の充足はバイタリティと主観的満足感と正の関連を，基本的心理欲求の阻害は抑うつと正の関連を示すことが明らかにされた。この結果は，日本のサンプルでも再現されている（Nishimura & Suzuki, 2016）。

3. 近年の展開，課題と展望

　基本的心理欲求理論に関する研究は，先述した仮説の検証を経て，近年では，これまで提唱されてきた様々な概念を統合するモデルが提案されている。たとえば，Ryan et al.（2008）は，図2-5に示したメンタルヘルスに関するモデルを提案した。このモデルによると，3つの基本的心理欲求は，自律性支援や自律的なパーソナリティ（個人差），5節で説明する内発的人生目標などによって充足が促され，その結果，精神的健康や身体的健康が達成されるのである。Ng et al.（2012）のメタ分析では計184個のサンプルを用いてこのモデルが検

2章　自己決定理論

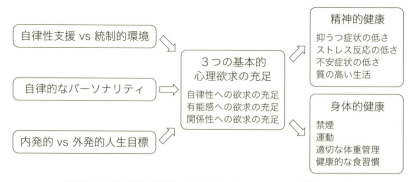

▲図2-5　自己決定理論におけるメンタルヘルスに関するモデル
（Ryan et al., 2008をもとに作成）

証され，自律性支援によって，3つの基本的心理欲求が満たされ，精神的・身体的健康が高まることが示されている。また，Milyavskaya et al.（2013）は基本的心理欲求と精神的健康との関連を，領域レベル（domain level）と一般レベル（general level）で検討した。その結果，友人関係，学校，職場などの各領域で満たされた基本的心理欲求は一般レベルでの精神的健康に影響を与えることが示され，ボトムアップ効果に関する証拠が提出された。精神的健康というのは，様々な領域で基本的心理欲求が満たされるかどうか，それらの集積によって決定されるという考えがみてとれる。

　今後の展望としては，引き続き，国際比較研究を通じて，基本的心理欲求理論の仮説の普遍性が検証されていくことが予想される。それにしても，そもそも，それぞれの国や文化によって，基本的心理欲求の充足の仕方は同じなのだろうか。日本と欧米では「自律的であること」や「有能であること」の捉え方は違うかもしれない。ここに，普遍性の検証を目的とした国際比較研究を通じて，個々の国や文化自体の理解を深めることに発展していく可能性が残されている。

5節　目標内容理論

1. 目標内容理論とは何か

　目標内容理論（Goal Contents Theory）とは，人間の行動がどのような目標

に向かって行われているかによって，精神的健康や心理的成長が変化することを体系化した理論のことである。ここでいう目標とは，人生全般における生き方に関する目標のことである。これまで紹介してきた下位理論を通じて，自律性，有能感，関係性への欲求を満たすことの重要性が主張されてきたが，ではいったいどのような人がこれら3つの基本的心理欲求を満たしやすいのかといった疑問に答えようとしたのがこの理論であると考えてかまわない。また，これまでの下位理論（特に，有機的統合理論）では，行動の理由（why）に焦点を当ててきたが，目標内容理論では，行動が何に向かってなされるかという点に注目している。目標内容理論がwhat理論とも呼ばれるゆえんがこれである（Deci & Ryan, 2000）。

目標内容理論では，内発的人生目標と外発的人生目標の2つを扱う[注4]。内発的人生目標は，人間の本質的な欲求（自己決定理論では自律性，有能感，関係性への欲求）と一致したものであり，自己受容，親和性，社会貢献，身体的健康の4つを代表とする目標群である。一方で，外発的人生目標は，人間の本質的な欲求と一致しないもしくは間接的にしか満たすことができないものであり，社会的名声，外見的魅力，金銭的成功の3つを代表とする目標群である。そして，目標内容理論では人生において何に重きを置いているかによって行動や精神的健康が変わり，相対的に外発的人生目標よりも内発的人生目標に重きが置かれることが重要とされている。

目標内容理論の誕生のきっかけとなったのは，Kasser & Ryan（1993）の論文である。この論文は「A Dark Side of American Dream」と題されたもので，資本主義社会の中で，社会的名声やお金を過度に追及することの負の側面を懸念したものであった。目標内容理論は，このような社会的背景から生まれたのである。実際に，幸福感と年収は正の相関関係にあるが，一定以上の年収を得ると頭打ち，もしくはその関連が弱くなることが報告されている（Kahneman & Deaton, 2010；Reyes-García et al., 2016）[注5]。この意味において，目標内容

【注4】子どもや若い年代を対象とした研究では「aspirations」を将来目標と訳してもよいだろう。ただし，本書では生涯を通じての目標というニュアンスをより正確に伝えるために「人生目標」と訳した。

【注5】お金と幸福感の関係については，本章の説明とは異なる見解もあるため慎重になる必要がある（Beja, 2014；Stevenson & Wolfers, 2013などを参照のこと）。

理論は幸福感を得るためには何を重視して生きていくのが大切かを私たちに考えさせてくれる理論であるともいえる。

2. 目標内容理論に関する基礎的研究

　目標内容理論で想定される人生目標は，Kasser & Ryan（1993, 1996）のAspirations Indexによって測定できる。その後の研究では，内発的人生目標を重視することは，精神的健康と正の関連を示し，外発的人生目標を重視することはそれらと負の関連を示すことが報告されている（Kasser & Ryan, 2001；Williams et al., 2000）。そして，外発的将来目標よりも内発的将来目標を重視することによって得られる結果は，国や文化を超えて普遍であると考えられている（e.g., Martos & Kopp, 2012；Ryan et al., 1999；Schmuck et al., 2000）。

　目標内容理論に関する研究では，人生目標を達成することがどの程度重要か（重要度：importance）に着目した研究が多い。この場合，人生目標は人生において重要視している目標，すなわち個人の人生価値観と同義となる。ただし，この他にも，将来その目標を達成できるかどうか（確率：probability），またすでに達成しているかどうか（達成度：attainment）といった観点からも研究が行われている。たとえば，Niemiec et al.（2009）は人生目標を重要度と達成度で測定し，縦断調査によってそれらと精神的健康の変化との関連を調べた。その結果，内発的人生目標の重要度の変化は達成度に影響を与え，それによって精神的健康が促進されることを示している。すなわち，内発的人生目標をより重要視すると，実際に将来においてそれを達成することができるように行動が促され，結果として精神的健康がもたらされるのである。

　目標内容理論に関する研究と並行して，マテリアリズム（物質主義：materialism）に関する研究も進められてきた。マテリアリズムとは外発的人生目標の中でも社会的名声と金銭的成功を過度に追及する傾向である。Unanue et al.（2014）は，消費社会の代表例としてイギリス，それに対する発展途上国の代表例としてチリのサンプルに注目し，マテリアリズムと精神的健康との負の関連が両方のサンプルで得られたことを報告している。Dittmar et al.（2014）のメタ分析では，計259個のサンプルが対象とされ，マテリアリズムと精神的健康

との関連は負の関係にあることが報告されている。ただし，その負の効果はけっして大きくはない。

3. 近年の展開，課題と展望

　一般的に，自己決定理論に関する研究は大学生や成人を対象としたものが多いが，目標内容理論は人生全般に関するものであるため，幅広い年齢層での検討が行われている。たとえば，Van Hiel & Vansteenkiste（2009）の老年期を対象にした調査では，内発的人生目標の獲得は幸福感と正の相関を示した一方で，外発的人生目標の獲得はそれとの関連を示さなかったことが明らかにされている。他にも，Montasem et al.（2014）は，40歳前後の歯科医を対象に，同様の内発的人生目標と精神的健康との関連を明らかにしている。このような幅広い年齢層をふまえた研究を行った後は，やはり内発的人生目標と外発的人生目標の生涯発達に関する視点が重要になると考えられる。この点に関連して，Jaspers & Pieters（2016）の興味深い研究を紹介しておく。彼らは，マテリアリズムは年齢とともに低下していくという一般信念が存在することを示した後，この一般信念の一部を否定する結果を得た。確かに，マテリアリズムは青年期に最も高く，その後，年齢とともに低下するものの，老年期に再び向上することを示したのである。さて，日本ではどのような結果が得られるだろうか。

　近年では，人生目標の変容を意図した介入研究も行われてきている。Lakes et al.（2012）は，人生目標を学習させた後，参加者自身の内発的人生目標を繰り返し筆記させる介入を実施し，内発的人生目標を高めることに成功している。Kasser et al.（2014）は計画的なお金の使い方を参加者に議論させたり，ホームワークとして自身の経済活動を振り返らせたりすることを通して，マテリアリズムを低下させることに成功している。一般的に，人生目標は普段の生活では意識することが少ないために変容しにくいと考えられているが（Maio & Olson, 1998），自身の人生目標を振り返ったり，繰り返し説得されたりすることで変容が起こるとも考えられている（Bardi & Goodwin, 2011）。人生目標研究における介入研究はいまだ少ない。さらなる報告が待たれる。

　最後に，外発的人生目標は本当に幸せにつながらないのかといった疑問に立

ち返りたい。この疑問については，Dittmar et al. (2014) のメタ分析で報告されたように，マテリアリズムと幸福感との負の関連はそれほど強いものではないという結果からも再考の余地があるといえる。まず留意しなくてはいけない点が，対象となったサンプルの置かれた経済状況である。たとえば，Grouzet et al. (2005) は人生目標同士の関連に着目した研究を実施し，発展途上国は先進国と比べると，金銭的成功が内発的将来目標，とりわけ身体的健康に関する目標と相対的に強い関連を示すことを明らかにしている。これは，その国の中で，金銭的に成功することが内発的将来目標を達成することの条件になっている可能性を示唆している。身体的健康を維持するためにはお金を費やすことが必要かもしれないし，地域社会に貢献するためには，ある程度の経済力と社会的地位が必要となるだろう。経済状況が不安定な国では，マテリアリズムと幸福感との負の関係が弱くなり，もしかしたら正に転じる可能性も考えられる。他にも，お金を何に対して使うのかといった視点が大切である。自身の経験を豊かにするためにお金を使用すること (Howell & Hill, 2009) や他者のためにお金を使用すること (Dunn et al., 2008) がより幸福感を生み出すという報告もある。お金と幸福感との関係を調整する要因の検討は，今後も積極的に進められていくことが予想される。

6節　関係性動機づけ理論

1. 関係性動機づけ理論とは何か

　人の精神的健康を考えたとき，これまで紹介してきた理論では十分に説明できないことがわかってきた。それは，他者との親密な関係の中でこそ得られる精神的健康があるからである。関係性動機づけ理論 (Relationships Motivation Theory) では，この親密な関係に焦点を当てる。先ほど紹介した基本的心理欲求理論では3つの基本的心理欲求が重要とされるが，それらの欲求を満たすためには親密な対人関係が不可欠である。日常生活を考えてみても，自律性，有能感，関係性への欲求に対する支援は，自分にとって親密な他者からなされるものの影響が大きいであろう。実際，自律性や関係性への欲求に対する支援については，家族や友人から多く受けるようである (Downie et al., 2008)。

関係性動機づけ理論は，特定の親密な対人関係（e.g., 友人関係や恋愛関係）の中で起こる基本的心理欲求に対する支援（特に自律性支援）が精神的健康に一定の効果を持ち，その効果が対人関係の質によって変化することを想定している。また，この関係性動機づけ理論では親密な関係の中での相互の影響（mutuality）にも注目している。たとえば，親密な関係にある相手に対して自律性支援を行うと相手の基本的心理欲求を充足させることができるが，その一方で，自律性支援を行った者自身の基本的心理欲求をも満たすことができるかもしれない。この理論は，このような自律性支援の効果に関する相互の影響関係も射程に入れているのである[注6]。

2. 関係性動機づけ理論に関する研究と今後の展望

関係性動機づけ理論に関する研究の着眼点は，精神的健康に対して大きな影響力を持つ3つの基本的心理欲求の充足とそれらを促す自律性支援の効果，そして，その相互の影響関係を「親密な対人関係」の中で検証することである。まず，親密な対人関係における基本的心理欲求の充足の重要さを示した研究として Patrick et al.（2007）を紹介する。彼らは，恋愛関係における基本的心理欲求の充足と精神的健康および関係に対する満足感に着目し，計8つのサンプルを対象としたメタ分析を行った。個人の基本的心理欲求がパートナーからどの程度支援されているかを基本的心理欲求の充足の指標としたところ，恋愛関係でパートナーから基本的心理欲求が支援されていると感じている個人ほど精神的健康（自尊心，ポジティブ感情，バイタリティ）が高いことがわかった。さらに恋愛関係の質も高かった。詳細をみると，恋愛関係に対する満足感が高いだけではなく恋愛関係で生じる摩擦（喧嘩やトラブル）が少なく，またそれがあったとしても防衛的な態度をとることが少ないことが示された。恋愛関係において基本的心理欲求が充足されると，恋愛関係に対する自律的な動機づけが形成され，適応的な結果が生み出されるのである（Deci & Ryan, 2014）。

【注6】関係性動機づけ理論は3つの基本的心理欲求の中でも関係性への欲求だけに特化したものではない。これは，親密な対人関係の中での関係性への欲求だけでなく，自律性や有能感への欲求が満たされることも質の高い関係性に貢献するからである（La Guardia et al., 2000）。

次に，相互の影響関係については，以下に3つの研究を紹介する。Patrick et al.（2007）はメタ分析によって恋愛関係における基本的心理欲求の充足と精神的健康および関係に対する満足感との関連を確認した後，独自にデータを取得し，相互の影響関係について調べた。パートナーから基本的心理欲求を支援されている個人ほど関係性に対する満足感は高いが，それに加えてパートナーの基本的心理欲求の充足をその個人が支援していればいるほどその個人の関係性に対する満足感は高まることを明らかにした。Deci et al.（2006）は友人関係に着目し，友人から受ける自律性支援（receiving）はその友人との関係満足感を高めることを明らかにした。そして，その友人に対して自律性支援を行うこと自体（giving）も関係満足度を高めることを報告している。Hadden et al.（2015）は恋愛関係に対する個人とパートナーの自律的な動機づけが，互いの基本的心理欲求の充足に対する支援に与える影響を検討した。その結果，当然のことながら，個人の恋愛関係に対する自律的動機づけは，パートナーへの自律性，有能感，関係性への欲求に対する支援と関連していたが，パートナーの自律的動機づけもそれらの支援との関連がみられた。すなわち，パートナーの恋愛関係に対する自律的動機づけが高いほど，個人はそのパートナーに対してより支援的な態度をとりやすくなることが示されたのである。このように，親密な関係性の中では，自律的な動機づけや基本的心理欲求の支援が個人とパートナー間で相互に影響を及ぼし合っていることが実証されているのである。

関係性動機づけ理論に関しては，まだ多くの実証的研究がなされているわけではない。しかし，自己決定理論が重視する基本的心理欲求の充足，そして精神的健康に対する親密な対人関係の影響力は大きい。現在（2019年）のところ，関係性動機づけ理論が自己決定理論のラストピースとなってはいるが（将来，変わる可能性はある），これからも研究を継続し，知見を蓄積していくことが求められる。それと同時に，検証すべき親密な関係は恋愛関係などの二者関係にはとどまらない。たとえば，父親，母親，その子どもなどの三者関係，家族を単位とした場合など，より複雑な対人関係が私たちの目の前には現実としてある。今後の展開に注目したい。

7節　まとめ

　自己決定理論では，人間の行動およびパーソナリティの発達に関して動機づけを中心に説明が試みられてきた。自律性，有能感，関係性への欲求がキーワードである。これらの欲求が満たされることによって形成された自律的な動機づけ，ないしは自律的志向性が，人としての適応的な発達や精神的健康，心理的成長をもたらすのである。この仮説は年齢や領域，国・文化を問わない。

　自己決定理論は実証研究に基づく理論である。そして，自己決定理論に関心を寄せる多くの研究者のこれまでの知見の蓄積があってここまできた。けっして，Deci, E. L. と Ryan, R. M. だけの功績ではない。実際，自己決定理論の国際学会（International Conference on Self-determination Theory）[注7]に参加してみると，このことを感じることができる。また，この学会では，自己決定理論に賛同する研究者たちとの交流を通して，研究に対する自律的な動機づけがもたらされる。基本的心理欲求を満たしてくれるアットホームな学会であり個人的には好きな学会でもある。

　その一方で，参加してみて気づくことは，発表の多くは自己決定理論の考え方に沿った堅実なものばかりであることである。悪く言えば，ストーリーと結果が予想の範疇にとどまり，理論の枠を超える発想に出くわすことはなかなかない。自己決定理論に関する研究は理論ベースの研究である。それはそれで良い。しかし一方で，新しい考え方にも目を向けていく必要があるだろう。自己決定理論は発展途上の理論である。これまで自己決定理論がうまく説明できなかったこと，もしくは説明してこなかったことも残されている。今後の展望の項では，僭越ながら筆者の個人的な考えも述べた。これからの自己決定理論に従事する研究者には，理論をふまえながらも，これまで自己決定理論が対象としてこなかったことに積極的に目を向けていくことが期待されている。少なくとも筆者はそのように考えている。

【注7】　近年では，3年に1回のペースで開催されている。詳しくは自己決定理論のHP（http://selfdeterminationtheory.org/）を参照のこと。

3章
学習における信念と動機づけ

1節　はじめに

　本章では，学習に影響を及ぼす信念に焦点を当てる。信念（belief）とは，学習者が保持する認識やイメージを指す。心理学研究において，信念として扱われる変数を特徴づける要素としては，その安定性があげられる。つまり，状況によって簡単には変化しない，学習者が日常的に保持している認識を，私たちは信念と呼んでいるのである。

　一方，動機づけは，「行動の生起，維持，方向づけ過程」を指す学術用語であり，こうした定義から，学習行動が生起し，調整されながら継続されていく過程そのものを「学習に対する動機づけ」と捉えることが可能である（鹿毛, 2013）。特に，学習の調整や方向づけの側面として，多くの先行研究では学習方略（learning strategy）に焦点が当てられ，検討がなされてきた。そこで本章では，これまでの教授・学習領域の心理学研究で扱われてきた信念の分類を行った上で，信念が学習方略に与える影響について概観していくこととする。

2節　信念の分類

　先行研究で扱われてきた信念は，大きく，①知識の性質に関する信念，②学習の成立過程に関する信念，③動機づけに関する信念の3つに分類することができる（表3-1）。知識の性質に関する信念とは，知識（knowledge）や知るこ

▼表3-1　学習に関する信念の分類

①知識の性質に関する信念		認識的信念（知識の起源や権威性 etc.）
②学習の成立過程に関する信念	内的リソース	知能観（増大理論・固定理論）
		学習観（認知主義的・非認知主義的），テスト形式スキーマ
	外的リソース	授業観（協同活動的・知識伝達的）
		協同作業認識（協同効用・個人志向・互恵懸念）
		RP観（内容記憶志向・記述訓練志向 etc.）
		テスト観（改善・強制・比較）
		教科書観（授業の道具・家庭学習の道具）
③動機づけに関する信念	期待	自己効力感
		統制感
	価値	学習動機（内容関与・内容分離）
		達成目標（マスタリー・パフォーマンス×接近・回避）

と（knowing）について学習者が保持しているイメージであり，先行研究では，こうした信念として認識的信念（epistemological belief）が扱われてきた（cf., Schommer, 1990）。学習の成立過程に関する信念とは，学習が成立する上で重要な役割を果たす様々なリソースについて学習者が保持する信念である。学習が成立するためには，知能や学習方法などの内的リソースや，授業やテスト，教材，協同作業などの外的リソースが必要であるが，学習者はこうした様々なリソースに対しても信念を形成しており，それが学習の方向づけに影響を及ぼすのである。動機づけに関する信念は，期待や価値に関する側面で構成されており（Pintrich et al., 1993），こうした信念によっても，学習の質は大きく影響を受けるとされている。

1. 知識の性質に関する信念：認識的信念

　学習者はそれぞれ，知識の性質についての学問である「認識論」を有している。この認識論には，たとえば「知識は相対的なものであって，絶対的な知識はありえない」といった，具体的なイメージが含まれており，Schommer（1990）はこれを認識論的信念と呼んだ。しかし，認識論的信念というと，「認識論とい

う学問とは何か」といったように，認識論に関する信念であると誤解される恐れもある。そのため，野村・丸野（2011）は，認識的信念のほうが適切であると指摘をしている。本章においても，知識の性質に関する信念は認識的信念と呼ぶことにする。

Hofer（2000）は，認識的信念を測定する質問紙（Discipline-focused Epistemological Beliefs questionnaire: DFEBQ）を開発しており，この尺度ではその下位概念として，次の4つが想定されている。

①知識の起源と権威性
　e.g., 教科書に書いてあることは正しいと思う，専門家が言っていることを知ったときに，知識を得たという自信が持てる。
②知識の確実性と単純性
　e.g., この領域では唯一の正しい答えが存在する，この領域の専門家たちは，当該領域について同じ見解を持っている。
③知識の正当性と実在性
　e.g., この領域での正解とは，様々な研究の結果に基づいている。
④事実の到達可能性
　e.g., 専門家たちは最終的に真実を見つけ出すことができる，もし研究者たちがしっかり取り組めば，すべてのものの答えにたどり着く。

この他にも，認識的信念の下位概念としては，学習の迅速性（学習は徐々にではなく一瞬にして成立する）などがしばしば扱われており，その影響について検討がなされている。

さらに，野村・丸野（2014）は，認識的信念には，上述したような「知識一般の性質」に関するものの他に，「利用知識の性質」に関するものがあることを指摘し，利用知識の性質の下位概念として，知識の適用における条件性（e.g., 知っていることでも，どんな時に使えてどんな時に使えないかを知らなければ，本当に知っているとは言えない），知識の広い適用可能性（e.g., 自分が知っていることは日常生活の色んな場面で使うことができる）を考えている（表3-2）。

▼ 表 3-2　認識的信念の下位概念と項目例
　　　　　（Hofer, 2000；野村・丸野, 2014 などをもとに作成）

知識一般の性質	
起源と権威性	教科書に書いてあることは正しい
確実性と単純性	この領域では唯一の正しい答えが存在する
正当性と実在性	この領域での正解とは，様々な研究の結果に基づいている
事実の到達可能性	専門家たちは最終的に真実を見つけ出すことができる
学習の迅速性	学習は徐々にではなく一瞬にして成立するものである
利用知識の性質	
適用における条件性	どんな時に使えるかを知らなければ知っているとは言えない
広い適用可能性	自分の知識は日常生活の色んな場面で使うことができる

2. 学習の成立過程に関する信念

　学習者は，学習を成立させる様々なリソースに対しても信念を形成している。以下に，学習者の内的リソースに関する信念と，授業やテストなどの外的リソースに関する信念に分類した上で，個々の信念の内容について概観する。

(1) 内的リソースに関する信念

　まず，学習を規定する内的なリソースとして，知能，すなわち学習者の知的能力があげられる。知能観（1章参照）は，こうした知能に対して学習者が有する信念であり，学習に対する動機づけに影響を与える信念として多くの研究で扱われてきた。知能観は大きく，増大理論（incremental theory）と固定理論（entity theory）に分けられる。増大理論とは，知能は可変的なものであり，学習によって増加させることができると考える信念である。一方で，固定理論とは知能は固定的であり，容易に変えることができないと考える信念である。直感的にも理解できるように，増大理論は学習に対してポジティブな影響，固定理論は学習に対してネガティブな影響を及ぼすことが報告されている（Dweck & Leggett, 1988）。

　また，近年では，学習方法に関する信念である学習観（beliefs about learning）も多くの研究で扱われている。市川ら（1998）では，「成績を高める上で何

▼ 表 3-3　学習観の下位概念と項目例
（市川ら，1998；Uesaka et al., 2009 をもとに作成）

認知主義的学習観	
意味理解志向	習ったこと同士の関連を考えて覚えることが効果的だ
方略志向	成績を上げるには，勉強のやり方を考えることが大切だ
思考過程重視志向	できなかった問題は，答えだけでなく解き方も知りたい
失敗活用志向	間違えることは，その先の学習に生かすための大切な材料だ
非認知主義的学習観	
丸暗記志向	なぜそうなるかを考える前に，まず覚えることが重要だ
物量志向	たくさんの量の勉強をすることがとても大切だ
結果志向	なぜそうなるのかわからなくても，答えが合っていればよい
環境志向	みんなの成績がいいクラスに入っていれば，成績は良くなる

が必要か」や「勉強で大切なことは何か」といったことについて学習者が持つ信念として，意味理解志向（知識同士のつながりを理解すること），丸暗記志向（とにかく覚えること），方略志向（やり方を工夫すること），物量志向（量をこなすこと），思考過程重視志向（途中の考え方が合っていること），結果志向（答えが合っていること），失敗活用志向（失敗を次に生かすこと），環境志向（恵まれた環境にいること）の8つの下位概念が指摘されており，Uesaka et al. (2009) の研究では，学習観は，上述の意味理解志向や方略志向，思考過程重視志向のように，深い処理を伴う学習方法を重視する認知主義的学習観 (cognitive belief) と，丸暗記志向や物量志向のように，深い処理を重視しない非認知主義的学習観 (non-cognitive belief) に大きく分類できることが指摘されている（表3-3）。

　Hofer (2004) によれば，先述した認識的信念は特定の学問領域における知識や学習に関する信念であるとされているが，学習観の場合は，研究の関心によって，教科や学問領域を限定しない一般的なものから領域に固有のものまで扱われている。たとえば，鈴木 (2016) の研究では，教科を特定せず学習全般に関する意味理解志向と丸暗記志向が測定されているが，その一方で，篠ヶ谷 (2008) や篠ヶ谷 (2011) の研究では，対象を歴史学習に限定した上で意味理解志向や丸暗記志向の測定が行われている。また，犬塚 (2016) の研究では，数

学の学習に特化した学習観の構造について検討がなされており，思考プロセス（e.g., 筋道を立てた考え方が大切だ）や固定性（e.g., 答えが合っているかが大切だ）など，上述の思考過程重視志向や結果志向などに対応するような下位概念が抽出されている。

さらに近年では，赤松（2017）のように，学習全般に関する学習観と，英語学習に特化した学習観の双方を測定した研究も行われるようになっている。また，村山（2003）は，「空所補充テストにはとにかく暗記することが重要だ」「記述テストには知識同士の関連を理解しておくとよい」といったように，効果的な学習方法に関する信念がテストの形式によって異なることを指摘し，テスト形式に基づく学習観である「テスト形式スキーマ」の測定を行っている。

このように，対象領域をどこまで限定するかについては研究の関心によって異なるものの，先行研究では，知的能力に関する信念の他に，学習を成立させる上で重要な内的リソースである「学習方法」に関する信念にも焦点が当てられ，その影響が検討されているといえる。

(2) 外的リソースに関する信念

学習が成立するには，知的能力や学習方法といった内的リソース以外にも様々なリソースが必要であり，先行研究ではそれらに関する信念も扱われてきた。たとえば，学校の授業は日々の学習に必要不可欠であるが，野村・丸野（2014）は，この授業という営みを学習者がどのように捉えているかを「授業観」と呼び，授業観が，協同活動的授業観と知識伝達的授業観の2つの下位概念に分けられることを報告している。前者の協同活動的授業観とは，教師と生徒，または生徒同士で協同して知識を構築していく場として授業を捉えるものであり，「授業を通して，他の学生から自分の知らなかった知識を得ることがある」「授業の展開は，授業中の教員と学生のやりとりによって変わる」などの質問項目で測定される。一方，後者の知識伝達的授業観は，教師から生徒へと知識が伝達される場として授業を捉えるものであり，「授業の展開は，教員があらかじめ立てた計画に沿って行われる」「教員の役割は，学生に知識を与えることである」といった質問項目で測定される。

さらに，長濱ら（2009）は，学習において，他者と協同作業を行うことに対

する信念を「協同作業認識」と呼び，それを測定するための質問紙尺度を開発している。この尺度では，学習者が協同作業に対して保持する信念の下位概念として協同効用（e.g., 協同は役に立つ），個人志向（e.g., 1人で黙々と考えたほうがよい），互恵懸念（e.g., 協同はできない人のためにある）の3つが扱われている。

また，授業を受けた後には，授業でわかったことやわからなかったことなどをリアクションペーパーに記述し，自身の学習を振り返ることが重要であるが，こうした活動の捉え方にも個人差が存在する。小野田・篠ヶ谷（2014）はリアクションペーパー（reaction papers，以下，RPと略す）をどのようなツールとして捉えているかを「RP観」と呼び，その下位概念として，内容記憶志向（e.g., RPは授業内容について記憶するためのものだ），記述訓練志向（e.g., RPは言いたいことを短い文章に要約する練習のためのものだ），理解度伝達志向（e.g., RPは自分のわからなかったところを先生に伝えるためのものだ），私的交流志向（e.g., RPは先生とコミュニケーションをとるためのものだ）の4つを測定している。

学習を進めていく上ではテストも避けることはできない。先行研究ではテストをどのように捉えているかといった信念も扱われている。鈴木（2011）はこうした「テスト観」の測定を行い，改善テスト観（e.g., テストは自分の学習を改善するためにあるものだ）や比較テスト観（e.g., テストは他の人と比較するためにある），強制テスト観（e.g., テストは勉強を強制させるためにあるものだ）といった下位概念を扱っている。また，福田（2017）は，学習教材の捉え方に着目し，こうした学習者の「教科書観」には，授業の道具として捉えるもの（e.g., 教科書や参考書は，授業中，先生が学習内容を説明するときに使うための道具だと思う）と，家庭学習の道具と捉えるもの（e.g., 教科書や参考書は，家庭学習中，学習内容を復習するときに使うための道具だと思う）の2つがあることを見出している。

3. 動機づけに関する信念

Pintrich et al.（1993, 1991）は，学習方略と動機づけに関する質問紙尺度（The

Motivated Strategies for Learning Questionnaire: MSLQ) を開発しており，この尺度には，動機づけに関する以下の信念が含まれている。

　動機づけに関する信念は，大きく期待と価値の側面に分類される。期待に関する信念には，自己効力感と統制感の2つがある。自己効力感は，自分が学業面で成功できるか，勉強で良い成績を修めることができるかに関する信念であり[注1]，「このクラスで優れた成績を修めることができると思う」「自分はこのコースの一番難しい内容でも理解できると思う」などの項目を用いて測定される。一方，統制感とは，自身の行動がポジティブな結果に結びつきそうかに関する信念であり，「もし適切な方法で勉強すれば，このコースの内容をしっかり学べると思う」「一生懸命がんばれば，このコースの内容を理解できると思う」などの項目で測定されるものである。

　学習の価値に関する信念は，動機づけを規定する重要な変数であり，Pintrich et al.（1993）の尺度では，「今学んでいることは将来別の学習でも役立つと思う」「このコースの学習にとても興味がある」など，内容の重要性や実用性，おもしろさなど，学習に対してどのような価値を見出しているかの測定がなされている。ただし，学習者が学習に対して見出す価値は多様であり，たとえば「自分を鍛えるために勉強する」「みんながやっているから勉強する」といったように，学習者は従来の枠組みではなかなか捉えきれない価値づけを行っている場合もある。

　こうした点について，市川ら（1998）は，我が国の生徒の学習動機（勉強する理由）の下位概念として，充実志向（新しいことを知ることができておもしろいから），訓練志向（頭の訓練になるから），実用志向（将来の役に立つから），関係志向（みんながやっているから），自尊志向（良い点をとって自慢したいから），報酬志向（先生や親に褒められたいから）の6つがあることを指摘している。また，これら6つの動機は「学習内容の重要性」と「学習の功利性」の2つの軸で整理することが可能であり，図3-1のようにして表現される学習動機のモデルは，「学習動機の2要因モデル」と呼ばれている。

【注1】ここでいう自己効力感は，Banduraがもともと提唱したものと定義が異なるので，注意が必要である。Bandura（1977）によれば，自己効力感とは「所与の行動がある結果に至るであろうという当事者の査定（に対して），その結果に必要な行動を，自身が成功裏に実行できるという確信である。」

3章 学習における信念と動機づけ

▲ 図3-1　学習動機の2要因モデル（市川, 2004 をもとに作成）

　縦軸の「学習内容の重要性」とは，学習内容そのものに価値を見出している程度を指し，横軸の「学習の功利性」とは，勉強することで得られる利益を意識している程度を指す。たとえば，実用志向は，「将来の仕事に役立つから英語を学ぶ」「日常生活に役立つから社会科を学ぶ」といったように，学んでいる内容を重視しており，しかも，学んだことによって得られる利益を意識した動機であるため，図3-1 の右上に位置している。一方で，報酬志向は「先生や親に褒められたいから」「良い成績をとっておこづかいが欲しいから」といった理由で勉強に取り組むものであり，学習によって得られる利益を重視している点では実用志向と同様であるが，この動機の場合，学習内容を重視しているわけではないため，図の右下に位置することとなる。堀野・市川（1997）では，上記の6つの学習動機について二次的因子分析を行うと，まず，充実志向，訓練志向，実用志向の3つ，関係志向，自尊志向，報酬志向の3つがまとまった因子として抽出され，次に，それぞれ3つの因子が抽出されることが報告されている。つまり，学習動機は，図中の縦軸によって質的に異なる2つの動機に大きく分けられるといえる。この観点で分類した場合，上の3つの動機は学習内容そのものに高い価値を見出しているため，「内容関与動機」と呼ばれ，下の3つの動機は，学習内容とは関係のない動機であるため，「内容分離動機」と呼ばれている。

　なお，こうした学習の価値の認識については，自己決定理論（Deci & Ryan, 2004）においても概念整理がなされている（2章参照）。この理論は，学習の価値をどれだけ自身の中に取り入れているかという「価値の内在化」の観点から

学習動機の分類を行ったものであり，内的調整（問題を解くことがおもしろいから），同一視的調整（将来の成功につながるから），取り入れ的調整（勉強で友達に負けたくないから），外的調整（やらないと周りの人がうるさいから）といった下位概念が想定されている。2要因モデルや自己決定理論は用いているラベルは異なるものの，これまで内発的－外発的といったように二項対立的に捉えられてきた学習の価値に関する信念を，学習者の実態に即して整理している点では共通しているといえる。

　また，価値に関する信念には，「学習において何を目指すのか」といった，学習の方向性に関するものも含まれる。これは達成目標（1章参照）と呼ばれ，新たなことを学び，深い理解を目指そうとするマスタリー目標と，より高い成績をとることを重視するパフォーマンス目標に大きく分かれている。マスタリー目標とパフォーマンス目標の違いは，学習における比較基準にあり，マスタリー目標は過去の自分を比較の対象とした目標であるのに対して，パフォーマンス目標は他者を比較の対象とした目標である。Elliot & McGregor (2001)は，こうした「マスタリー－パフォーマンス」の軸に加えて，より上を目指そうとするのか，下を避けようとするのかといった「接近的－回避的」の軸を設定し，その組み合わせによって，達成目標をマスタリー接近目標（e.g., できるだけたくさんのことを学ぼうとする），マスタリー回避目標（e.g., ちゃんと学べないことを避けようとする），パフォーマンス接近目標（e.g., 他の人より良い成績をとろうとする），パフォーマンス回避目標（e.g., 他の人より悪い成績をとらないようにする）の4つに分類している（1章参照）。

3節　信念が学習方略に与える影響

　これまでの教授・学習研究では，学習者の持つ様々な信念が，学習の質的側面である学習方略に影響を及ぼすことが実証的に示されてきた。学習方略とは，学習の際に学習者が行う認知的・メタ認知的な処理を指し（辰野，1997），精緻化方略（新たな情報を自身の既有知識と関連づけて理解する），体制化方略（情報の構造を整理する）などの深い処理を伴う方略や，モニタリング方略（自身の理解度を把握する）などのメタ認知的な方略が，学習において効果的である

一方で,「何度も口に出して読んで覚える」「とにかく繰り返し問題を解く」などの浅い処理を伴う方略は,効果が小さいことが知られている。

以下では,個々の信念と学習方略の関連について検討した研究や,様々な信念の関係を扱った研究について概観することとする。

1. 個々の信念の影響

(1) 認識的信念

先行研究では,知識の性質に関する信念である認識的信念と学習方略との関連が検討されており,たとえば Dahl et al. (2005) は,認識的信念が学習への取り組みに影響を与えることを報告している。この研究では,大学生の数学の学習における認識的信念と方略との関連について分析が行われており,その結果,確実性と単純性(正しい答えは1つしかない)の信念を強く持つ学習者ほど,「ひたすら問題を繰り返し説く」といった浅い処理の方略を使用することが示されている。

同様に,Kardash & Howell (2000) は,大学生を対象として認識的信念とテキストを読む際の学習方略の関連について検討している。その結果,学習の迅速性に関して,「学習は徐々に成立するものだ」と考えている学習者ほど,「文脈に即して単語や文の意味を分析しながら読み進める」といった,深い処理の方略を使用することが報告されている。

(2) 学習観

学習観が学習方略に与える影響を検討した研究も多く行われている。植木 (2002) は,方略志向,学習量志向(物量志向),環境志向の3つの学習観に着目し,学習観と数学における学習方略の関連について検討している。その結果,方略志向が高い学習者は精緻化方略やモニタリング方略を多く使用していることが示されている。また,環境志向が高い学習者では,精緻化方略の使用はみられるものの,モニタリング方略の使用が少ないことが報告されている。

鈴木 (2016) は,小学校5,6年生が学習全般に対して抱く意味理解志向と丸暗記志向を測定し,それらの得点と算数課題の問題解決の関連を検討してい

る。ここでは，意味理解志向の高い学習者の場合，数学の問題を現実場面と関連づけて理解しようとしているのに対し，丸暗記志向の高い学習者はあまり深く考えずに，問題文の中の情報を使って解く傾向があることが指摘されている。たとえば，丸暗記志向の高い学習者は，データに外れ値が入っている場合でも平均値を代表値として考えてしまうのに対して，意味理解志向の高い学習者は棒グラフの下部が省略されているグラフに騙されず，柔軟な発想が求められる問題にも対応できることが示されている。

　赤松（2017）は，学習全般に対する学習観と教科固有の学習観の双方を扱い，その影響を検討している。この研究では，学習全般に対する学習観として物量志向（e.g., 1日何時間と決めてコツコツと勉強をしていれば，いつか報われる）と方略志向（e.g., 英語の勉強ができる人は，勉強のやり方がうまい人だ），英語固有の学習観として活用志向（e.g., 英語の勉強では，学習した表現を実際の会話に用いてみることが効果的だ）と伝統志向（e.g., 英語を学習することは主に文法規則をたくさん覚えることである）が測定された。その結果，学習全般に対する学習観が「自分の英語の力を向上させるためにはっきりとした目標を持つ」などのメタ認知的方略や「友達や他の生徒と一緒に英語を勉強する」などの社会的方略の使用を介して学業成績にポジティブな影響を及ぼしていることが明らかとなった。一方で，英語固有の学習観のうち，活用志向は反復方略（英語から日本語，日本語から英語に何度も書き換える）や音声記憶方略（e.g., 声に出しながら発音とセットで単語を覚える）などの方略を介して学業成績にポジティブな影響を及ぼし，伝統志向は音声記憶方略を抑制して学業成績にネガティブに作用することも明らかになった。

(3) 動機づけ信念

　動機づけに関する信念と学習方略の関連も，多くの研究で扱われてきた。たとえば，堀野・市川（1997）は，英語学習における学習動機が，英単語の学習方略に及ぼす影響を検討し，「学習自体がおもしろいから」「仕事や生活に活かすため」など，学習内容を重視する動機（内容関与動機）が高い学習者ほど，体制化方略，イメージ化方略，反復方略を多く使用しており，また，体制化方略の使用が学業成績にポジティブな影響を及ぼしていることを報告している。

その一方で，「他者につられて」「褒められたいから」など，学習内容とは関係のない動機（内容分離動機）は，方略使用や学業成績と関連を持たないことが示されている。

　達成目標（1章参照），期待，価値といった動機づけに関する信念と学習方略の関係を検討したWolters et al. (1996) の研究では，マスタリー目標が高い学習者は，学習に対して期待や価値を高く持ち，深い処理の学習方略や，メタ認知的な方略を使用することが示されている。また，この研究では，他者との比較を基準とするパフォーマンス目標も，全体的に様々な学習方略を促進しており，学習に対してポジティブな作用を示したと報告されている。

　これとは別に，外国語の学習に対する自己効力感（自分には外国語を学ぶ特別な能力があると思う）や価値の信念（英語を話せるようになることは大切だと思う，アメリカの文化を知るために英語を学びたい）と学習方略の関連について分析したYang (1999) の研究では，自己効力感が様々な方略使用と正の関連を持つことが示されている。

　また，中山（2005）も，英語学習を対象として，動機づけに関する信念と学習方略との関連について検討を行っている。そこでは，パフォーマンス目標を高く持つ学習者ほど「外国語を勉強することは，文法規則をたくさん覚えることだ」といった信念を持っており，こうした信念を持つ学習者ほど「知らない単語は文脈を利用して推測する」といった方略を使用しないことが確認されている。一方，マスタリー目標が高い人ほど自己効力感（e.g., 自分は外国語学習に対するセンスがある）が高く，それによってメタ認知方略（e.g., 英語を勉強する十分な時間を作るために学習の計画を立てる）や，発音方略（e.g., 覚えるまで単語を口ずさむ），体制化方略（e.g., 名詞形，動詞形など，1つの単語のいろいろな形を関連させて覚える）などの使用が促進されることが報告されている。

2. 信念間の関連

　これまでには，本章で扱ってきた様々な信念間の関連を検討した研究も行われている。こうした研究では，知識の性質に関する信念や学習の成立過程に関する信念が，動機づけ信念に影響を及ぼし，それが学習行動の生起や方向づけ

に影響を与えるといったプロセスが想定されている。

　たとえば，Bråten & Strømsø (2004) は，認識的信念と達成目標の関連を分析しており，その結果，学習の迅速性（学習は徐々に成立するのではなく一瞬にして成立するものである）の得点が高い学習者ほど，パフォーマンス回避目標（他者よりも劣っていることを避けようとする目標）を持ちやすく，マスタリー目標（自身の能力を高めようとする目標）は持ちにくいことが明らかになっている。

　また，知能観が学習に関わる際の目標の持ち方に影響を与えることは古くから指摘されており，増大理論を支持する学習者ほどマスタリー目標を持ち，固定理論を支持する学習者ほどパフォーマンス目標を持つことが報告されてきた（Dweck & Leggett, 1988）。こうした知見に加え，近年では，テストの捉え方であるテスト観と動機づけ信念の関連に関する検討も行われている。鈴木ら（2015）は，首都圏の公立中学校5校の学習者を対象として，6月，9月，11月，2月の定期テスト返却後に質問紙を実施し，テスト観と学習動機の関連について縦断的な検討を行った。その結果，改善テスト観（テストを自身の学習改善のツールとして捉える姿勢）が，内的調整（e.g., 問題を解くことがおもしろいから）や同一視的調整（e.g., 将来の成功につながるから）といった学習動機に対して正の影響を示すことが明らかとなった。また，強制テスト観（テストは勉強を強制するために存在していると捉える姿勢）は内的調整に対して負の影響を示し，取り入れ的調整（e.g., 友達よりも良い成績がとりたいから）や外的調整（e.g., 褒められたいから）といった学習動機に対して正の影響を示していた。こうした結果からは，学習に対してより自律的な動機を持たせる上で，テストそのものの捉え方を変容させることが重要であることが示唆される。

　さらに，これまでには，様々な信念や学習行動について，より複雑な関係プロセスを検討した先行研究も行われている。たとえば，Muis & Franco (2009) は，大学生の心理学の学習を対象とした調査において，認識的信念と達成目標，学習方略の関連を検討している。この研究では，認識的信念については前出のHofer (2000) による質問紙（DFEBQ）を使用して測定し，達成目標については，Elliot & McGregor (2001) の枠組みに従い，マスタリー－パフォーマンス，接近－回避の2軸による2×2の4種類を測定している。また，学習方略は，

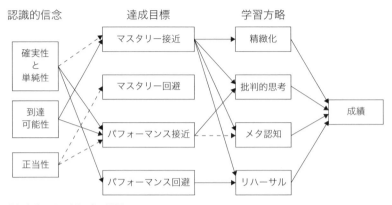

▲図3-2　認識的信念と目標，方略，成績の関連
（Muis & Franco, 2009 をもとに作成）

Pintrich et al.（1993）の MSLQ を使用し，精緻化方略（学習内容を自分の言葉でまとめ直す），批判的思考（理論や解釈に対して，常にそれを支持する証拠があるかを考える），メタ認知的方略（自分に質問をして自分の理解度をチェックする），リハーサル方略（何度も繰り返し口に出して覚える）を測定している。

　分析の結果得られた関係モデルが図3-2である。認識的信念の中の「確実性と単純性」がパフォーマンス接近目標やパフォーマンス回避目標と正の関連を示し，マスタリー接近目標とは負の関連を示した。その結果として，精緻化方略，批判的思考，メタ認知的な方略，リハーサル方略が抑制されることが示された。一方，「事実の到達可能性」はパフォーマンス接近目標と正の関連を示し，メタ認知的方略に負の影響を示していた。それと同時に，こうした信念を持っていることで，マスタリー接近目標が高まり，様々な方略使用が促進されることも示された。一方，「正当性」についてはマスタリー回避目標やパフォーマンス接近目標と負の関連を示し，結果，精緻化方略やメタ認知的方略の使用を促進することが明らかとなった。

　野村・丸野（2014）は，認識的信念が授業観や，授業中の議論への関わり方に与える影響について検討している。大学生を対象とした質問紙調査の結果，

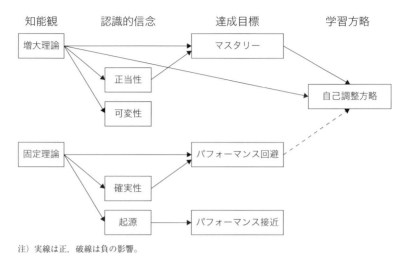

注）実線は正，破線は負の影響。

▲ 図 3-3　様々な信念と方略の関連（Chen & Pajares, 2010 をもとに作成）

「私が知っていることは，日常生活のいろいろな場面で使える」「自分の知っていることは，いつどのような条件で使えるかまでわかっていないと意味がない」など「知識の適用における条件性」に関する信念を有する学習者ほど，授業を協同で知識を構築していく場として捉える「協同活動的授業観」を持っていることが示された。授業中の議論での態度や行動についても質問紙を用いて測定したところ，知識の適用における条件性に関する信念を持つ学習者ほど，議論中に「自身と他者の違いを明確化する」「相手の様子に合わせて発言の仕方や内容を変える」など，単に自分の意見を主張して他者と情報を共有するのではなく，自他の視点をふまえ，考えを吟味するような，重要な関わり方をしていることが明らかにされた。

信念と学習行動について，より包括的な関係モデルを検討した研究としては，Chen & Pajares（2010）によるものがあげられる。508 名の小学 6 年生を対象として質問紙調査を実施し，パス解析を用いて様々な変数間の関係について分析を行ったところ，最終的なモデルにおいて，知能観，認識的信念，達成目標，学習方略（「他におもしろいことがあっても勉強に取り組める」などの自己調整方略）は図 3-3（煩雑になることを避けるため一部を表示）のような関連を

示した。

　増大理論は，知識の可変性（教科書に書いてあることは変わりうる）や正当性と実在性（この領域での正解とは，様々な研究の結果に基づいている）といった認識的信念や，マスタリー目標とポジティブな関連を持っていることがわかった。一方，固定理論は，起源と権威性（先生が授業で言っていることはすべて正しい）や確実性と単純性（科学の問いはすべて1つの正しい答えを持っている）といった認識的信念や，パフォーマンス回避目標とポジティブな関連を持っていた。そして，増大理論とマスタリー目標は自己調整方略とポジティブな関連を示し，パフォーマンス回避目標は自己調整方略とネガティブな関連を示した。こうした結果からは，増大理論や正当性といった認識的信念はマスタリー目標を介して学習にポジティブな影響を与える一方で，固定理論や確実性といった認識的信念は，パフォーマンス回避目標を介して学習にネガティブな影響を持つことがわかる。

4節　信念の変容

1. 調査研究の知見

　以上にみてきたように，これまでの研究では，知能観，認識的信念，学習観，達成目標といった様々な信念と学習方略の関連について知見が蓄積されてきた。こうした先行研究は，学習者の保持する信念を始発点として，変数間の関係プロセスの検討を行ったものであるが，それに対して，信念そのものの変容過程について検討を行った研究はあまり多く行われていない。そうした中，Conley et al.（2004）は，小学校5年生187名を対象として，9週間の理科のコースの間に2回の質問紙調査を実施し，認識的信念の変化について分析している。その結果，「事実の到達可能性」や「知識の正当性と実在性」は変化がみられないものの，「知識の起源と権威性」や「知識の確実性と単純性」は，9週間の学習を経て変容がみられることが報告されている。また，鈴木（2013）は学習観に関する縦断的な調査を行い，小学校から中学校への移行期に学習者の意味理解志向が低下し，丸暗記志向が上昇することを見出している。

　こうした変化を生み出している要因としては，教師の授業スタイルや評価ス

タイルが考えられ，先行研究では，授業スタイルと信念の関連を検討した調査も行われている。たとえば，Neber & Schommer-Aikins（2002）は，能力の高い小学生と高校生を対象として，教師の授業スタイル，認識的信念，達成目標，自己効力感，学習方略の関連について検討しており，探究型の授業スタイルとマスタリー目標の間には正の関連があること，マスタリー目標は自己効力感に対してポジティブな影響を及ぼすことを報告している。また，自己効力感は深い処理の学習方略の使用に影響しており，これらの結果からは，教師が授業の中で探究的な活動を多く行うことによって，学習者のマスタリー目標や自己効力感が高められ，学習の質が向上することが示唆される。

2. 介入研究の知見

質問紙調査によって，信念の変化や学習指導の影響を検討した研究については上述したが，日常的な集団授業，個別指導，学習講座の中で，学習指導に工夫を凝らすことで，学習者の信念が変容したことを報告する研究も行われている。

(1) 普段の授業における介入

野村・丸野（2017）は，大学教員の授業スタイルが大学生の持つ認識的信念に与える影響について実証的に検討している。この研究では，学生に質問を生成させ，それに教員が回答するなど，質問を契機とした授業が展開された。また，こうした授業に加え，質問が知識獲得や情報の吟味に重要であることを伝えるなどの介入も行った。その結果，認識的信念の中の実在性（e.g., 私が知っていることはきっとしっかりとした方法で確かめられたものだと思う）の得点が上昇し，学生が知識の客観的根拠を重視するようになったとの報告がなされている。こうした結果からは，授業の展開の仕方や授業中の働きかけによって，学習者の信念を変容させられることが示唆される。ただし，この研究では，介入をやめると信念が従前の状態に戻ってしまう可能性も指摘されており，日々の授業の中で継続して介入を行うことが重要であるといえる。

(2) 個別指導における介入

　植阪（2010）の研究では，中学2年生の女子生徒を対象とした個別指導における，学習観の変容過程が描かれている。この女子生徒は，「たくさん問題を解けばよい」という物量志向が強く，問題を解いた後に自身の思考過程を振り返ろうとしないなど，学習方略上の問題もみられていた。そこで，問題を解いた後に，自身の解答と模範解答を見比べ，「なぜ間違えたのか」「次はどのように考えたらよいのか」といったメモを書き込む方略（教訓帰納）を教えながら指導にあたったところ，「今まで何度も解いて何とかしようと思っていたけど，こっちのほうがかいがある」「学校では何度も解きなさいって言われたから，これまで一生懸命やってきたけど，こっちのほうがいいなって思った」と発言するなど，物量志向から方略志向へと学習観が変容している様子がみられ，「数学が楽しくなってきた」といった発言からわかるように，動機づけも改善した。さらには，間違えた理由を自発的に書き込むようになり，これまで提出していなかった誤答レポートを提出するだけでなく，理科のノートでもポイントを書き込むようになるなど，他教科での学習行動にも変化が生じたことが報告されている。こうした結果からは，学習方略に介入し，その有効性を実感することによって，学習観や動機づけの変容が生じることがわかる。

(3) 学習講座における介入

　村山（2006）は，中学2年生を大学に集めて行った学習講座の中で，テスト形式スキーマ（テスト形式に基づく学習観）に対する介入を行っている。この研究では，効果的な学習方略について指導するクラス（方略介入群）と，方略を指導した上で，テスト形式スキーマの変容を目指して働きかけを行うクラス（テスト形式スキーマ＋方略介入群）を設定し，5日間の歴史の学習講座が行われた。両群に共通して行われた方略指導とは，単に重要語句を覚えようとする暗記方略を使用するのではなく，「歴史の出来事の意味をつかむ」「歴史の大きな流れをつかむ」など，深い処理を行う理解方略が大切であることを伝えるものであった。さらに，テスト形式スキーマにも介入を行うクラスでは，空所補充型のテストであっても理解方略が有効であることを，具体例をあげながら繰り返し説明した。その結果，学習講座の最終日に実施されたテストにおいて，

テスト形式スキーマ＋方略介入群では，空所補充型のテストに対して暗記方略の使用が抑制されていた。また，テスト形式スキーマが変化した学習者ほど，授業中のノートへの書き込みも増えていることが明らかとなった。こうした知見は，テスト形式スキーマに対して介入を行うことが可能であること，介入を行うことで学習方略も変容することを示した重要な知見といえる。

　また，鈴木（2011）は，中学生を対象とした学習講座の中で，テスト返却の際にルーブリックを提示し，学習者のテスト観（テストの目的や役割に対する認識）がどのように変化するかを検討している。ルーブリックとは，テストで何が書けていれば何点が配点されるのかなどを具体的に示した評価指標である。学習講座では毎回の授業後に確認テストを実施し，次の授業でテストを返却する際に，ルーブリックを提示するか否かをクラスによって変えた。その結果，ルーブリックを提示したクラスでは学習者の改善テスト観（テストを自身の学習改善のツールとして捉える姿勢）が高まり，それによって内発的動機づけの向上や，授業での深い処理の方略（意味を考えながら授業を聞く，など）の促進がみられた。

5節　おわりに

　冒頭にも述べたように，信念とは，学習者の持つ比較的安定した認識であり，これまでの研究では，学習に関する信念が学習方略のような学習行動の質的な側面に与える影響について，様々な検討がなされてきた。しかし，前節で紹介したように，近年では，集団授業や個別指導の中で，信念の変容を促す介入を行った知見も報告されるようになっている。

　Muis（2007）によれば，学習者は，信念をはじめとする内的な要因に基づいて学習課題の解釈を行い，プランを立て，自身の学習行動を選択していく。このプロセスにおいて重要なことは，たとえ同じ学習課題を与えたとしても，本章で扱ってきた様々な信念によって，課題の解釈の時点から個人差が生じる可能性が示唆されていることであろう。たとえば，中学生の歴史学習における予習の効果を実験的に検討した篠ヶ谷（2008）では，教科書を読んで予習することで，授業において，教科書の記述の背景因果（e.g., なぜその出来事が起こっ

たのか，なぜその人物がそのような行動をとったのか）の理解が深まることが示された。しかし，学習者の学習観に注目して分析をしたところ，そうした予習の効果は，歴史学習における意味理解志向（知識のつながりの理解を重視する姿勢）によって異なることが明らかとなった。つまり，意味理解志向が高い学習者は，予習で得た知識をもとに授業内容の理解が深められていたのに対し，意味理解志向の低い学習者は，そもそも知識同士を関連づけることを志向していないために，期待されるような予習の効果がみられなかった。

　また，リアクションペーパーに注目した小野田・篠ヶ谷（2014）の研究でも，介入の効果が信念によって異なることが報告されている。この研究では，大学生が授業後に記述するリアクションペーパーに，知識間の関連を問うような高度な質問が記述されていた場合に，それを次の授業で教員が取り上げ，補足説明を行うようにした。その結果，リアクションペーパーの記述を次年度の学生に見せることを予期させたクラスに比べ，リアクションペーパーにおける高度な質問数が増加した。しかし，そもそも学生がリアクションペーパーをどのようなツールと捉えているかというRP観に注目して分析したところ，介入の効果はRP観によって異なっており，リアクションペーパーを教員との交流のための道具だとする「私的交流志向」が極端に高い学生には介入の効果は確認できなかった。

　このように，たとえ同じ学習活動に取り組ませたとしても，学習者の信念によって，課題の解釈そのものに個人差が生じ，それが学習に対する動機づけ，つまりは学習行動の生起や方向づけの個人差を生み出す可能性がある。教授・学習領域の心理学研究者には，こうした点に注意しながら，学習における信念の影響や信念の形成過程，そして，信念を変容させる介入方法について，知見を蓄積していくことが求められるであろう。

4章

社会認知的アプローチ

　本章では、動機づけに関する社会認知的アプローチといわれる一群の研究を展望する。前半では、自尊心の維持・高揚といった伝統的な話題やコントロールについて述べる。そして後半では、近年研究がさかんになっている制御焦点理論および制御適合理論、自動動機理論について概観し、それらから得られた知見および課題を紹介する。

1節　自己に関連する動機と自尊心

1. 自尊欲求

　テストの前日に部屋の掃除を始めたり、アルバイトなど別の予定を入れたりしてしまうなど、あえて努力を怠る（そして、テストの成績が悪かった場合「勉強時間を確保できなかった」ことが原因と考える）という経験は、思い当たる人も多いのではないだろうか。自尊欲求は、こうした日常的な現象について、自尊心を維持したり、それを高めたりするために種々の行動が生起すると説明する概念である。私たちの行動は、自己の内部にある多種多様な欲求に基づいて方向づけられ、それらに突き動かされるように生起する。

　鹿毛（2018）によれば、欲求（need）とは、人を行動に駆り立ててその行動を方向づける働きを持つ心理的エネルギーを意味する構成概念である。欲求は生命維持のために必要不可欠な生理的欲求と、当人の環境への適応や心理的健康に関わる心理的欲求とに大別される（Reeve, 2001）。生理的欲求は食欲や身

体的な快適さを求める欲求などがあげられる一方，心理的欲求には達成欲求や自尊欲求などがある。本節では特に，この心理的欲求の中でも自尊欲求に注目する。具体的には，自尊欲求に基づき生じる自尊心（自尊感情）の維持および高揚に関する研究について概観する。

2. 自己に関連する動機

　Banaji & Prentice（1994）は，「自己」を対象とした研究が仮定している3つの動機を以下のように整理している。1つ目の動機は自己知識（self-knowledge）であり，自分の特性や能力について，正確で確かな証拠，特に自己評価を確認するような証拠を求める願望である。2つ目は自己高揚（self-enhancement）と呼ばれ，自己に関する肯定的なフィードバックを求める願望とされる。この中には，脅威的で否定的な経験に対する自己防衛の衝動と，自己についての肯定的な感覚を得ようとする動因（drive）の両者が含まれている。そして，3つ目の動機は自己改善（self-improvement）であり，あるべき自己，もしくはありたい自己に自分を近づけようとするものである。このように，私たちは自分に関する情報や肯定的なフィードバックを求め，あるべき自己に向けて自分自身を向上させようとする存在である，と考えられている。このことは，私たちが自分に対する肯定的または否定的な態度である自尊心（self-esteem；Rosenberg, 1965）[注1] を維持したり，高めたりすることに動機づけられていることを示している。

3. 自尊心の維持・高揚のための行動

　まず，私たちが自尊心を維持したり，高めたりするためにどういった行動をとるかについてみていきたい。

【注1】自尊心は自尊感情と訳されることも多いが，本章では自尊心と統一して表記する。

(1) 自己価値理論

　Covington (2009) は，自己価値理論 (self-worth theory) を提唱している。それによると，人は他者から賞賛を得たり，自身が有能であることを示そうと努力したりする傾向の他に，失敗による無能さが露呈することを回避しようとする傾向があるという。そのため，「成功」の原因を自身の能力や努力の結果であると帰属する一方，「失敗」はそれ以外の要因（課題の難易度や運など）に帰属する。そうすることで，成功した場合には自尊心を高めることができると同時に，失敗した場合にも自尊心が脅かされることを避けることができるのである。

(2) セルフ・ハンディキャッピング

　悪い成績といった否定的な結果が予期される場合は，いわゆる先制的な言い訳であるセルフ・ハンディキャッピング (Jones & Berglas, 1978) が用いられることがある。セルフ・ハンディキャッピングとは，自分の何らかの特性が評価対象となる可能性があり，かつそこで高評価を受けられるか否かの確信が持てない場合，遂行を妨害するハンディキャップ（不利な条件，困難）があることを他者に主張したり，自らハンディキャップを作り出したりする行為（安藤，1990）である。たとえば，多忙のため試験勉強の時間をとれなかったことをあらかじめ宣言しておく，などがある。こうした先制的な言い訳を用いておくことで，もし失敗した場合でも，その原因をハンディキャップに帰属することで，自身の失敗による自尊心への影響は最小限に抑えることができる。その一方で，成功した場合は，こうしたハンディキャップがあったにもかかわらず成功しているということで，自尊心を高めることができる。光浪 (2010) はパフォーマンス回避目標（1章参照）と学習行動との間に負の関連を見出し，他者と比べてできないことを避けることを目標にする場合，失敗した際に自尊心が損なわれるのを防ぐために，積極的な行動を避けるといったセルフ・ハンディキャッピング行動を助長させると解釈している。

　セルフ・ハンディキャッピングの他にも，失敗を回避するための方略には自分が無知であることを露呈しないようにする方略 (e.g., 教師の指名を避けるために目を合わせない，答えがわからない場合もあえて手を上げて教師にアピー

ルをし，他の児童・生徒が指名されることを意図的に狙うなど）や，必ず成功するような容易な課題ばかりを続けるという低水準の目標設定などの方略がある（鹿毛，2013）。ただし，鹿毛（2013）が指摘するとおり，これらの失敗回避方略はいずれもその場しのぎにすぎず，長期的な視点で見た際には，当人の自己価値には何らプラスにならないといえる。特に，試験前に睡眠不足を積極的に主張するといった主張的セルフ・ハンディキャッピングは，他者からの好意度が低く評定されるといわれており（伊藤，1994），やはり有効な手段とはいえないだろう。

(3) 努力は「両刃の剣」である

このような失敗回避方略は，成功のために必要な努力を怠るという，いわば努力の差し控えと見なすことができる。そして，この方略を用いることで，失敗した際の自尊心への影響は最小限に抑えられる。しかしその一方で，親や教師は努力を推奨し，強調してもいる。

これは我が国に限ったことではないが，親や教師からは，もし失敗をした場合でも，努力した上での失敗であれば許されることは多いと思われるが，努力を怠った上で失敗した際には叱責を受けることは想像に難くない。このように親や教師からの叱責を避けるためには努力をすべきであるが，「努力した上での失敗」は友人の目にはどう映るだろうか。努力をしているにもかかわらず失敗した，ということは自身の能力が低いという情報として機能しうる。この点に関連して，Covington & Omelich（1979）は，大学生を対象に，テストで失敗した学生を想定してもらい，その学生の能力の推測や，教師から下される罰などについて予想するよう求めた。その結果，努力を行ったにもかかわらずテストで失敗した際に言い訳（勉強したところが試験に出なかった）もない場合，仲間から見て当人の能力が低いと評価されやすいが，教師からの罰は少ないと予想されていた。その一方で，努力を行わず言い訳（病気のため勉強ができなかった）もしない場合は，仲間からみて低能力であるとはあまり評価されないが，教師からの罰は最も大きくなると予想されていた。こうした結果をもとに，Covington & Omelich（1979）は，努力を "double-edged sword（両刃［諸刃もろは］の剣）" であると呼んでいる。児童・生徒にとって努力を怠った上で失敗をす

れば教師からは罰を受けるが,努力をしたにもかかわらず失敗した場合,仲間には低能力を晒してしまうことになる。すなわち,失敗をすることは,努力をする・しないにかかわらず否定的な結果を招き,当人の自尊心の低下をもたらすのである。

(4) 真の自尊心

こうした否定的な結果を避けるためには,①失敗を経験させない,②失敗を経験しても自尊心が下がらないような工夫をする,などが考えられる。まず①失敗を経験させないために,近年は教育現場でも,テストで点数をつけたり成績に順位をつけたりしない,などといった方法がとられてきた。ただ,児童・生徒が楽しく,いい気分で過ごすことを目標とし,さほど努力していないようなことにも「がんばったね,すごいね」と褒め言葉をかけるといったことは,はたして児童・生徒の自尊心を高めるものだろうか。塩崎(2018)は,こうした声かけが結果的には失敗に対する機会を奪い,努力する力や忍耐力のない,何もしなくても称賛を求める自己中心的な若者を育てることになってしまったと指摘する。その上で,真の自尊感情を育むためには,高い目標を設定し,それを児童・生徒が達成できるよう全力で支援すべきであるとしている。その過程で,児童・生徒は自分たちが受け入れられていること,何かを成し遂げていることを実感し,十分にがんばったと思えたときに,(仮に目標に到達できていなかったとしても)自尊心は育まれているであろう,と述べている。

それでは,②失敗を経験した際にも,自尊心が下がらないような工夫にはどのようなものが考えられるだろうか。須藤(2015)は,失敗した児童・生徒に対して「努力はけっして無駄ではないが,どれほど報われるかには適性や環境に基づく個人差がある」といった折衷的・現実的な働きかけをすることで,学力が低い者が自己否定感や焦燥感を抱えないようにすることも重要ではないか,と述べている。また,親や教師の側も「低学力であることは低能力を示すものである」というレッテルを貼らず,学習方略の助言などの具体的な教育支援を行うことが求められるのではないか,としている。

4. 自己評価維持モデル

　自尊心の維持を，自分を取り巻く他者との関係や，その評価から説明したのが，この自己評価維持モデルである。

　私たちは，自分と距離の近い人物（親友など）が優れたパフォーマンスを示した際，誇らしい気持ちになったり，あるいはその逆の気持ちを抱いたりすることがある。たとえば，自分と同じバドミントン部に所属する親友が，市内大会で優勝し県大会に進めるようになった（一方で，自分は市内大会で成績が振るわず，県大会への出場は叶わなかった）としよう。その際，自分はその親友に対してどのような感情を抱き，その後どのように振る舞うだろうか。個人差はあれど，どこか素直に喜べなかったり，その親友と素っ気なく付き合ったりするといったことも想像できるのではないだろうか。一方で，自分が所属する部活とは違う将棋部に所属する親友が，全国レベルの大会で優勝した場合，その親友のことを誇らしく思うかもしれない。こうした現象について，Tesser（1988）が提唱した自己評価維持（self-evaluation maintenance: SEM）モデルは，適切な説明を与えるものである。

　SEMモデルでは，「他者との関係性は自己評価に重要な影響を及ぼす」という第一の前提と，「人は自己評価を維持または増大するように行動する」という第二の前提が置かれている。そして，他者のパフォーマンスを自分と同一視する「反映過程（reflection process）」と，他者のパフォーマンスと自分のパフォーマンスを比較する「比較過程（comparison process）」という2つの心理プロセスが仮定されている。反映過程は，親密な他者の優れたパフォーマンスによって自己評価が向上したり，逆に親密な他者の劣ったパフォーマンスによって自己評価が低下したりするというプロセスである。比較過程は，親密な他者の優れたパフォーマンスによって自己評価が低下したり，親密な他者の劣ったパフォーマンスによって自己評価が向上したりするというプロセスであり，反映過程と逆の作用をもたらす。

　この2つのプロセスのいずれが優勢になるかは，課題の重要性の指標である「関与度（relevance）」によって決定される。関与度が高い（つまり，自分自身の価値づけ［自己定義：self-definition］に重要である）課題の場合は比較過程

が生起するが，その際に比較する他者のパフォーマンスが自分より劣っているものであれば自己評価は高まる。ただし，他者のパフォーマンスがバドミントン部の親友のケースのように，自分より優れていた場合，自己評価は低められる。一方で，関与度が低い（つまり，自分自身の価値づけに重要でない）課題の場合は反映過程が生起し，将棋部の親友のケースのように他者のパフォーマンスが高い場合，その他者と自分を同一視することで自己評価が高まる。

　このSEMモデルを動機づけ理論としてみた場合に特筆すべき点は，こうした心理的メカニズムによって，人は自己評価を高めるため，もしくは自己評価の低下を最小限に抑えるために，自身の行動や認知を変化させるということである（鹿毛，2013）。

5. 自尊心研究の今後の課題

　ここまで自尊心に関して，その維持および高揚のための行動について概観してきたが，失敗回避行動自体は必ずしも否定的な結果をもたらすとは限らない。たとえば，重要な試合の前にあえて練習を差し控える防衛的悲観主義傾向（Norem & Cantor, 1986）を持つ人のパフォーマンスは必ずしも悪くない。また，実施する課題について予想される結果や経験される感情をあえて考えた（準備した）場合，防衛的悲観主義傾向を持つ人は不安が少なく，課題をよくできた，楽しいと感じてもいた。逆に，楽観主義傾向を持つ人は予想される結果や感情を考えないほうが不安は低かった（Norem & Illingworth, 1993）。すなわち，個々人にとって適応的な方略は異なるのである（ただし，Norem & Illingworth, 1993の研究の追試はほとんど行われておらず，本邦における追試も成功していないという指摘［荒木，2012］は注意すべきと思われる）。

　とはいえ，セルフ・ハンディキャッピングを用いるほど，先延ばし傾向が強い（Ferrari, 1991）といった研究は，自尊心を防衛するための行動は失敗を経験した際には奏功する可能性はあるものの，長期的には良い結果を生むとは考えにくいことを示唆する。実際に，不必要に物事を進めるのを遅らせる先延ばし傾向は，GPAや成績に負の影響を与えることも示されているからである（Kim et al., 2017；Morris & Fritz, 2015）。伊藤（1995）も指摘しているように，失

敗を回避するための方略が，その時点において，そして，長期的な視点でみたときに適応的か否かという点や，さらにはもっと長い時間軸でみた場合，方略自体が変化するものなのか，という点は今後も検討される必要があるだろう。

2節　コントロール

1. 相手を変えるか，環境を変えるか

　以下のような状況を想像してみてほしい。大学におけるレポート課題の提出にあたり期限が迫っている中，同じ自習室にいる友人たちは私語を続けておりどうしても集中することができない。そのようなとき，あなたはどのようにして，この状況に対処するだろうか。たとえば，話している友人たちに直接注意を行い，私語をやめてもらうという方法もあれば，特に注意などはせず自分が耳栓をするなどして騒音を遮断するといった方法も考えられる。どちらの方法をとるかは，個人差やそのときの状況によって大きく異なるだろう。ここでは，その違いを生ずる要因としてコントロールの概念を取り上げたい。

　対象をコントロールできると感じているときに動機づけは高まり，コントロールできないと感じるときには動機づけが低下することは容易に想像できるが，一般にコントロールできるか否かは物理的なものと考えられている。しかし，上記の例からもわかるように，友人に注意するか，自分で耳栓をするかの判断は友人との関係に大きく依存している。すなわち，コントロールの認知は実は社会的認知と密接な関係にあるのである。

　以上のような視点に立ち，本節ではコントロールをめぐる諸研究について主なものをみていきたい。

2. コントロールに関する初期の研究

(1) 統制の位置

　コントロールに関する初期の研究として，統制（コントロール）の位置（locus of control: Rotter, 1966）があげられる。これは自分に起こる出来事をコントロールするものが内的（internal）または外的（external）のどちらにあ

るとみなすかというものである。内的統制は個人内の特性ないしは行動と強化が随伴している状態を指し、外的統制は「個人外の特性ないしは行動と強化が随伴していること」を、それぞれ指している（奈須，1995）。こうした内的統制型・外的統制型は個人によって比較的安定したパーソナリティのようなものと考えられており、質問紙によって測定されることが多い（鎌原ら，1982）。たとえば、内的統制はポジティブ感情と、外的統制はネガティブ感情とそれぞれ正の相関を示す（Christopher et al., 2009），外的統制が高いほど抑うつが高い（鎌原ら，1982），内的統制が高いほど自己肯定感が高く、病理的自己愛が低い（田中，2014）というように，統制の位置の個人差は，種々の精神的健康の指標と結びつくことが示されてきた。

(2) 学習性無力感

統制の位置を動機づけという観点から考えると、内的統制型の人は自らの行動が望ましい結果につながると考えているため、自分から行動しようとする動機づけは全般的に高いと考えられる。その一方、外的統制型の人は自分の行動が結果と結びつかないと感じているため、自分から進んで行動しても無意味であると考えがちであり、動機づけは低い（Rotter, 1966）。何らかの目標に向けて努力を続けても成功せず、失敗が続いた場合、当人にはストレス事態やコントロール不能な現象が続くことになり、自分は何もできないという無力感が学習される。その結果、そうした環境から抜け出そうとする努力さえも行わなくなってしまう。このような状態を学習性無力感（learned helplessness；Seligman, 1975）と呼ぶ。外的統制型の人はこうした状態に陥りやすいと考えられる。

ところで、この学性無力感への陥りやすさには個人差がある。これを教育場面で確かめたのが Diener & Dweck (1978) である。

Diener & Dweck (1978) の実験では、まず、子どもに質問紙を実施した。この質問紙は、自分の行動によって結果をコントロールできると認知している傾向の強さを測定するものである。この質問紙で「自分の努力によって課題の成績を変えられる」という質問にあてはまると答えた子どもはコントロールできると認知する傾向が強く、逆に「努力によって成績は変えられない」という項

目にあてはまると回答した子どもは，コントロールできると認知する傾向が低いことを示す。実験対象者となった子どもたちは，質問紙に続いて課題が与えられたが，それは正解のない（コントロールできない）ものであった。先の質問紙でコントロールできると認知する傾向が強い子どもたちは，この課題において粘り強く正解を探し続けたが，コントロールできると認知する傾向が弱い子どもたちはすぐに諦めてしまい，正解を探さず適当な方略を採用するようになってしまった。つまり，簡単に学習性無力感に陥ってしまったのである。

(3) 改訂版学習性無力感

学習性無力感への陥りやすさの個人差は，もちろん大人でも見られる。次に，大人の学習性無力感への陥りやすさの個人差を説明した理論を紹介する。

Abramson et al. (1978) は，原因帰属過程を導入し学習性無力感理論を改訂した。それによると，人はコントロールできないネガティブな場面に遭遇すると，そのネガティブな出来事の原因を考えるのだという。この原因を考えるプロセスのことを原因帰属（causal attribution）というが，Abramson らによれば，この原因帰属には「全般的－特殊的」「安定的－不安定的」「内在的－外在的」という3つの次元がある。そして，ネガティブな出来事を経験したとき，その原因を3つの次元の全般的，安定的，内在的な方向にあるものと認知すると学習性無力感が形成されるという。すなわち，ネガティブな出来事が特定の場合のみならずあらゆる場合においても起こり（全般的），今回のみならず次回も生じると予想され（安定的），自分自身に原因がある（内在的）と認知される（つまり，自分の能力不足［＝コントロールできない原因］と認知される）と無力感になりやすいという。

この原因帰属のプロセスは個々の出来事に対して働くものだが，その一方で個人差もある。つまり，ネガティブな出来事の原因を全般的，安定的，内在的な方向に帰属するか否かは個人差が大きいというのだ。たとえば，テストの成績がとても悪かった際に，自分の頭が悪いのが原因だと考える人は自分の能力という安定的・内的な方向に原因を帰属する傾向（＝ネガティブな出来事の原因をコントロールできない原因に求める傾向）が普段から強いのである。そのため次のテストも振るわないと予期し，無力感を形成しやすくなる。

3. 一次的／二次的コントロール

　学習性無力感をめぐる一連の研究では，統制不可能な認知的課題を行った際に後続の課題の遂行成績が促進されたという事例（Roth & Bootzin, 1974）など，当初の理論では説明できないような現象も見出された。そのため，その修正案の1つとして提唱されたのが，Rothbaum et al.（1982）による一次的／二次的コントロールの概念である（竹村・仲，2012；塚原，2008）。

　竹村・仲（2012）のあげた例によると，級友と意見が対立する場面において，級友を説得しようとする過程が一次的コントロールであり，自分の考え方を変化させることで級友の意見を受け入れようとするのが二次的コントロールである。一次的／二次的コントロールのどちらを用いても，自己の要求と現実世界の適合は上がるため，これらは適応的な手法であると考えられる。また，自身による統制が困難な状況（e.g., 加齢に伴う記憶力の低下）においても，一次的コントロール（老化現象に抵抗しようとし，記憶力を鍛えようとする）に固執した場合はかえって無力感を覚えることにつながりかねないが，そこで二次的コントロール（老いを受容する）をとれば，心理的な不適応状態を避けることができる。このように，竹村・仲（2012）は，ストレスが不可避である場合やコントロール困難な事態に直面する場合は，環境を変えようとする一次的コントロールよりも，自身の認知を変えようとする二次的コントロールのほうが頻繁に使用されるようになり，適応的であろうと予測している。また，コントロールを行う当人が所属する文化によっても，使用されやすいコントロールの種類は異なる。たとえばアメリカのような個人主義の文化では一次的コントロールが，日本のような集団主義文化では二次的コントロールが，それぞれ多く使用されるという（Morling & Evered, 2006）。なお Rothbaum et al.（1982）は，一次的／二次的コントロールをさらに予測的（predictive），代理的（vicarious），架空的（illusory），解釈的（interpretive）の4つに分類しており興味深いが，紙幅の都合によりここでは詳述しない。

　表4-1は，竹村・仲（2012）や澤海（2015）の記述をもとに，この4つの分類の特徴をまとめたものである。

▼ 表4-1 Rothbaum et al.（1982）によるコントロールの分類
（竹村・仲, 2012；澤海, 2015をもとに作成）

一次的/二次的	種類	内 容	具体例
一次的	予測的	外界を予測しつつ変化させる	スポーツやゲームなどで，相手の動きを読んで試合で勝利する
	代理的	自分一人で解決できない場合，他人に頼って外界を変化させる	日本における「甘え（土居, 1971）」
	架空的	運などによって決定されるコントロール不可能な外界の事象を自分で変化させようとする	験を担ぐ
	解釈的	外界で生じている問題に対し，理解を深めたりスキルを習熟したりする	学業場面における問題解決
二次的	予測的	今後起こると思われる嫌な出来事を予測しておき，そうした出来事が生じた際の精神的なダメージを軽減する	防衛的悲観主義（Norem & Cantor, 1986） 老いについて心の準備をしておく
	代理的	自分が獲得し得ないような高権力・高地位の者と連帯を感じ，自己効力感を得ようとする	栄光浴（Cialdini et al., 1976） 力のある集団に所属する
	架空的	失敗や成功の原因を運やチャンスに帰属する	末期ガンの患者がその原因を運命に帰属して死を受容する
	解釈的	統制困難な出来事を経験することの中に意味を見出す	高齢期に自身の一生を再評価し，肯定的に受容する

4. Back/up モデルと Discrimination モデル

　ここで生じる疑問は，一次的／二次的コントロールは一方がもう一方を補うものなのか，両者が独立に作動するものなのか，という点である。一次的コントロールの低下を二次コントロールが補償するものは Back/up（補償）モデルと呼ばれ，両者が単独で受動的行動に影響するというのが Discrimination（独立）モデルである。塚原（2010）によると，両者の作動する機序と関係は Rothbaum et al.（1982）の論文では明確に規定されていないという。Morling & Evered（2006）のように Rothbaum（1982）の説明は難解でわかりにくいという批判もある。そこで塚原（2010）は，先行研究において大枠で実証されている Back/up モデルについて，一次的コントロールは「否定的事態及び結果に対して統制不可能性を回避するために，『既存の認知を作用させ，事態を変化させる認知的操作』」，二次的コントロールは「否定的事態及び結果に対して統

制不可能性を回避するために，『自己の認知を調節し，事態を受容する認知的操作』」と定義した上で実証研究を行った。研究1では，累積KJ法を用いて一次的コントロールを「解決・直接介入・帰属・分析思考」の4種に，二次的コントロールを「思考転換・大局視野」の2種に分けた分類法を採用した。また，研究2では高次確証的因子分析の結果に基づき，一次的コントロールを「解決志向・因果分析」の2種，二次的コントロールを「意味受容・思考調整」の2種とする分類法を採用し，20項目からなる一次／二次コントロール尺度を作成した。続く研究3では，抑うつを従属変数として，一次的コントロールと二次的コントロールの影響を検討し，一次的コントロールが低い場合は二次的コントロールが高いほど抑うつが低い一方，一次的コントロールが高い場合は二次的コントロールの高さは抑うつに影響していなかったという交互作用が示され，一次的コントロールが低い場合には二次的コントロールがそれを補償するというBack/upモデルを支持する結果を得ている。このことは，解決が難しいと認知されるストレス事態に直面した際に，その事態から意味を見出し受容するといった二次的コントロールを用いることで，抑うつの発生を抑えることができる可能性を示している。

5. コントロール研究の今後の課題

　竹村・仲（2012）のレビューによれば，コントロールの研究には2つの視点があるという。1つは「統制感の維持か状況との調和か」という動機づけからの視点であり，もう1つは「必然か偶然か」という原因と結果の随伴性（自分の行為が結果に影響を与えているということ）からの視点である。
　たとえば動機づけについて，一次コントロールにおける対処が困難になった際，それ以外のことに興味を向け，自分にもできることがあると確認しようとすることがある（統制感の維持）。この立場は，人は有能さを確認したいという基本的欲求に動機づけられていると考えるものである。例としては，登山を趣味としていた人が怪我のためその趣味を続けられなくなった場合に，「登山はできないが，他の趣味であるウォーキングは続けられる」と認知を変え，自分にもできることがあることを確認するなどがある。一方，プロのサッカー選手

になろうとしていた人が怪我によってその道を断たれた際，そのことを受け容れて自分はマネージャーとして他の人がプロのサッカー選手になるという目標を支えるというように，現在の状況を受け入れて，その状況に合わせて自己の認知や行動を変えることもある（状況への調和）。この立場では，人は自律性を確認したいという欲求や他者との関係性を維持したいという欲求など，複数の欲求に動機づけられていると考える。

次に，竹村・仲（2012）のレビューの中でも新たな視点として述べられている，原因と結果の随伴性について触れる。欧米人のように行動（原因）と結果の結びつきを必然と考えやすい人は，行動に結果が伴うことを期待し，行動なしに結果（変化）が起こることを予測しない。一方，日本人は原因と結果をあまり随伴させず，偶然ととらえることが多いという。

欧米人のように，原因と結果の随伴性を必然と考えやすい人は，一次コントロールを用いることで状況が変化することを期待し，二次コントロールを用いることで状況が変わらないことを予測する。したがって，コントロール困難な状況において一次コントロールを用いたときに，それが奏功しない場合には（すなわち，二次コントロールを使わざるを得ない場合には）無力感に陥りやすい。しかし，日本人のように原因と結果の随伴性が偶然と考えやすい人は，たとえコントロール困難な状況において一次コントロールが状況の変化をもたらさなくても「人事を尽くして天命を待つ」「我が事畢わる」といった言葉があるように，無力感に陥ることはない。また，二次コントロールを使用していても（すなわち，コントロール困難な状況を受け容れていても），「果報は寝て待て」「待てば海路の日和あり」というように，状況がいつかは変化する可能性を予想していると考えることもできる（竹村・仲，2012）。このように，動機づけおよび原因と結果の随伴性の認知という2つの視点のいずれに立つかによって導かれる二次コントロールの仮説も異なってくるというのである。しかし，動機づけのあり方や認知のあり方の違いに応じて，二次的コントロールと適応（抑うつおよび否定的情動の低さや満足感の高さ）がいかに変化するのかを実証的に検討した研究はほとんどないという。こうした点をふまえた精緻な検討が，今後必要になるだろう。

3節　制御焦点理論と制御適合理論

1. 快楽原理と2つの制御システム

「快に接近し，不快を回避する」という快楽原則は，人間のみならずすべての動物に共通する行動原理であり，従来の自己制御研究の多くは快に接近するシステムと不快を回避するシステムとを区別してきた（尾崎，2011）。

たとえば，強化感受性理論（reinforcement sensitivity theory）を提唱したGray（1982, 1987）は，人間の行動は行動抑制系（behavioral inhibition system: BIS）と行動賦活系（behavioral activation system: BAS）という2つの大きな動機づけシステムの競合により制御されていると主張した（高橋ら，2007）。高橋ら（2007）によると，BISは罰の信号や欲求不満を惹起する無報酬の信号，新奇性の条件刺激を受けて活性化される動機づけシステムであり，潜在的な脅威刺激やその予期に際し注意を喚起し，自らの行動を抑制するように作用する。一方，BASは報酬や罰の不在を知らせる条件刺激を受けて活性化される動機づけシステムであり，目標の達成に向けて，行動を解発する機能を担うとされる。すなわち，前者は罰の回避に動機づけられたシステムであり，後者は賞の獲得に動機づけられたシステムであるといえる（尾崎，2011）。

BISとBASの測定には海外ではCarver & White（1994）のBIS/BAS Scales,本邦では高橋ら（2007）のBIS/BAS尺度日本語版が用いられることが多い。BISとBASを測定する2つの尺度の相関はほぼ無相関かごく弱い正の相関であることが多く，両者は独立したものであると考えられる。すなわち，不快に対するシステム（BIS）と快に対するシステム（BAS）は独立して存在すると想定されているといえる。

2. 制御焦点理論

本項で紹介する制御焦点理論（regulatory focus theory）は，多くの目標に関する理論（e.g., 達成目標理論；1章参照）や上述の強化感受性理論と同様に，快に接近し不快を回避しようとする快楽原則を基本的な原理としている。しかし，快もしくは不快という区別のみならず，その「質」も考慮している点が特

徴的である。接近対象となる快の状態は，利得の存在（gain）と損失の不在（non-loss）であり，回避対象となる不快の状態は，利得の不在（non-gain）と損失の存在（loss）というように区別される。制御焦点理論では，こうした質的に異なる快／不快の状態に対する接近と回避は，独立した自己制御システムが司っていると仮定する。そのうちの1つである促進焦点（promotion focus）のシステムは利得に焦点化した自己制御を司り，利得の存在に接近し，利得の不在を回避するように行動をコントロールする。もう一方の，予防焦点（防止焦点とも呼ばれる：prevention focus）のシステムは損失に焦点化した自己制御を司り，損失の不在に接近し，損失の存在を回避するように行動をコントロールする。尾崎（2011）があげている例を用いると，ダイエット行動に関して，促進焦点を持つ人は肯定的な結果と一致する「スリムになる」ということに接近しようとし，否定的な結果との不一致（i.e., 「スリムになれない」こと）を回避しようとする。一方，予防焦点を持つ人は否定的な結果との不一致（i.e., 「太らない」こと）に接近しようとし，否定的な結果との一致（i.e., 「太る」）ことを回避しようとする。このように，「痩せる」という同じ状態を目指した行動であっても，当人の持つ制御焦点の違いによって，どのような行動によってその目標を達成しようとするかには個人差があるといえる（Molden et al., 2008）。

3. 制御焦点の規定因

　私たちは制御焦点のうちいずれか一方のみを使用しているわけではなく，状況に応じていずれか一方を活性化させて使い分けている。制御の活性化を促進する要因について，尾崎（2011）が整理したものを参考に表4-2にまとめた。

　表4-2からわかるように，私たちはその時々の状況に応じて，動機，目標，そして目標達成の基準という3つの先行要因によって，促進焦点もしくは予防焦点のいずれかを活性化させ使用している。たとえば，自分が合格したいと強く願っている大学の試験を受ける場合，理想や望みを叶えるため（また，成功すれば合格という肯定的結果が得られるため）促進焦点が活性化する。逆に，合格しなければ留年することが決まっている試験を受ける場合，その試験の単位を落とすことはできないため（また，単位を落とせば留年という否定的結果

▼ 表 4-2　制御焦点の規定因 (尾崎, 2011 をもとに作成)

先行要因	視点	要点
動機 (motive)	どのような動機を充足させようとしているか	促進焦点／予防焦点のシステムは2つの基本的欲求が動機的な基盤になっている。 ①養育享受欲求 (nurturance needs)：周囲の庇護やサポートを受けて自らの成長の機会を獲得したいという欲求 ②安全確保欲求 (security needs)：危険を避け，安全を確保したいという欲求 ①は促進焦点をコントロールし，②は予防焦点を充足する。人間はこの2つの欲求を充足させるために，進化的に促進／予防焦点を発達させたと考える。
目標 (goal)	どのような目標を達成しようとしているのか	以下のどちらの目標に動機づけられているかにより，活性化する制御焦点が異なる。 ①自分の夢や希望などの促進目標 (promotion goal)：促進焦点が活性化する ②自分の義務や責任などを果たさなければならないという予防目標 (prevention goal)：予防焦点が活性化する
目標達成の基準 (outcome standard)	どのような結果を基準として接近／回避するか	課題遂行の成功／失敗によって期待される結果により，強めやすい制御焦点が異なる。 ①成功すれば肯定的結果を得られ (gain)，失敗すれば肯定的結果が得られない (non-gain)：促進焦点が強まる ②成功すれば否定的結果を避けられ (non-loss)，失敗すれば否定的結果を被る (loss)：予防焦点が強まる

を被るため），予防焦点が活性化する。

4. 制御焦点の発達

　制御焦点の持ちやすさは，親や教師といった養育者との関わりが規定因の1つになるという (Higgins & Silberman, 1998；尾崎, 2011)。養育者は，子どもが望ましい行動をとった際に褒めたり，ご褒美を与えたりする一方，望ましくない行動をとった際には無視するといった接し方を通じて，「このように振る舞ってほしいと期待している（または，このように振る舞ってほしいと期待していない）」というメッセージを伝える。そうしたコミュニケーションが繰り返された結果，子どもは期待や希望といった理想の達成を目標とし，利得の存在を目指して行動をコントロールする（促進焦点も身につける）ようになる。その一方で，養育者は子どもが約束やルールを守っていれば何も言わないが，失敗や間違いをした際に厳しく叱責したり罰を与えたりするといった接し方を

した場合，それは「義務としてこう振る舞うべきだ（または，義務としてこう振る舞ってはいけない）」というメッセージを子どもに伝えることになる。このようなコミュニケーションの積み重ねの結果，子どもは義務を果たせないことによる罰や批判の回避に動機づけられ，損失の不在を目指して行動をコントロールする（予防焦点を身につける）ようになる。

5. 本邦における研究例

　三和ら（2017）は，特性としての制御焦点に着目し，制御焦点と社会的比較との関連を検討している。具体的には，まず参加者の制御焦点および性格特性を測定したのち，点つなぎ課題を実施した。続いて，参加者にこの点つなぎ課題の成績をフィードバックする際，比較対象となる「他者」の性格および点つなぎ課題の成績も併せて呈示した。このとき呈示された「他者」の情報は，同化条件では参加者と性別が一致しており，性格特性も8割は一致していた。ところが，もう一方の対比条件では，「他者」は参加者と性別が不一致であり，性格特性も2割しか一致していないという設定であった。ただし，両群ともに，この「他者」は実験参加者より良い成績をおさめているという設定は共通していた。その後，実験参加者の動機づけや感情などを測定したのち，再度点つなぎ課題を実施した。その結果，促進焦点を持つ実験参加者は，パフォーマンスの比較相手が自分と類似した特徴を有している際に，動機づけやパフォーマンスが向上しやすかった。一方，予防焦点を持つ実験参加者は，パフォーマンスの比較相手が自分と類似した特徴を有していない際に，パフォーマンスが向上しやすいことが示された。

6. 制御適合理論

　上述の三和ら（2017）の実験結果は，「制御適合理論」（Higgins, 2000）からも説明可能であると思われる。制御適合理論は制御焦点理論を発展させたものであり，当人が持つ制御焦点に適した方略が合致した際に「適合」が生じ，動機づけ（Higginsはエンゲージメントと呼んでいる）やパフォーマンスが向上

	利得への接近	損失の回避
促進焦点 （熱望方略の使用）	制御適合 （利得＊熱望方略）	制御不適合 （損失＊熱望方略）
予防焦点 （警戒方略の使用）	制御不適合 （利得＊警戒方略）	制御適合 （損失＊警戒方略）

▲ 図 4-1　接近／回避と制御焦点の組み合わせによる制御適合／不適合
（Otto et al., 2010 をもとに作成）

するというものである（Higgins, 2007）。たとえば，促進焦点を持つ人にとって，肯定的な結果と一致するような熱望方略（eager strategy：先ほどのダイエットの例でいう「スリムになる」ことを目指した方略）を用いていると感じられる場合，「私は適切な手段を用いて目標を追求している」という適切感（feeling right）を経験することができるだろう。その一方で，こうした促進焦点を持つ人が否定的な結果を回避するような警戒方略（vigilant strategy：先ほどの例でいう「太らないこと」を目指した方略）を使用していると感じる場合，自身の持つ制御焦点（促進焦点）と使用している方略（警戒方略）が適合しておらず（non-fit），不適切感（feeling wrong）を経験することになる（図 4-1 参照）。

　三和ら（2017）の結果をこの視点から理解すると，促進焦点の優位な実験参加者が，自分と類似した「他者」の成功を呈示された場合，その「他者」は実験参加者にとってモデルとして機能し，それに近づくために高い目標を掲げて後続の課題に取り組んだ可能性がある。すなわち，望ましい状態を追い求めるという「利得の存在」への接近を目指す促進焦点と合致することで，動機づけや後続のパフォーマンスが高まったと考えられる。一方で，自分と類似していない「他者」の成功を呈示されても，その「他者」は社会的比較を行う対象としては機能しなかったと思われる。そうした場合は，実験参加者は自身の得点が低かったという点に注意が向く。そして，後続の課題ではこうした状態を避けようとする予防焦点の優位な実験参加者のパフォーマンスが高まったと考えられる。こうした知見は，教室場面において児童・生徒に成績をフィードバッ

クするような機会において，その個人の制御焦点に合った他者の情報を与えることで児童・生徒の動機づけやパフォーマンスの上昇につなげられる可能性を示すものである。

7. 制御焦点，制御適合を扱う研究の今後の課題

　本節では本邦における知見の一例として三和ら（2017）の研究を取り上げたが，この研究では，制御焦点と手段が適合している際に感じられる「正しい」といった感覚（Higgins, 2000）が生じているか否かを確認していないこともあり，上記の制御適合の解釈は可能性の域を出ていない（そもそも，こうした「適切感」をどのように測定するかについてはほとんど議論されていない［尾崎, 2011］という点も留意する必要があると思われる）。また，社会的比較感情（憤慨，卑下，憧憬，意欲）に関しては，制御焦点や実験条件によって違いがみられず，こうした点は課題や尺度に問題があったという可能性も捨て切れない。

　尾崎（2011）によれば，促進焦点や予防焦点はそれぞれ特有の達成方略の行使や，それに関わる認知・動機づけを統合的にコントロールしており，そのプロセスを円滑かつ効果的に実行するために各種の感情が貢献しているという。さらに感情という観点から制御焦点の仕組みを解明することは，制御焦点理論が包括的な説明力を持つグランドセオリーとして成長するため，そして自己制御研究全般のさらなる発展のためにも重要なカギを握っている。こうした点も考慮に入れつつ，知見を蓄積していくことが課題であるといえよう。

4節　自動動機理論

1. 内省報告の不確かさ

　私たちは自分自身のこと（自分の性格や，自分がとった行動の理由など）は，他ならぬ自分自身が最もよく知っていると思いがちである。人格がすみずみまで統制され，自己制御が可能であるという考え方は，近代の人間観の中核であった（下條, 2008）。ところが，近年の社会心理学の研究成果は，そうした「常識」を覆す知見を提供している。

たとえば，私たちが「近所のドラッグストアで洗濯用洗剤を購入した」という行動について「どうしてその洗剤を選んだのか？」というように，その行動（商品の選択）をとるに至った意図を問われたとしても，確信を持って答えるのは難しいのではないだろうか。その他の例として，複数の選択肢の中から1つの商品を選択するという課題を用いた実験において，参加者が商品を選択した後に，その商品を選んだ理由を尋ねたものがある（山田・外山，2010）。すると，参加者は事前には複数回，当該商品のロゴを呈示された商品のほうを選んでいたにもかかわらず，複数回ロゴを呈示されていたということには気づかず，「商品に印刷されているメッセージが決め手になっていた」というように，「もっともらしい理由」を回答する者もいた。Nisbett & Wilson（1977）は，人間は評価・判断・推論を含むような高次の心的過程が自身の中で生じていること自体を，直接的には意識することができないという。すなわち，私たちは自身では気づかない間に，環境（状況）から何らかの刺激を受け，それが商品の選択などといった行動レベルにまで影響している可能性があるということである。

2. 自動動機理論

(1) 無意識的な目標設定

これまで，動機づけは意識とは不可分であると考えられてきた。動機づけを維持するためには，目標を意識し，それを達成しようと努力し続けることが大事である，という考え方である。しかし実際には，自身でも気づかない間に目標を設定し，それを遂行するために必要な行動を選択していることもありえるだろう。たとえば及川（2012）では，「恋人が悲しそうにしている」場合，「無意識のうちに適切な目標（援助目標）を設定」し，自動的にその「援助目標の達成に必要な行動（共感的な対応をするなど）」に向かうといった例が紹介されている。池上（2001）によると，私たちの行為の動機や目標は，スキーマやカテゴリーなどといった，他の認知的構成物と同様，概念化されて記憶内に保有され，環境からの刺激によって自動的に作動するようになっているという。

(2) 自動動機理論

この議論とよく馴染むものに，Bargh (1990) が提唱した自動動機 (automotives) 理論がある。自動動機理論では，人は外部（環境）から何らかの刺激を受けた際にその刺激に関連する目標が活性化し，その目標に向かって非意識的 (nonconscious) に動機づけられるという。その結果，後続の判断や認知に影響が及ぶとされる。ちなみに，「非意識的」という表現は，「無意識的 (unconscious)」と同様に用いることができるが，精神分析的概念との混同を避けるために非意識的と呼ばれることが多い（北村，2013）。

Bargh (1994) によれば，こうした自動的なプロセスの性質には，①当人は気づいていない「無自覚性」，②当人は意図していない「無意図性」，③何をすべきかをよく考える前に生じるという「効率性」，④当人が影響に気づいているときでさえもコントロールや抑制が難しい「統制困難性」という4つの特徴があり，このうち1つでも満たしていれば，そのプロセスは自動性と見なされる。これらの要素を満たしている程度が高くなるほど，自動性という特質はより強まるといえる（潮村，2001）。これらの自動的なプロセスは，意識や意図を伴い，効率の面では劣るが，コントロールは可能な，いわゆる統制的なプロセスと対比されるものである。これらの2つのプロセスは，動機づけの仕組みの中で，どちらか一方のみが働くのではなく，双方が影響し合いながら機能する。こうしたプロセスについて，Chartrand & Bargh (1999) は知覚と行動のリンク (perception-behavior link) という観点から説明を試みている。つまり，環境と知覚，行動が相互につながる経験を繰り返すことによって，環境 (e.g., 当人の置かれた状況) が引き金となって，意識的な選択などを必要とせずに行動を引き起こすようになるという考え方である。鹿毛 (2013) による例を紹介すると，試験勉強に集中して取り組もうとして（意図），人の少ない近所のカフェを選んでコーヒーを飲みながら（環境・状況），試験勉強（行動）をしていたとする。その後，同じカフェで試験勉強を繰り返すと，そのカフェで席についてコーヒーを注文するや否や，「今日も集中して勉強しよう」などといった特別な意識を持つことなく，スムーズに試験勉強を始めることができるようになる。同様の例は，自動車の運転などにも当てはめることができるだろう。自動車の免許を取り立ての頃は，「まずはシートベルトを締めて鍵を挿し，ブレーキを

踏みながらエンジンをかけ、ブレーキを踏んだままギアをPからDレンジに移動し、ゆっくりアクセルを踏んで……」という順序で車を動かしていくことで目的地に到着する。しかし、こうした流れを繰り返すうちに、運転席に座るや否や気づけば目的地に到着していた、ということも往々にしてあるのではないだろうか。このようないわゆる「習慣」を、自動動機理論では上記のように説明する。

(3) プライミングを用いた研究

こうした現象を対象にした実証研究は、その実験手続きとしてプライミングがよく用いられている。たとえばBargh et al. (2001) や及川 (2005)、山田・中條 (2011) は、参加者に対して乱文構成課題 (Srull & Wyer, 1979) や単語探し課題を利用して「達成」「成功」といった達成に関連する語をプライム（事前に呈示する）した。その後、参加者に対し間違い探しなどの課題を実施してパフォーマンスを測定したところ、上述のような達成関連語がプライムされた参加者たちは、達成関連語をプライムされなかった参加者たちと比して、課題のパフォーマンスが向上していた（北村、2013によるレビューを参照）。この他、及川・及川 (2010) の研究では、達成関連語をプライムされた参加者は、「遊び」に関する語（テレビ、ゲームなど）をプライムされた参加者と比して、後続の間違い探し課題のパフォーマンスが高かったことも報告されている。

さらに、及川 (2005) は、マスタリー目標をプライムされた際、知能について増大理論を支持する参加者のパフォーマンスは、知能について実体理論を支持する参加者のパフォーマンスより高かったことや、課題遂行時の不安感は前者のほうが後者よりも低かったことを示し、達成関連語のプライムの効果は、当人の持つ暗黙の知能観（1章参照）によって調整される可能性を述べている。こうした結果は、当人の持つ制御焦点と一致する方略が用いられた際に適合が生じ、動機づけやパフォーマンスが向上するという制御適合理論の考え方と通じる部分があると思われる。

その他にも、Bargh et al. (1996) は、「無礼な (disturb など)」または「丁寧な (honor など)」といった特性に関連する語を参加者にプライムとして呈示したところ、「無礼な」のプライムを呈示された参加者が実験者の話に割り込

むタイミングが速くなった一方,「丁寧な」のプライムを呈示された参加者は割り込むのが遅くなったといった結果を得ている。加えて, Bargh らの実験では,「老いた」「孤独な」といった高齢者のステレオタイプに関する語をプライムされた参加者は, そうした言葉を呈示されなかった参加者と比して, 実験終了後に実験室からエレベータまで向かう際の歩行速度が遅くなっていたという (Bargh らは同様の実験を二度にわたり行っており, 一方の実験では統制群の平均は 7.30 秒, 実験群の平均は 8.28 秒であった。もう一方の実験では統制群の平均は 7.23 秒, 実験群の平均は 8.20 秒であった (いずれも $N=30$))。ただ, こうした結果は, 次のような別の説明もできる。それは, 高齢者に関連する語をプライムされることで何らかの感情の変化が生じ, それが歩行速度に影響を及ぼしたのではないか, と考えることもできる。しかし, 高齢者に関する語をプライムされた場合も, それ以外の語をプライムされた場合も, 感情や覚醒の程度に有意な差は認められず, Bargh et al. (1996) は当該の現象をプライミングによるものと判断している。

3. 再現性問題も含めた今後の課題

その後, 再現性の観点から Bargh et al. (1996) の研究結果には疑問が呈されている (Doyens et al., 2012)。とはいえ, 本稿の執筆時点 (2018 年 11 月) で Bargh et al. の論文は Google Scholar において 4,700 件を超える引用数があり, 一連の研究成果が後続の研究に及ぼしたインパクトは大きい。こうした研究結果は, 私たちが気づいていない (気づけていない) 環境からの刺激が, 知らず知らずのうちに私たちの行動にも影響を及ぼしている可能性を示している。

近年, 学術誌『心理学評論』の第 59 巻 1 号 (2016 年) において心理学における再現可能性の特集号が組まれるなど, 自動性を扱う研究に限らず種々の領域に対して再現可能性の問題が指摘されている。この特集の中で渡邊 (2016) が述べているように, 先行研究の知見が再現されない背景の 1 つには, 実験状況の詳細な説明の不足もありうる。つまり, 細かな手続き上の情報が論文中に記載されておらず, 追試において結果が再現されないという可能性である。こうしたことを避けるために, 実験の方法や手続きについて詳述することが必要

であろう。

　ただし，再現可能性自体が「目的」になってしまうことは本末転倒であり，再現可能性のために他の重要なことを犠牲にすべきではない（渡邊，2016）。研究成果の公表そのものに慎重になるべきということではなく，データを扱うにあたり最も適切と考えられる方法を用いて実験や調査を行い，その結果を公表していくことが重要である。この点は，実験的手法が多く用いられる動機づけの社会認知的アプローチに限らず，他の研究領域にも共通するものであるといえるだろう。

5章
自己と文化の
　　アプローチ

　本章では，自己と文化をめぐる動機づけ研究について考える。前著でこのテーマを扱った伊藤（2004）と大家（2004）の論考をふまえ，それ以降の動向に目を向ける。上淵（2012）は動機づけを，研究領域ではなく研究アプローチであり，様々な心理現象に認められる目標志向的なプロセスであると述べる。本章では，このプロセスを代表する発達や教授学習過程を扱った研究に注目して自己や文化を考える。

1節　文化心理学としての動機づけ研究

1. 社会文化的アプローチと比較文化的アプローチ

　Tomasello（2009/2013）は人の発達を，進化を起源とし，醸成された文化の中で，自己規定するよう動機づけられることと述べる。一方，石黒（2010）は，人の心は本質的に文化的だという。動機づけは，個人内の動機要因と個人を取り巻く環境要因によって多様に変化する現象（上淵，2018a）であり，いまや動機づけを純粋に個人内のものとみる向きは少ない。多くの研究者が動機づけに影響する環境の存在を想定しており，Tomasello，上淵や石黒では，その扱いが異なっている。文化も環境であるから，動機づけ研究はすべからく文化心理学の一部と考えられる。

　たとえばTomaselloは，類人猿とは異なる存在として人を発達させたカギは人の「協力」にあるとして，利他的な動機づけに注目する。しかしこの動機づ

けも，起源は生物学的な面に求められるのだという。根拠としてWarneken & Tomasello（2008）は，報酬が動機づけを低める過正当化効果（Lepper et al., 1973）の実験から，内発性に基づく援助行動の現象をあげる。そして，同様の行動がチンパンジーでもみられたことから，利他的動機づけの起源はヒト文化にはないことを主張した（鹿子木，2014）。一方，Dweck（2009/2013）は，こうした援助行動で想定される心的基盤としての利他的動機づけも，開花は経験次第だと述べる。Dweckは虐待経験を持つ子どもと持たない子どもでは，類似の状況で異なる反応を示すという実験結果をもとに，利他性は学習を重んじるヒト文化の中でこそ育まれるのだと主張する（榎本，2016）。

　動機づけの規定性が成熟と文化のどちらにあるのか。議論は今なお続くが，本章では文化の影響を重んじ，さらにこの立場にも認識差があることを示す。従来の研究も環境変数としての文化を無視しないことから，本章において動機づけ研究は文化心理学の一部と仮定するが，微視的な視座で文化を捉える社会文化的アプローチと，巨視的な視座で文化を捉える比較文化的アプローチとに大別される。従来の動機づけ研究は，少なくとも比較文化的アプローチに含まれると考えられる（表5-1）。

　保坂（1998）は比較文化的アプローチが，所与のものとして動機づけを扱い，理想の教授学習過程を仮定した上で，いかに動機づけを整えるかについて論じてきたという。Process-Product（P-P）（Cazden, 1986）と呼ばれるこれら研究パラダイムの問いは，望ましい動機づけを生む教授方法や教授プロセスとは何

▼表5-1　社会文化的アプローチと比較文化的アプローチ
(保坂, 1998；秋田, 2004；石黒, 2010をもとに作成)

視座	アプローチ	内容	対象例	生成される理論	実践への寄与
↑ 微視	社会文化的アプローチ ボトムアップ／エンベッド	活動理論 正統的周辺参加論 状況論	教室風土	グラウンデッドセオリー，またはセオリーインアクション	学習環境（ヒト・モノ・コト）の具体的変革
巨視 ↓	比較文化的アプローチ トップダウン	文化内比較	(同一の自己観を持つ)日韓比較ほか，ジェンダーやマイノリティ	ローカルセオリー	変数としての可視化と操作
		文化間比較	洋の東西，伝統社会と文明社会	グランドセオリー	

かであった．こうして目指されたのが，一般化可能で脱文脈的なグランドセオリーであり，あるいは対象授業に基づき，その文脈で共有され機能するローカルセオリーの生成であった（秋田，2004）．この場合に文化は固定したものと見なされ，変数化と操作の対象になる．一方，グラウンデッドセオリーの生成を目指す研究は，文化の反映として教授学習過程をみるのではなく，その過程で生成される談話そのものに，ローカルな文化や学習者のアイデンティティを捉える．たとえば本山（2004）は，教室で声の小さな女の子が，友達から期待され，発言が注意深く聞かれる過程を通して，アイデンティティを見出し自立していく様子を記述している．このような談話は，大きな声で発表するといった暗黙の指導観や教室ルールを問い直すきっかけとなり，教師にどのような活動を価値づける教室風土を形成するかを迫ることで，学習環境の具体的変革に迫ろうとする．

同様に保坂（1998）も，求められる回答を知っていたにもかかわらず教師の問いに答えない児童を検討している．仮に保坂（1998）が，この検討にP-Pパラダイムを用いれば，すなわち問題の所在を動機づけに求めれば，児童は回答を回避する動機づけの持ち主として理解されただろう．その結果，必要な動機づけを回復する指導が検討されたかもしれない．しかし，保坂（1998）は社会文化的アプローチに立ち，教師の求めに抗い，あるいはやり過ごしながら，教師とともに授業を成立させる存在としてこの児童を捉えた．子どもたちは進行に苦慮する教師を前に，授業の残り時間も計算しながら，じゃんけんによって答える者を選出する．児童は教室で生き抜くため，同時に仲間との関係を維持するため，社会文化的な道具（ここではじゃんけん）を用い，仕方なく発言する者として自己を可視化させたのである．

このように，社会文化的アプローチによって人の学習に対する動機づけは，アプリオリに付与されるものではなくなった．動機づけは，文化を共有する人々に了解可能な物語（ナラティブ）であると同時に，そのプロセスは，人々に向けて表明されるアイデンティティでもある．私たちは，動機づけの乏しさと認識していた問題を，自己と文化の問題として捉える視点を得たのである．

2. 両アプローチの特徴

　自己と文化を捉える両アプローチの整理にあたり，まず前著を概観する。
　伊藤（2004）は，文化に特有の動機づけを把握するにあたり，文化間，文化内と様々な視座で比較していくことの有用性を示している。伊藤（2004）が文化間比較の研究として紹介した論考のうち，Iyengar & Lepper（1999）は，アジアの子どもは母親が選択した場合でも，自ら選択したのと同じように高い動機づけで課題に取り組み，ヨーロッパの子どもとは異なる態度を示すことを報告している。こうした文化間比較をふまえ，では，同じとされる文化内ではどのような異同が確認できるのか。こうした観点から，伊藤ら（2013）は，同一の自己観を持つとされる日韓大学生を対象に，彼らの達成動機づけを検討している。確認された特徴の一部として，名の知れた大学・企業に入るといった，親から受ける期待については，韓国の学生のほうが高く認知していた。一方，教師から受ける期待では，交友関係や社会貢献，さらに授業を深く理解する点について，日本の学生のほうが高く認知していた。これらの結果について，両国における自律性の意味や，社会的な志向性の違い等との関連から議論されている。
　Markus & Kitayama（1991）は，生物学的基盤や生態学的環境の共通性に伴う普遍性を認めながらも，動機づけを含む高次の心理的プロセスは文化的適応を遂げ，フェノタイプで表出が異なるという。「心性単一性仮定の誤り」と呼ばれるこの視点が，文化間・文化内比較の出発点である。動機づけプロセスの説明にあたっては，動機を統制するいわば司令塔としての自己が想定される。つとに有名なのは，集団の調和を尊重する相互協調的自己観と，独立した個人の意思を尊重する相互独立的自己観である。北山（1994）によれば，私たち日本人は，置かれた文化を内面化して相互協調的自己観を形成している。他者との関係を互恵的・相互依存的なものと認識し，それにそって振る舞う文化的装置に囲まれていると考えるのである（伊藤，2004）。最近では，諸外国に比べて低い，日本の子どもたちの自己肯定感が問題視される（内閣府，2014）。しかし動機づけに対する文化の影響を考慮すれば，こうした評価を疑義なく受け入れることはせず，慎重に捉える態度が求められる。他者との関係を互恵的・相互依

存的なものと認識する私たちについては，どのような関係から自己肯定感の低さが生じているのか，目を向けていく必要があるからである（伊藤, 2004）。

一方，ヴィゴツキー学派に代表される社会文化的アプローチは，学習者が学習に対して有する動機づけを，文化に埋め込まれたものとして捉える（大家, 2004）。Cole（1996/2002）によれば，動機づけとは「社会文化的な状況で意味づけられ作り出された人工物」であり，学習の主体である学習者は，動機づけを媒介しつつ対象である学習に向かう（大家, 2004）。この人工物としての動機づけの創造に，学習者はもとより教師や級友といった人間関係，さらにクラスや学校といった組織や制度も関わっているのであり，社会文化的アプローチに基づく動機づけ研究では，自ずと学習環境のデザインが視野に入る。

社会文化的アプローチが貢献する先として，大家（2004）は社会的マイノリティをあげている。先に触れた声の小さな女の子（本山, 2004）も，クラス集団におけるマイノリティの問題に相当するかもしれない。大家（2004）はまた，教師教育にも同アプローチの貢献の可能性をみる。一例としてあげられたSamaras & Gismondi（1998）では，正統的周辺参加論（Lave & Wenger, 1991/1993）を援用した教師養成プログラムが，質の高い教師を育て，個性的な生徒への対応をスムーズなものにしたことを報告している。これら知見に基づく大家（2004）の予言——教師の学びを理解する上で社会文化的アプローチが有効であること——は，今日成就されており，この後，節を変えて具体的な研究をみていく。これらの研究では繰り返し述べるように，社会文化的アプローチの援用によって，動機づけプロセスとして描かれてきた教授学習過程に新しい見方を付与している。

3. 自己と文化の定義

この後の議論に向けて，本章で中心的に扱う自己と文化の概念を定義する。

2018年はサッカーワールドカップが開催された。好成績を残したチームの帰国会見で，田嶋会長は次のように述べる。「サッカーを文化にしたい。私たちはそういう気持ちでこの日本サッカー協会の活動に取り組んでいます」。

原（1999）は，文化は自明ではなく，研究領域に文化を冠する文化人類学に

▼表5-2　2つのアプローチにおける文化，自己，動機づけ
(保坂，1998；秋田，2004；石黒，2010をもとに作成)

アプローチ	文化	自己	動機づけ
社会文化的アプローチ	実践への参加の過程と所産（変容，不可分）	（ナラティブによる）アイデンティティ	媒介，文化的産物，アイデンティティそのもの
比較文化的アプローチ	環境変数（固定／再生産，不可逆）	（社会的付与による）ポジショニング	（相互独立的／相互協調的）自己による統制の対象，内面化

とっても定義の難しい概念であると述べる。そこでゆるやかに，「意味や解釈を捉える視角」と定義して議論を始めることがあるという。これに倣えば，直前の監督交代や時間稼ぎといった戦術がどのように受け止められたのか。現象に対するサポーターの声こそ文化であり，協会や監督の決定に関わった空気こそ文化である。さらに私たちは，あいまいな実態としての自国の文化を，他国メディアによる報道等を通して自覚することもできる。

　比較文化的アプローチにおいて文化は，およそこのような記述で，自己や動機づけに影響を及ぼす環境変数として定義される（表5-2）。俗に，知能は知能検査で測られたものという知能の定義に関する議論が知られるが，比較文化的アプローチにおける文化も同様に，相互独立的自己観や相互協調的自己観を導くものとして想定される。このアプローチが多く採用するP-Pパラダイムでは，人は行為や活動へ臨む上で，当該文化で共有される動機づけを受け取り，内面化する存在として描かれる（保坂，1998）。

　ただし，同一の文化が想定される国であっても，必ず自己や動機づけも同一であるとは限らない。柏木（2015）は，発達における先駆的な比較文化研究である東ら（1981）の研究を振り返って，当時アメリカと日本の母親では，確かに発達観やしつけに差がみられたが，その頃急速に進んだ母親の有職化によって，日本の母親も一括りにはできなかったと述べている。柏木（2015）の回想は，文化間・文化内比較の併用によって自己や動機づけのモデルは精緻なものにできるが，さらに同一文化内の個人差にも目を向ける必要性を示唆している。Rogoff（2003/2006）によれば，伝統社会はその社会に応じた仕方で発達を遂げている。文化間，文化内，さらに個人差など，視座のレベルを意識した検討により，たとえば伝統社会と文明社会のどちらが優れているかを競うような（文

化相対主義的な),無意味な議論も回避できる(木村,2018)。

　このようにして微視的に,文化や自己,ないし動機づけの独自性に焦点を当てていく議論では,社会文化的アプローチに分がある。石黒(2016)は「靴紐が自覚的に結ばれなかったとしても,結ばれた靴紐は間違いなく意識的な行動を生む」と述べる。文化の様相如何(いかん)によらず,実践と不可分なものとして,私たちは自己や動機づけを考えることができる。

　社会文化的アプローチにおける文化について,石黒(2010)は,「複数の人々が何らかの人工物を介して協働し合う過程とその所産であり,通常それは,世代間で改変されながら継承されるもの」と述べる。そして「煎じ詰めれば文化とは,社会的実践と人工物」と定義する。たとえば,生徒など,社会的に付与された自己(ポジション)は,社会文化的アプローチでは行為や活動に臨む一時的な立場にすぎない。Fleer(2011)も述べるように,このアプローチでは,授業というローカルな文化への参加を通し,教室で使用される言語や思考様式,さらにはリテラシー概念といった道具の習熟に長け,次第に「生徒」になっていくものとみる。

2節　文化心理学の隆盛

　P-P パラダイムを採用し,情報処理アプローチを中心としていた1980～1990年にかけて,発達や教授学習過程を捉える研究に転機が訪れる(秋田,2004)。東ら(1981)や Markus & Kitayama(1991)を嚆矢(こうし)とした比較文化的アプローチと,ヴィゴツキー学派に端を成す社会文化的アプローチ,これらを統合した文化心理学の隆盛である。このうち,特に社会文化的アプローチ盛行の背景として,香川(2011)は,実践教育の重要性が高まりフィールド研究がさかんになったことと,実践の場である教育現場において勘や経験ではなくエビデンスに基づく実践が求められるようになったことの2点をあげている。

1. 分析の単位

　Heckman & Masterov(2007)が,非認知的スキル／社会情動的スキルの重

▼ 表 5-3　分析の単位
(保坂, 1998；秋田, 2004；石黒, 2010 をもとに作成)

アプローチ	分析の単位
社会文化的アプローチ	実践 行為や活動
比較文化的アプローチ	変数と変数間の関連

要性を訴えてから，教育の質保障に関する議論が活発化している。当初は全人的な子ども期の発達をスキルへ要素還元して捉えることへの異論もみられた。これに対し無藤 (2016) は，整理によって，重視されてきた学びに対する動機づけの問題が，粘り強さといった質的側面まで含め大人が涵養すべき子どもの資質・能力となり，教育における評価・支援の方向性が明確になったと述べる。時機を同じくして改訂された幼稚園・小学校教育要領にも議論の影響をみることができ，「幼児期に期待される 10 の姿」や「主体的・対話的で深い学び」といった記述に反映されている（奈須，2017）。研究と実践，双方の歩み寄りの結果として生じた研究の展開（香川，2011）は，社会文化的アプローチと比較文化的アプローチが異なる分析単位を持つことで，実践への相補的な貢献の可能性を整えている（表 5-3）。

　分析単位のうち，行為は実践を捉える最小の単位であり，変数として量還元されたものが，一般的に研究内で扱われる。同時に行為では，質的な側面も考慮される。また，行為が社会生活の中で連なり，ひとまとまりの意味を成したものを活動と呼ぶ。活動は Vygotsky が用いた分析の単位である。それを Leontiev が引き継ぎ体系化したものを活動理論と呼ぶ（山住，2017）。山住 (2017) は，活動理論における Leontiev の功績の 1 つが，活動に動機づけを位置づけることであったと述べる。動機づけなくして活動はなく，Leontiev は，活動を正しく捉えるために行為主体の動機づけをみていく必要があると説いた。たとえば，表面的には読書とみられる活動も，それを正しく捉えるためには，試験に備えて本を読んでいるのか，あるいは知的に刺激されて読んでいるのかを考慮する必要があるという。前者であればそれは読書ではなく，試験勉強という活動にあたる。このような行為や活動が連なり，世代を越えて継承される人々の協働を実践と呼ぶ。

2. 変数間の関連

　比較文化的アプローチでは，質問紙によって動機づけ変数を測定し，行為など，他の変数との関連を調べてきた。このP-Pパラダイム（望ましい結果を得ることを目的とした授業学習過程についての研究パラダイム）においては，自己も1つの変数として扱われる。先ほどみたように，最近では自律的・主体的で能動的な自己の学びが重んじられる。このうち自己調整学習は，学びにおける自己を中心的に扱う動機づけ研究の1領域である。ただしこの学習も，動機づけを個人内のものではなく，「他者や環境との関係が変化した状態」（上淵ら，2009）とみている。

　上淵（2018b）によれば，自己調整学習は「自らの学習プロセスへのメタ認知，動機づけ，行動，文脈の面における，積極的な参加」であるという（Pintrich, 2000；上淵，1998；Zimmerman, 1986, 2001）。自己という語を含むことから，自己内で完結する学習と理解されることもあるが，これはまったくの誤解である（上淵，2018b）。Zimmerman（1986）による体系化を経て，Paris et al. （2001）は自己調整学習を，複数の「なりうる自己」（可能自己）の中から，なりたい自己を選びとっていくプロセスとして拡張した。学習を，短期的効果を得るための活動ではなく，アイデンティティ形成に関わるライフコースの一部と見なすことで，自律的・主体的で能動的な学びを支える動機づけの知見を提供している。とりわけ上淵（2018b）が指摘するように，メタ認知，動機づけ，行動の3変数を束ね，意志によって機能させる自己の存在を明確にすることで，学習を通した自己発達が射程に入る。自己調整学習を捉えるこのような方向性は，比較文化的アプローチに分類される従来の動機づけ研究でありながら，社会文化的アプローチに基づく動機づけ研究との交差可能性を開いている。

(1) 文化間・文化内比較

　文化間比較の具体的研究としては，西村・櫻井（2012）が，文化的影響を受け，異なる教育システムが構築されている国の間では，それぞれの国で学ぶ小・中学生の動機づけも異なる発達を遂げるはずだと仮説を立てて，日本の子どもたちの学習動機づけを検討している。横断調査と縦断調査を組み合わせた

検討により，学年が上がるにつれて自律的動機づけが低下し，統制的動機づけが高まる傾向が確認された。ただし，この統制的動機づけの中でも高まる傾向が確認されたのは，外的調整（external regulation）のみであり，この結果は，縦断調査を用いた検討でも同様であった。この点について，小学校から中学校への学校移行の影響が考察され，一斉教育中心の授業形態に加え，他者との関係性が重視される我が国では，欧米文化圏とは異なる動機づけの構築がみられるものとして議論された。

次に文化内比較では，ジェンダーに注目した研究として，森永ら（2017）が，女性は数学が不得意だという教師のステレオタイプが，他の先進国と比較しても低い我が国の数学分野における女性の活躍を阻んでいる要因だとして，仮想的シナリオ場面を用いた調査を行っている。ここでは，「女性なのに優れている」といった賞賛や，「女性だから仕方がない」といった慰め（好意的性差別発言）が，成績が良かった場面・悪かった場面のそれぞれで発せられた場合に，統制群と比較してポジティブな感情や数学に対する意欲[注1]を低下させるかどうかについて検討された。すると，良い成績に対する差別的働きかけは意欲を有意に減少させ，この過程では媒介変数として，差別の知覚に基づくポジティブ感情の低下が認められた。一方，悪い成績場面では意欲の低下がみられなかった。

また，文化内比較のうちマイノリティに注目した研究では，Sherman et al.（2013）が，ラテン系アメリカ人とヨーロッパ系アメリカ人が混在する中学校をフィールドとして，縦断的な介入研究を実施している。研究1では，実施された自己肯定感向上プログラムの結果が報告され，ラテン系アメリカ人に対する効果は3年続き，学業成績を上げて多くの生徒が高校に進学したのに対し，ヨーロッパ系アメリカ人には効果がみられなかった点が報告された。続く研究2では，自己肯定感を支えるための日記をつける実践により，逆境にアイデンティティが脅かされる状況が改善され，学業への動機づけの低下が防がれた。この結果から，アイデンティティを守るための心理社会的な工夫が，タイミングよく繰り返しなされることで，ウェルビーイングと学業達成が促進される可

【注1】引用した文献で意欲という言葉を使っているため，ここではあえてそのまま使用している。

能性が議論された．また，Matthews et al.（2014）は，心理変数に及ぼすアイデンティティの影響については従来から様々な検討がなされてきたが，動機づけに関する議論は一致をみないとして，民族的なマイノリティ（アフリカ系アメリカ人とラテン系アメリカ人）を対象に，学業に対する習熟的動機づけを調査している．検討の結果，自己効力感が自己調整学習を媒介し，異なる次元にある2つのアイデンティティ（内的な価値観と外的な社会所属感）が，習熟的動機づけを高めるという適合度の高いモデルを得た．自己調整学習を進める上でアイデンティティと自己効力感の影響は大きく，マジョリティに比べて社会的に脅かされることの多い，マイノリティのアイデンティティを支持することの重要性が示唆された．

内藤（2011）は，人類に共通する普遍的な心理過程と仮定される「心の理論」でさえ，社会文化的な構成性が認められるとしている．文化間・文化内比較を用いた検討は，動機づけモデルの精度を高めるだけでなく，動機づけという構成概念の妥当性を検討する上でも有効と考えられる．

(2) 自己と動機づけ

比較文化的アプローチが主として用いるP-Pパラダイムでは，自己と動機づけに同時に目を向ける研究の進展もみられる．ここで紹介する研究は，必ずしも明示的に文化を扱っているわけではないが，実証的検討が進むにつれてその要請に応えていくものと想像される．

たとえばHardy et al.（2014）は，道徳的な理想自己としての道徳的アイデンティティが，青年期の道徳行為の発達にどう影響するかを検討した．10～18歳の青年510名を対象とした調査の結果，道徳的アイデンティティは利他主義の高さに加え，攻撃性や不正の低さを予測した．また，同研究において，異なる15～18歳の青年383名のデータセットを用いた調査の結果，道徳的アイデンティティが自然環境に対する意識をポジティブに予測する一方，内在化／外在化された問題傾向の両方はネガティブに予測された．男性に比べて女性のほうが道徳的な理想自己のレベルは高かったが，予測される従属変数にジェンダーによる差異は認められなかった．これらにより，道徳的な理想自己としてのアイデンティティが，青年期の道徳行為の発達に重要な役割を果たすことが

示された。また Manchi et al.（2017）は，社会経済的状態が思わしくないコミュニティに位置するインドの学校において，成績が優秀な学習者とそうでない学習者の両者に対し，成長マインドセット（Dweck, 2007/2016）を奨励する介入を実施した上で，学業に対する報酬の影響を検討した。この結果，報酬が自律性を損なわなかったときは，学業への取り組みが維持され，高い学業遂行がみられた。一方，報酬が自律性に抵触したときには学業遂行が低められた。これらの効果は，成績が優秀な学習者において顕著で，心理的介入や学習に対する報酬の効果は，学習者が持つアイデンティティとの兼ね合いによって決まることが示唆された。関連して日本でも，畑野・原田（2014）が大学生を対象に，大学生の主体的学習を促すための心理社会的自己同一性（谷，2008）に着目して，内発的動機づけを媒介する学習モデルを検討している。多母集団同時分析を用いてモデルの適合度を検討したところ，モデルは高い適合度が得られ，青年期の主体的な学習の上で心理社会的自己同一性と内発的動機づけが互いに関連し，重要な影響因となることが確認された。これら国外・国内の研究に示されるように，自己と動機づけに同時に目を向けた研究の発展は，青年期が学習を通してアイデンティティを発達・確立させていく時期であることを鑑みても，重要なことと考えられる。

　こうした観点から伊田（2017）は，Oyserman & Destin（2010）による Identity-Based Motivaton（IBM）に注目している。IBM とは，自己と動機づけの理論的統合によって，とりわけ青年期以降の学習者のウェルビーイングを説明しようとする視点を指す。最近では，「今このときを楽しませてほしい」といった生徒の学習態度が目立つ。教師への要求が高いこの状況において，学習態度を適切に変容させるためには，これまで試みられてきたような学習内容そのものに楽しさを想定する自律的・内発的な動機づけ理論の適用は難しい。なぜなら児童・生徒にとって学習の意味が揺らいでおり，学習が自分にとっての価値を失っているためである（伊田，2017）。これは学習への動機づけにおいて，自己が問われる状況と考えられる。一方，先に自己調整学習を例としてみたように，動機づけ研究は自律的・内発的な動機づけに分類される理論を中心に，学習者の持つ，学習に対してどのような意味を見出すのかといった価値の視点に，これまでも積極的な関心を向けてきた。これらの背景から，動機づけと自己の

理論的統合はスムーズであると思われ，IBMとして提唱された動機づけ理論の，発達や教授学習過程に対する今後の援用が期待される。

3. 行為や活動

　次に，行為や活動を対象とする社会文化的アプローチには複数の理論がみられる（表5-1参照）。秋田（2004）の整理に基づけば，状況論とは，人間の学習や思考は周囲の環境や他者との間に分かちがたくあるとの観点に立って，状況に埋め込まれた心性に着目する視点を指す。また正統的周辺参加論とは，共同体への参加と成員のアイデンティティ形成の過程として学習を捉える視点を指す。さらに活動理論では，社会的実践を含む人々の活動に注目する。山住（2017）によれば，協働を通して拡張される人々の主体性や，社会文化的な道具を明らかにしようとする視点と説明される。これら3つの視点は共通して，実践への参加と人々の協働による文化の伝承と創造（Gutierrez & Rogoff, 2003）に目を向けている。人々は文化にアフォードされながら，動機づけのエージェンシーとして文化を創っている。

　Bruner（1996）は，文化はそれ自身が人間の創り出したものではあるが，人間の心独自の働きを形づくるとともに，個人を越えて人の心を形づくると述べている。これをふまえて秋田（2004）は，学校，クラス，授業の文化がどのように児童・生徒の心を形づくるのか，描写し，視点を提出することが，発達や教授学習過程における社会文化的アプローチの課題であると述べる。授業を例にとれば，カリキュラムに基づいて各時間が教育目標と計画を備え，これを達成する単位としてクラスが想定される。そこでは教材を介した交流が，通常1人の教師と，多くの生徒との間で交わされる。また，この場は学習の生成過程や対人関係の形成過程の場であるとともに，成員一人ひとりのアイデンティティ生成に関わる場でもある（Vadeboncoeur et al., 2011）。社会文化的アプローチに立つ発達・教授学習過程の研究では，相互に絡み合うこれらの状況に注目し，比較文化的アプローチに基づく研究とは異なる視点の提出が目されている。前著で大家（2004）が指摘したように，このうち教師教育は，重要なテーマの1つにあたる。

(1) 状況論，正統的周辺参加論

　Nolen et al.（2015）は，なかでも新任教員の動機づけに着目して，正統的周辺参加論を援用した一連の教師教育の研究を進めている（Nolen et al., 2011；Ward et al., 2011）。着想にあたっては，教員を養成するプログラムは次々に開発されるものの，なかなか有効に機能しない現実に目が向けられた。機能不全の理由として，プログラムで学んだ内容と新任教員を取り巻く実際の状況との乖離(かいり)が考えられた。新任教員は養成課程において，教師としての価値や信念，アイデンティティを整え，適切に教授できるよう備える。しかし教師として十全に振る舞うためには，教授行為に対する限定的な動機づけを有するだけでは不十分である。経験を積んだ教師の動機づけは，生徒の学習過程全般に及んでおり（Horn, 2010），この点にこそ新任教員との差が認められる。教員養成プログラムは，教師の現実を鑑みて組み立て直されることが求められている。

　このような問題意識から Nolen et al.（2015）は，新任教員を学校文化に参加する学習者と位置づけ，大学の教員養成課程から実習先での学び，その後教員になって職場で求められる数年の学びをフォローしながら，動機づけと，アイデンティティ——学習者が時々の文脈への参加によって，取り巻く人々と協働しながら自らを同定する自己（Horn, 2008）——の変容を記述した。この分析では，大学教員，実習指導担当，職場の同僚との相互交渉はもとより，生徒の反応や職場の規範も射程に含められた。得られたデータに基づき記述された学習者の変容過程は，文脈に依拠したローカルなものではあるが，他文脈における学習者の変容にも示唆を持つと考えられる。

　たとえば，新任教員の Karl（男性）は，養成校での学びを経て，「生徒が自ら考えること」を助ける教員になりたいと考えていた。しかしそうした当初目標としての教師像は，実際の教員生活の中で拡張が迫られることになる。Hilary（女性）も同様であり，「大きなヴィジョンを持ち，それに基づいて行動する教師でありたい」と願っていた彼女は，細かな数字や出来事を並べて生徒を評価する教務の内容に嫌気がさしていた。しかし，メンターとしての指導教員や同僚とのやりとりの中で次第にこの業務の重要性に気づき，葛藤を経て彼女は，職務に対する動機づけや教師としてのアイデンティティを変容していく。

　先に保坂（1998）に言及して述べたように，こうした Hilary の事例を既存の

5章　自己と文化のアプローチ

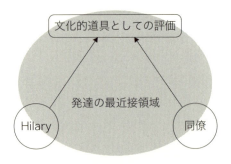

▲ 図5-1　評価をめぐる三項関係
(宮崎, 2009をもとに作成)

動機づけ理論で理解することもできる。たとえば自己決定理論（Ryan & Deci, 2000）を援用すれば，大きなヴィジョンの持ち主でありたいと願ったHilaryに生徒評価の重要性を伝え，教師としてのアイデンティティの再構を促した同僚の存在は，自己決定に関わる関係性（relatedness）の重要性を想起させるものである。ただしその関係性は，静的で固定的なものではない。Hilaryが理想の教師像を携えて教職に就き，現実が要請する業務との狭間で葛藤を覚えたそのタイミングでの同僚との交流が，彼女の変容を支えたものと理解される。このような関係性は，評価という文化的道具を媒介し，有効に活用して教育を進める同僚と，まだそれをしないHilaryの，三項関係として把握される（図5-1）。自らと同僚との間にある発達の最近接領域の中で，Hilaryは教師としての動機づけならびにアイデンティティを構築し直したのである。発達や学習に対するこのような視点は，Hilaryの個人的エピソードにとどまらない。人が学ぶ上で，同僚性が保障された環境構成がいかに重要であるかを示すものである。

　あるいは，教員としての当初イメージとそれに基づくHilaryの動機づけは，別の学校に赴任した場合では有効に働いたかもしれない。しかし，そうではなかったため，Hilaryは置かれた状況に応じて動機づけと教師としてのアイデンティティを調整した。別の新任教員Gemma（女性）も似た状況にあった。彼女は充実した学生時代を過ごしたが，その学びは教員生活では役立たなかった。彼女のケースで興味深いのは，赴任したのが彼女が学生時代から補助教員を務めてきた学校であり，見ず知らずの文脈ではなかったことである。つまり

Gemma が動機づけとアイデンティティの立て直しを求められた先は，単なる「場」ではなく，学校という実践共同体における十全的参加者への「プロセス」であった。こうした Hilary や Gemma の事例から，ローカルな文脈に根差した研究の重要性が示唆される。養成校はこのような現実に応じて教員養成のデザインを見直し，教師として現実に求められる動機づけを支援しなければならない。

また，理論的な見地に立てば，動機づけといった心性の状況間の転移も検討が求められる。香川（2011）は，社会文化的アプローチにおいては，状況間の差異を強調するあまり，状況間のつながりに関する議論は不十分であったと指摘する。Gemma の事例が示したように，同じ学校の同じ人間関係の中で，見習いからフルタイムの教師となる過程で育まれた動機づけでさえ，正規の採用後にはもう一段の転換が求められた。そのような可能性も視野に，教員養成の再デザインが求められる。養成校から現場への移行では，一般化され脱文脈化された知識体系を，現実に適用しなければならない。新任教員にとってそれは価値観，すなわち自己が揺さぶられる体験でもある。両文脈に横たわるギャップの解消には，養成校での学びと実践の学びをつなぐ教育プログラムが有効であり，たとえば，生徒が現実にはどのような存在であるかを知ることなどが考えられる。Horn & Campbell（2015）は，周辺的な教育者としての実習生の学びから，教育実践に十全に参加したフルタイムの教師へと，段階を踏んだ学びのプログラムを考案している。フィールド体験を徐々に増やすこのプログラムでは，教師は単に上手な説明者としてではなく，生徒を教科に対峙させる確固たるアイデンティティと動機づけの持ち主であることが求められている。プログラムは開始から間もなく6年を迎えようとしているが，ある教師は，いかに自分が「生徒は放っておいても勝手に勉強に取り組むはずだ」といった見方を自明なものとしていたかに気づかされたという。教師が自身の一面的な見方に気づき，生徒にとって一学習環境としてのアイデンティティを更新する上で，社会文化的アプローチによる問い直しは有効と思われる。

(2) 活動理論

　社会文化的アプローチのもう1つの理論である活動理論は，実践から動機づけを捉え直すフレームとして提案される。この説明として山住（2017）は，

Leontievが用いた航空サークルの事例を引用する。後から述べる宮崎（2009）のunknown question（未知の問い）とも接点をみることのできる視点である。

　航空サークルにおいて子どもたちは，模型作りに熱心であった。しかし，飛行機がなぜ飛ぶのかといった物理学的な興味は示さなかった。ところが，できるだけ速く飛ばすという課題が導入されることによって，知識に対する子どもたちの能動的な興味が起こる。傍目には変わらぬようにみえた活動の転機である。

　もっとも，それ以前にも子どもたちは，物理学的な知識が大切だということは知っていた。しかし「理解されただけの動機づけ」は，単に飛行機を作って飛ばすだけの活動しかもたらさなかった。この状況を課題（あるいはunknown question［宮崎，2009］）が揺さぶり，物理学的な知識が真に有効なものだと実感されたとき，動機づけも変容したのである。ここで動機づけが変容し，学びが変わったのではなく，その逆であることに注意したい。宮崎（2009）はこのプロセスにおいて，やはり後述するように，教師の関わり，なかでも問いが，子どもたちの変容にとって不可欠であることを強調する。この前提として，山住（2017）が紹介するLeontievの次の言葉を聞くことができると思われる。「動機を教えることはできず，できるのはそれを育むことである。さらに，それを生み出す現実の生活を築いていくことによってのみ育むことができる」。

　山住（2017）は，実践に対する活動理論の可能性を示す上で，中1ギャップの事例もあげている。学校移行に問題が生じるのは多くの国で共通だが，これを制度の問題に帰すのであれば，制度を変えればよい。しかし話は単純ではなく，移行の中でそれまで主体性・能動性を発揮する場であった授業が，知識を受け取るだけの場に代わる点に問題があるとみる。そのような場において学びに対する子どもたちの動機づけは，量的に低まっているとみることはできない。「学校とはそんな場所」という，生徒たちが生き残り方略として用いる動機づけの質的転換が起きているのであり，生徒のナラティブには自己が物語られているとみるべきである。

　関連して保坂（2016）も，制度と動機づけ主体としての子ども観を同時に視野に入れて，養護施設に入所する児童の学習に対する動機づけならびに自己肯定感の低さに向き合っている。一般に原因は，彼らの学習支援にまで手が回らない職員の多忙さに求められることが多い。ただしこの言説も，動機づけ回復

のための制度改革という P-P パラダイムに依拠している。そこでこの言説の採用を保留し，彼らの成育歴に目を向けてみる。すると，入所以前の家庭における被虐待経験から，児童が目標を立て，自ら環境を整えていこうとすることに対して，学習性無力感を示す実態が浮かび上がってくる。また，そのような入所児を，能力を欠く者と見なすような周囲の「レッテル」が，当該児の学習不振という自己イメージを当然のものとしている。さらに悪いことに，子どもたちは逆境を乗り越えて夢を叶えるようなロールモデルを身近に持てずにいる。これらが重なり合って，ますます入所児は，社会的に排除され孤立する傾向にあることがみえてくる。

　このような閉塞的な状況を打開する可能性を，保坂（2016）は大学生ボランティアに見出している。カナダの児童養護施設で導入された教育文化プログラム（Gharabaghi, 2011）は，「施設では生活を，学校では学習を」と，入所児の支援を役割分担する現在の制度を組み替えて，学校と施設がともに学習と生活支援を行う取り組みを進めて効果を上げている。生活と学習を同時に支える担い手として我が国では，併せてロールモデル役割も期待される大学生ボランティアの存在があり，この活動が，ボランティア自身のアイデンティティ構築にも寄与するとの好事例が報告され始めている。

　活動理論を含む社会文化的アプローチではこのように，プロセスとプロダクトを切り分けず関連し合うものとみて，実践を組み替える手がかりを探っている。かつて佐藤（2006）が，実践への寄与を目指し様々な方法を併用しながら研究フィールドに臨む研究スタイルを「恥知らずの折衷主義」と呼んだ。これに倣い，比較文化的アプローチと社会文化的アプローチを併用することも，実践を変革する上で重要なことと思われる。

4．実　践

　比較文化的アプローチと社会文化的アプローチの交流は今も期待される。しかし現在は，それぞれが独自に歩みを進め，有効な視座として刺激し合う状態にあるとは言いがたい。こうしたギャップを，実践を分析単位とした社会文化的アプローチを対照することで埋めていくことはできないだろうか。そこで本

項で取り上げるのは，心理的な構成概念としての動機づけを直接的に扱わない2つの議論である。ローカルな文脈に埋め込まれた人々の実践が，動機づけ研究にも示唆を持つものとして紹介する。

(1) 保育者のジレンマ（石黒，2008）

石黒（2008）は，保育が教師にも園児にも特権化されない様相を記述して，教授学習過程において暗黙の前提と見なされてきた「動機づける−動機づけられる」という構造を問い直している。その瞬間切り取られた1枚のイラストは，保育現場でよくある出来事のように思われ，即座に違和感を覚えるものではない。しかし石黒（2008）が，本当にそうかと問い，再びイラストに目を凝らすうちに，ここで提起される問題に読者は気づかされることになる。

イラストには，保育室で扇形になった，1人の保育者と12〜3名ほどの園児が描かれている。いわゆるお集まりの場面だろう。イラストの前方には1人の男児がおり，隣の女児に突き飛ばされた様子が切り取られている。そしてその男児の下には，男児から馬乗りにされた別の女児の姿が見える。もちろん瞬間的にこのような状況へと場が移行することはない。男児が隣の女児から突き飛ばされたのは瞬間的な出来事であったとしても，少なくとも男児が馬乗りになるまでには，一定の時間を要したはずである。そのように時間的な猶予がある状況で，ある子どもが別の子どもから馬乗りにされようとしているにもかかわらず，止めに入らない大人が存在するだろうか。あまりに考えにくいこの状況は，石黒（2008）がイラストとともに用意したトランスクリプトを読み解くうちに了解される。これを見ると，男児の視線は女児にまたがろうとする間中，ずっと保育者に向けられている。ついには両手を打ち鳴らし，大きな音を出しさえする。実際に位置取りしてみればわかるように，わずか数平方メートルの範囲に収まった12〜3名ほどの子どもたちの動きを，1人として，大人が把握し切れず見逃すことなどありえない。まして友達に近づき，馬乗りになるくらい大きな動きを見せる園児は，積極的に無視しない限り目に入らないことなどない。そのように順を追いながら考えて，ようやくイラストの大人（保育者）のしていたことがまさにその男児を無視することであり，さらに男児の行為も，馬乗りになって女児を痛めつけることではなく，保育者を自分に振り向かせよ

うとした行為であったことに気づかされる。それぞれの気持ちがわかり，読者は何とも言えぬ思いを抱くことになる。

　石黒（2008）によれば，描かれた保育者は若く，保育に一生懸命な女性であった。保育課程に則り，保育の計画を立てて，子どもの健全な発達を支えるべく保育に取り組んでいた。一方で男児は，その先生のことが好きであった。先生に注目してほしく，しかしその方法として，先生を困らせる以外の手段を思いつかなかった。保育者が当該男児を含め，クラスの園児一人ひとりを大切に思っていたことは言うまでもない。当然男児が発するシグナルにも気づいていた。しかし男児にかまえば，クラスの他の園児に関われなくなってしまう。いたちごっこのように保育計画が狂わされる日々に，若い保育者は半ばノイローゼ気味になっていたと思われる。そのためここでは無視を決め込み，ゆえに男児の行為はエスカレートした。馬乗りにされた女児は，「1人の保育者－多くの園児」で構成される教授学習過程の被害者だったのである。石黒（2008）が示したように，教授学習過程における主導権は誰にも帰属されない。個体内に所与の動機づけを想定し，それを向上させるような動機づけ研究は，こうして問い直される。

(2) 対話的教授論（宮崎，2009）

　対話的な学び全盛の今日において，こうした実践の念頭に置かれるのがヴィゴツキー派の教育論である。教育の社会文化的アプローチと換言してもよい。この教育論は，「協働（collaboration）」をキーワードに説明されることが多い。教育の「協働」とは，教師と子どもがともに学ぶ活動と捉える見方を指すが，実態は，教師を学びのファシリテータへ貶める(おとし)ものである。昨今流行りの子ども中心主義に立つ考えのようでいて，その実，知識偏重・教え込み主義の反省に立つ見方でしかない（宮崎，2009）。

　教育を取り巻く現状を厳しく論じた上で，宮崎（2009）は，斎藤喜博という1人の教師の思想と彼の教授学について，教育学者であるEgan, K.（キーラン・イーガン）のアイディアを媒介項としながら，「子どもが真に学ぶときの教師の位置は，支援者（ファシリテータ）として位置づけられるような消極的なものではない」と主張する。教師は「文化に，文化の中にある様々な考えに，

5章　自己と文化のアプローチ

出会っていく」学習を通して，子どもとともに学ぶ者としての積極的な位置をとるのであり（Pp. 68-69），Lave & Wenger（1991/1993）による参加とアイデンティティ獲得の議論が念頭にある。本章でもすでに何度か登場したが，LaveとWengerは学びを単なる知識や技術の習得とせず，自分が何者であるかといった理解を含め，実践や活動に全人間的に関わっていく参加の軌跡そのものと考えた（Pp. 228-229）。宮崎（2009）は，子どもが真に学ぶときの教師の学びをそのようなものと捉えたが，ただしこの中で動機づけという構成概念はいっさい用いていない。子どもがいきいきと問いを探求しようとするときの，その前提として，「プロトラーナー／原学習者」（宮崎，2009）としての教師の学びを位置づけるだけである。しかし読者は，教師による目的的な学びの帰結として，知的探求に動機づけられた子どもたちの姿を認めずにはいられない。

　宮崎（2009）は，斎藤の思想を展開しようとする教師の実践を題材に，この辺りの説明を試みる。佐久間勝彦氏による「店って何だろう」もそうした実践の一例である。この授業は，小学5年生を対象にした社会科の授業である。小学5年生ともなれば，当然店が何であるかくらいは知っている。にもかかわらず，なぜ店が子どもにとって探求すべき問いになるのか。

　授業のネタを探していた佐久間氏は，授業研究会でこの題材に出会う。その後ややあって佐久間氏は，馬鹿にされるのではないかと内心ドキドキしながら，個人商店主に「自動販売機は店でしょうか」と尋ねる。「店です」という思いもかけぬ断言に，佐久間氏は小躍りして家に帰り，夫人にまで報告したというエピソードが紹介される。その後，佐久間氏はいろいろな人にインタビューをして回り，その対象は経済産業省にまで及ぶのであるが，聞けば聞くほどわからなくなる状態を迎え，ますますフィールドワークを用いた教材研究にのめりこんだという。プロトラーナーとは，このような姿勢で学習する教師を指す。八百屋は店だろう。では床屋はどうか。コインランドリー，自動販売機，さらに行商のおばあさんは何なのか。実際の授業では佐久間氏が，「形のあるもの（e.g., 人参や大根）を扱う」対「形のないものを扱う（e.g., 髪を切る，洗濯をする）」といった文化的な道具（二項対立）を注意深く埋め込み，問うことによって，物語への接触経験を通じてすでにこの扱いに長けている5年生は，教師とともに未知の問い＝unknown question（宮崎，2009）に夢中になっていく

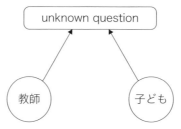

▲図 5-2　unknown question をめぐる教師−子どもの三項関係
（宮崎，2009 をもとに作成）

（図 5-2）。もっとも，二項対立的な構成は，授業後に「（前はわかっていたが）今は，（店が何か）よくわかんない」と述べる子どもたちの学びにとって補助的なものであり，授業の中心ではない。子どもたちにとってお手本となる学びが，教師によってすでに示されている点が，むしろここで重要なことである。教材についての教師の学びが，その過程で小躍りするほど感情を伴う営みだからこそ，教材に対する子どもたちの追及も知的におもしろいものとなっていく。なお，この事例において教材とは店を指すが，授業における最も典型的な教材とは教科書だろう。店も教科書も，先人が知恵を絞って作り出したものであり，すなわち教材は，文化そのものである。したがって教師がその解釈を深めようとして店や教科書を扱うとき，教師は文化に出会い直していることになる。

　ところで，子どもの学びにとってなぜ教師の学びが必要なのか。これは逆の例を考えればわかりやすい。店を題材とした 5 年生社会科の授業と言えば，一般にどのようなものだろうか。もう 35 年も前になるが，筆者自身の経験ともまったく重なる例を宮崎（2009）が叙述している。店をめぐっては，たとえばこのような授業が想定されるだろうというその例をみてみよう。

　　「学校のある地域の店をいろいろ探訪し，どんな仕事をやっているのかを "探す"。（略）場合によっては行く前にどんなものがあるのか，"予想" してみたりする。そして最終的にはそれをみんなで発表し合う。子どもは，退屈な学校から出ることで楽しむかもしれない。（略）教師の方は子どもに活動をさせることで何か教育をやっている気になるようだ。"探索活動" をやっている，というわけである。ましてや予想などをさせているならば，予想−探索−予想の証明−

発表という科学者のおこなう知的活動ではないか！ だがそこには，何の謎もない。（略）「頭がこんがらがったり」「（さっきはわかったつもりだったのに）今はわからなくなったり」「びっくりしたり」して，はじめて知的な過程が働くのである。（後略）」(Pp. 54–55)。

　学習に欠かせない感情的な関わりの重要性に触れながら，宮崎（2009）はさらに，Egan の次の言葉を重ね合わせている。「教育的な達成とは，ファミリアなものをストレンジなものと思えるようにすること」である（p. 23）。これに対し，通常「学習」として私たちが認めてきたのは，「わからないことがわかるようになること」であった点に留意されたい。

　宮崎（2009）が，ヴィゴツキー派の教育学に基づく昨今の教育論（象徴的にはアクティブ・ラーニング）を批判する点はすでに述べた。「教師の積極的な働きかけがあって，はじめて子どもの能動的自主的な学びが可能になる」(Pp. 48-49) のであり，この視点は動機づけを所与とする研究にも向けられている。安易な子ども中心主義は教師の仕事を遠慮がちなものにし，授業の交通整理役を担わせるか，あるいは教師という仕事をプログラム化し，誰がやっても同じといった教師のロボット化を推し進める動向をもたらす。優れた教師の仕事は定型化できず（Lave, 1996），Egan も言うように細切れの知識や技術論として捉えることもできない。プロトラーナーとして教師が，情動を通わせながら教材を解釈しない限り，学びを通して子どもを変革することなど不可能である。にもかかわらず現状は，ともすると教師による働きかけそのものを，子どもの主体性を奪いかねない旧来的な教授行為とさえみている。

　この点で斎藤は，教師の学びが子どもの学びを決めるという主張を，例外的なまでに明確に打ち出しているのだという。宮崎（2009）が引用する斎藤の言葉のうち，その重要性から再三取り上げられる教材解釈を説明した言葉が以下である。

　　（教師が）1 人の人間として，全人間的に教材と交流したり，教材を分析したり，自分に問いかけたり，疑問を持ったり，発見想像をしたりしながら，そのなかから新しい疑問とか，思考とか，論理とかを積み重ねていくことである。

ここに示されるように，子どもが知的に興奮し，学ぶ授業において，教師が静観していることなどありえない。情動を動かしながら教材解釈をすること，すなわち文化と出会うことが必須であって，主体的な子どもの学びは教師の熱にほだされたその帰結としてある。教師が文化の中で苦闘し，問うに値する謎や疑問を発見するからこそ，子どももその謎や疑問を通して文化（店や教科書）と対決することができる。そして，その学びが本物であるか，すなわち真に主体的・能動的であるかは，教師自身が学ぶ者であるからこそ，その体験に照らして判断できる。このように教師の学びを定置し，並行して子どもの学びを視野に入れる実践知の体系化こそ，斎藤の教授学が備えた独創性だという（Pp. 216-217）。

以上，詳細に確認してきたことで，動機づけをダイナミックな物語として捉えることの必要性やその有用性が示されたものと思われる。比較文化的アプローチが行為や活動を変数化し，操作することで目指された一般化の背後に，捨象されてきた人々の個別具体的な協働があったことに気づかされるのである。このようなアプローチは，私たちに実践を見つめ直す新しい視点を与えるとともに，動機づけを操作して実践に寄与しようとするその前提を問い直す。

3節　課題と展望

前節では，両アプローチの接点として，実践を捉える社会文化的アプローチの例をみた。動機づけを想定しない研究に，動機づけ研究再考の契機を求めつつ，最後に P-P パラダイムが直面する再現性の話題を取り上げる。社会文化的アプローチはその特徴から，科学性を担保する上でも，動機づけ研究に貢献できる可能性を述べる。

1. 再現性の問題

過去に行われた心理学研究を追試したところ，その再現率が 40% 程度であったという報告は人々に衝撃を与えた（Open Science Collaboration, 2015）。条件の統制により，高い確率で同じ現象が得られるといった基準は，当然，P-

Pパラダイムを採用する動機づけの比較文化的アプローチにも当てはまる。では，社会文化的アプローチによる研究ではどうか。このアプローチでは主たる研究対象ならびに方法として，人々の複雑な交渉過程を捉えるべく，1回性を特徴とする生態学的文脈での観察法を採用することが多い（Nolen & Ward, 2008）。そのため，P-Pパラダイムとは異なる基準でその科学性も担保されると考えられる。

　小島（2016）は観察研究にとっても再現性は重要だとした上で，行動評定に用いられた評価基準の策定プロセスや，観察場面が埋め込まれた場面や前後文脈の分厚い記述が問われると述べている。また，渡邊（2016）は，心理学が科学を志向した当時，極端な行動主義を招き，心理学が扱う範疇や方法を自ら狭めてしまった歴史に言及している。その上で，心理学にとっての再現性とは，必ずしも他の科学が用いる基準を無自覚に適用することではないとして，何よりそれを心理学の目的とするような動向に警鐘を鳴らしている。

　関連して宮崎（2009）が，優れた教師の実践事例を用いて教育論を展開しようとするとき，しばしば「それは特殊な事例であって，一般化可能なのか」と問われるという。おそらく本章で紹介した佐久間氏の実践をふまえ，対話的な教授論を構想したときにも，同様の批判が寄せられたものと想像される。しかし事例としての，言い換えれば物語としての動機づけ論は，一般化や再現性に異なる道筋から迫るものである。それは他の実践や，実践を志向する教師にとっての，視点資源（宮崎，1998）としての接近である。宮崎（2009）の例でいえば，佐久間氏の優れた実践により子どもの真正の探求が描写され，現場の教師たちが「そんな授業をしたい」と取り組むプロセスが想起される。誤解のないように付け加えておけば，記述はあくまで結果として教師を動機づけるのであって，宮崎が一般化可能な，教師の技術論を描こうとしたわけでは断じてない。よくある方法論のパッケージ化は，教師を思考停止にするのであって，これは対話的教授論で最も忌避される側面だろう。石黒（2008）や宮崎（2009）の研究では，絶対的な真理として知が提出されるというよりむしろ，知の確からしさの判断，あるいは納得の程度を「あなたのしていることはこういうことですか」と尋ねている。なかでも実践者との対話が想定され，論は常に実践へと開かれている。このように社会文化的アプローチによって見出された問いは，

問うべき価値を内包していると考えられる。

2. 展　望

　上述したプロセスにより質的に保障された変数の検証こそ，社会文化的アプローチの課題であり，動機づけ研究の両アプローチに求められる交流である。本章でもみてきたように，発達・教授学習過程を検討する中心的フィールドとして学校があげられる。ここは極めて目標志向的な場であり，ゆえに P-P パラダイムによる動機づけ研究との整合性も高い。そうした背景から「教師による動機づけの場」として規定されてきた学校に，社会文化的アプローチは新しい見方を付与し，学校の相対化に貢献したといえる。しかし，この研究がさかんになった 1980 年代頃から比べて，学校はどの程度変わったといえるのだろうか。亀田（2010）は，社会文化的アプローチについて，行動をカタログしていくことで何がもたらされるのかといった視点を投じている。当アプローチは実証を志向することでこれに応えていくとともに，学校の具体的変革に寄与していくことも可能だろう。加えて，比較文化的アプローチが直面した再現性の問題を間接的に援護しながら，社会文化的アプローチには，新しい視点の付与と検証に値する構成概念の提出によって，動機づけ研究の展開に関わることが期待される。実践をめぐり，他者に照らして自らを価値づけ合うようなライバル関係を，両アプローチの今後に望みたい。

6章

動機づけの発達

1節　はじめに

　動機づけ研究は本来，人のとる様々な行動の生起メカニズムを研究対象とするものである。ただし実際に研究テーマとして取り上げられるのは，学業や仕事などの特定の活動や領域であることが多い。そのような活動は，私たちの社会や文化の中で価値が認められ人々の関心も高く，また目指す方向性や到達レベルも暗黙に共有されている活動だといえる。D'Andrade（1992）は，社会や文化で共有されている目標は獲得する価値のある目標と見なされており，人はその目標に向けて動機づけられると述べている。つまり，私たちの行動の選択や目標設定の方向性は極めて社会的なものであり，たとえ空腹の解消や性的欲求の充足など生理的欲求がもとになっているとしても，それが行動として出現する際には社会的な枠組みの中で適応的な形式となって行動化されるのである。

　このように成人の行動の多くは社会的に動機づけられたものであるが，人は生まれた当初からそのように行動するわけではない。生まれて間もない赤ちゃんは社会的価値や望ましさとは関係なく，眠くなったら寝て，排泄したくなったら排泄するのであって，「手がかからなくていい子」という評価を得るために睡眠リズムを調整したり，周囲の都合に配慮して排泄を我慢したりはしない。大人のようにある場面における望ましい行動の選択や目標設定ができるのは，多くの経験や学習の過程を経て，社会化された結果なのである。

　それでは，人が特定の目標を設定してそれに向けて意図的に行動するように

なるのは,発達の過程のいつ頃からなのだろうか。また,目標に方向づけられた行動の動機づけメカニズムの起源はどこにあり,それがどのように変容し精緻化されていくのだろうか。本章では,動機づけメカニズムがどのように発達し変容していくのかについてみていく。

2節　動機づけの起源

　Piaget によると,人の発達は自ら環境に働きかけようとする自発的性質によって始動するという（Piaget & Inhelder, 1966）。新生児であっても知覚刺激の情報処理や,行動と出来事の随伴性の学習をすることができ（DeCasper & Carstens, 1981）,その積み重ねが発達に大きく寄与することは間違いがない。ではそのような,新生児の学習へ向かおうとする行動傾向は生得的なものなのだろうか。人が知りたい,できるようになりたい,目標を達成したいと思い行動するのは,外的な条件の影響を受けなくても生じる内発的な性質なのだろうか。

　人の動機づけメカニズムの起源については,生得的なもの,経験によって獲得されるもの,その両方が関わって機能し始めるとするものと,様々な理論的立場から説明が試みられている。まず,人は生得的に知識やスキルを獲得しようとする性質を持った状態で生まれてくると考える立場がある。たとえば,人が環境に効果的に働きかける能力をコンピテンスとして概念化した White（1959, 1963）は,人はコンピテンスを獲得するよう動機づけられる性質を持っており,それは"根源的で生物学的な素質"であると述べている。新生児を対象にした実験を多く行っている DeCasper & Carstens（1981）も,生まれた当初にみられる学習は報酬を得ようとして生じるのではなく,新生児が生得的に持つ習熟を求める性質によるものであると示唆している。報酬を得ることを意図して行動するような強化のメカニズムが機能し始めるのは,その後だと考えられているのである。

　一方,行動主義の立場の研究者は,人が環境に働きかけようとするのは後天的な学習によるものであると捉えている。たとえば Watson（1972）は,乳児はまず自分の行為と何らかの反応が随伴することに気づくという経験をし,そ

の随伴性の経験が強化子となり，環境に対してより効果的に働きかけようと行動するようになるとしている。つまり，環境から強化子を与えられることで動機づけメカニズムが動き始めると考えるのである。ただしその前提として，行動と出来事の随伴性への興味や環境からの反応を強化子として見なすという性質は，生まれながらに持っている必要がある（Skinner, 1953）。

　また，環境に働きかけようとする何らかの生得的な傾向を認めつつも，環境における経験の影響を受けて動機づけメカニズムとして完成するという捉え方もある。たとえば Hunt（1965）によると，人はホメオスタシスの原理によって生理的・心理的に感じる「不適合（incongruity）」を解消しようとする性質を生得的に持って生まれてくる。不適合解消のためには，内的な状態と環境などの外的条件を関連させて情報処理する必要があり，そのことが環境を知りうまく対処しようとする学習や習熟への動機づけにつながると考えているのである。また進化心理学の「新成熟論」では，ヒトは環境における課題に対応するための制約的システム（モジュール）を生得的に持って生まれ，生後に置かれた環境での学習が効率的にできるよう方向づける役割をするといわれている（小島, 2013）。

　このように人は生後間もなくから，環境の中で効果的で有能な存在であろうとする内発的な動機づけによる行動を示す。そのような行動の内発性については研究者の理論的立場によって"生得的（innate）"という意味と"内在化された（internalized）"という意味の用い方がされており（Messer, 1993），出生時にどの程度の完成度の動機づけメカニズムを持っているのかについては見解が分かれるところである。しかし，いずれの理論的立場であっても，人は生後間もない時期から自ら効果的で有能であることを求めるような行動を示すということは共通した認識となっている。

3節　イフェクタンスとマスタリー

1. イフェクタンス動機づけ

　大人の行動の多くが社会的に動機づけられているのに比べて，新生児が示す行動の多くは，反射もしくはホメオスタシスの原理に基づくものである。ただ

し，生理的欲求が十分に満たされている乳児が目に入る対象をじっと見つめたり同じ行動を何度も繰り返したりする様子は，生命維持のためや直接的な報酬を得るための行動とはいえず，動因理論や二次的強化子の獲得メカニズムでは十分説明できない。White（1959）は，人は探索行動や遊び，好奇心を満たそうとしたり熟達を求めるなど，環境の中で有能であることを求めて行動する場合があると指摘した。White によると，人が環境と効果的に相互作用する能力は「コンピテンス（competence）」と呼ばれ，人は生得的に環境に効果的に関わりたいという要求（need for competence）を持っているとされている。特にそのコンピテンスへの要求を満たすための行動に対する動機づけのことを「イフェクタンス動機づけ（effectance motivation）」と呼ぶ。人はイフェクタンス動機づけによって，周囲の環境と関わることで知識や技能を獲得しようとし，その働きかけがうまくいくと効力感や楽しさを感じるのである。

　イフェクタンス動機づけは，刺激に対する飢え，活動することへの欲求，知識の獲得，環境のコントロールの各欲求を満たすことを目的とした動機づけであるが，特定の目標達成を志向しているものではなく，環境に主体的に働きかけ変化をもたらすことができたという漠然とした効果を求めるものである（White, 1959）。乳児はイフェクタンスの感覚を求めて環境の探索を行い，知識や技能を向上させることでコンピテンスを高めていく。このように人が知りたい，できるようになりたい，目標を達成したいと思って行う行動の起源はイフェクタンスを求める性質にあると考えていいだろう。

2. マスタリー・モチベーション

　White の提唱する「イフェクタンス動機づけ」では，特定の目標達成を目指した行動は想定されていなかった。実際に観察される乳児の行動も，当初は明確な到達目標を持たない漠然とした環境への働きかけとして現れるが，次第に効力感を求めて特定の課題の習熟に向かうという行動が観察されるようになってくる。Harter（1975）はイフェクタンス動機づけ概念をより発展させ，「挑戦的な課題を解決すること」に方向づけられ「解決策を見つけることによる満足」を求めるような動機づけを「マスタリー・モチベーション」と呼んだ。た

とえば,「知りたい」(探索),「自分が変化を起こしたい」(影響),「目標に到達したい」(統制) といった意図がみえる行為や行動はマスタリー・モチベーションによって引き起こされていると考えられる (Jennings, 1993)。

マスタリー・モチベーションは，好奇心に支えられ，今はまだできないことへ挑戦しようとし，自分なりの成功基準を持って，自分自身の満足のために行動するという特徴を持つ (Harter, 1981)。当初は特定の目標に方向づけられていなかったイフェクタンス動機づけは，徐々に習熟や達成といった特定の目標を目指すマスタリー・モチベーションに発達的に変化する。

3. マスタリー・モチベーションの質的変化

乳児期から幼児期にかけての認知・身体機能の発達に伴って，マスタリー・モチベーションは質的に変化していく。それは，各発達段階で子どもが求めるコンピテンスの質が変化していくからであり (Jennings, 1993)，目指す習熟の内容やマスタリー行動の特徴としてとらえることができる。

生後数か月までの赤ちゃんの行動の特徴は，環境の中の"新規性"への好みとして現れる。生後の最初の数か月の間は身体的能力の制約もあるため，環境との関わりは目に入る対象を見つめる，口に触れるものをなめる程度の偶発的行為に限定され，意図的に環境に働きかける様子は観察されない。しかし，次第に環境における新規な現象や変化に反応するようになり，行為に意図がみえるようになってくる。このような新規性への興味は，マスタリー行動の前兆である (Heckhausen, 1993)。

生後2か月以降には，自分の行動による"環境への影響"に関心が向くようになる。赤ちゃんは自分の行為と環境の変化との随伴性を理解し，特に対象物と関わるような"探索行動"をするようになる。たとえば対象物を叩く，振る，打つなどの行為を繰り返し，自分の行為と対象物との関係性を見つけると喜ぶ。しかし，このような探索行動はまだ特定の目標を設定した行動ではなく，漠然とした影響力の行使を確認するものである。また，環境への影響が自分の行為による直接的なものなのか，他の要因 (e.g., 養育者のサポートなど) を経由した間接的なものなのかについては，まだ認識することはできない。

生後9か月から1歳近くになってくると,マスタリー行動は"環境の統制"に興味が移ってくる。生後9か月頃には乳児は起こった出来事とそれを引き起こした原因を切り離して捉えることができるようになる。それによって手段－目的関係を理解し始め,行為そのものを目的としたコンサマトリーなものから,手段としての行為を意図的に行えるようになる。ただし,その行為は目の前の1つの単純な目標に向けた過程指向的なものであり,行為を重ねることが最終的にどのような成果に結びつくのかという視点はまだ持てない。1歳を過ぎるとマスタリー行動は自分で特定の環境の変化を起こすという目標に向かった,より課題指向的なものになっていく（Messer, 1993）。

 タドラー期になると,マスタリー行動の特徴は"結果の獲得"を目指したものになる。1歳半頃には,子どもは自分の活動が最終的に目指すものとしての"目標"を設定できるようになる。目標到達の最終地点は活動の完了を意味するようになり,興味がなくなるまでエンドレスに行為を繰り返すということはなくなる。活動が最終地点に到達したと判断することができるのは,当初想定していた結果（目標）と実際の自分の行為の結果とを比較し判断できるようになるからである（Stipek et al., 1992）。目標に到達したと判断できるということは,事前に持っている基準に基づいて結果の評価ができるようになったということである。さらに2歳に近づくと,基準との比較によって結果を判断することで,「課題に成功した」または「失敗した」という認識を持つようになる。またこの段階に達すると,基準に基づいて自分の行動をモニターし行動を統制することが徐々にできるようになっていく。

 3歳頃のマスタリー行動は"難しさや挑戦"を求めるものになってくる。この時期の子どもは単に自分の行為によって基準に達したかどうかだけではなく,課題の難しさや求められるスキルについての認識も持つようになる。課題について「簡単／難しい」と言及するようになったり（Bird & Thompson, 1986）,簡単すぎたり難しすぎる課題よりも,適度に難しい課題に取り組むときに高いモチベーションを示す（Schneider et al., 1989）。また,難しい課題ができたときのほうが簡単な課題ができたときよりも誇らしい表情をみせ,逆に簡単な課題ができなかったときは難しい課題ができなかったときよりも恥ずかしそうな表情をみせる（Lewis et al., 1992）。さらに,自分と他の子どもの振る舞いを比

べることができるようになり，たとえば他の子どもより課題が早くできたら喜ぶなどの様子をみせる（Heckhausen, 1982）。このように子どもの動機づけは，単純なイフェクタンスの感覚を求めるものから，「何がどのようにできたのか」という行為や結果の質を求めるものに徐々に変化していく。

以上のようなマスタリー・モチベーションの変化は子どもの認知的・身体的発達に伴って生じるものと考えられる（表6-1）。認知的・身体的能力が未熟な段階では，自分がその環境に何らかの影響を与えたというだけで効力感を得ら

▼表6-1　マスタリー・モチベーションの質的変化

月齢・年齢	マスタリー行動の特徴	コンピテンスの質	認知発達要因	自己概念の発達・自己評価	
出生〜	新規性への興味	環境を知る			
生後2か月頃〜	環境への影響	環境に変化を起こす	行為と結果の随伴性		
生後9か月頃〜	環境の統制	意図した結果を得る	原因と結果の区別　手段－目的関係の理解	主体性（I）の感覚	到達目標の設定
生後18か月頃〜	結果の獲得	外部基準の目標到達	長期的目標の保持　複数の手順を経た複雑な課題への取り組み　期待した結果と実際の結果の比較　成功と失敗の認識	評価対象としての自己（me）への気づき	外的達成基準の理解・マスタリー目標の内在化
3歳頃〜	難しいことへの挑戦	難しいこと・挑戦的な課題の成功	能力と課題の難しさの区別　自己と他者の結果を比較	成果による自己評価	
7歳頃〜	達成を目指す	高いレベルでの成功や達成	能力・努力・課題要因の区別　社会的比較への関心	他者との比較による自己評価	
10歳頃〜	高い評価を得る	能力（知能）への良い評価を得る	努力と能力の関係のとらえ方の変化　努力と成果から能力を推測		

れていたが，できることが増えていくにつれて求めるコンピテンスの質が変化していき，より高度なスキルや知識を駆使することで到達できるような複雑で難しい課題への取り組みに動機づけられるようになると考えられる．

4. マスタリー行動の変容の背景

Morgan et al.（1991）は，マスタリー・モチベーションの発達の指標として，目標指向的行動の変化をあげている．その1つ目の契機は生後9か月頃にみられる"探索行動"の質的変化である．それまでのマスタリー行動における"探索"は，特定の目標達成を目指したものではなく，単に自分の行為によって環境に何らかの変化を起こすことを期待するものであった．たとえば，6か月の乳児は，びっくり箱のような自分の行為と結果が随伴するような課題を好む（Barrett et al., 1993）．ところが，生後12か月になると単純な課題への興味は減少し，型はめパズルのような何らかの課題解決が求められるような手段−結果課題を好むようになる．この間の生後9か月頃から，特定の目標への到達を目指して課題に取り組むという目標指向的行動がみられるようになるのである（Barrett & Morgan, 1995）．さらに1歳半頃になると長期的目標を保持し，複数の手順を経て解決に到達するような課題にも取り組むことができるようになる．このような目標指向的行動の発達的変化に伴って，見通しを持って行動を計画し，複雑な達成課題に取り組むことが可能になっていく．

もう1つの契機は1歳台後半頃にみられる，外的基準の導入である．それ以前は目標指向的行動をするようになっても，その到達基準は自分の好みによって設定されていた．しかし，課題に成功したときの周囲からのフィードバックを手がかりに，徐々に客観的な達成基準というものを理解し始める（Barrett et al., 1993）．この行動や達成の客観的基準という視点を獲得することによって，自己評価ができるようになっていくのである．

Harter（1981）もマスタリー・モチベーションの発達において，目標に向かう行動の出現と自己評価機能の獲得という2つのシステムの出現の重要性を指摘している．子どものマスタリー行動に対して，社会化のエージェントである養育者が何らかのフィードバックをする際，結果に対してだけではなく，習熟

しようとする取り組み（mastery attempt）に対しても褒めなどの強化子を与えることによって，子どもはその行為に価値を見出していく。その結果，マスタリー行動に対して報酬を与える「自己報酬システム」が内在化され，他者に頼らなくても自分で自分を認めることができるようになるのである。また，社会化のエージェント（養育者）の示す報酬を与える基準を「マスタリー目標」として内在化することで，自ら目標設定ができるようになる。このように「自己報酬システム」と「マスタリー目標」の獲得により，他者からの統制に頼らなくても，自らの意思で特定の目標に向かって努力を継続するといった自己制御行動が可能になっていくのである（Heckhausen, 1993）。

4節　自己概念，能力，努力概念の発達

1. 自己概念と自己評価

　MorganやHarterが指摘したように，マスタリー行動の変容に影響を与える重要な契機の1つとして，自己評価ができるようになることがあげられる。

　子どもが自己評価できるようになるには，前提条件として自己意識の発達が必要である。まず，自分を行為者（I）として捉え，自分の行為と結果の随伴性が認識できるようにならなければならない。さらに，遂行や成果への評価を自己と結びつけるために，対象としての自己（me）の認識ができていなければならない。主体（I）として，また客体（me）としての自己概念は，生後9か月から24か月の間に徐々に獲得されていく（Lewis & Brooks-Gunn, 1979）。行為の主体として，また評価される対象としての自己が認識できるようになって初めて，結果の成否を自己と結びつけて捉える自己評価ができるようになるのである（Jennings, 1993）。

　しかし自己評価の前提は整っても，幼児期の子どもは，これから取り組む課題に対して楽観的な見通しを持ち，能力的に難しい課題にも高い自己効力感を示す（Schunk, 1995）。このように，幼児のコンピテンスの自己評価と実際のパフォーマンスの実態との間にはズレがある。これは子どもの認知的能力が未熟なためであり，課題達成に必要な条件（e.g., 能力など）を理解していなかったり，自分に対応できそうな側面にだけ注目して課題の成否を予測したりするた

め，自分の能力や成果を正確に評価できないのである。

　自己評価がより実態に近い正確なものになるには，いくつかの段階を踏む必要がある。まず自分の能力と課題の難しさの条件を分けて捉え，さらに成功／失敗といった結果の原因をどちらかの要因に帰属することができるようにならなければならない。3歳以降になって初めて子どもは，得られた結果に対する能力（個人要因）と課題の難しさ（環境要因）の影響を分けて捉え始める。たとえば，「今の私の能力では簡単な課題はできるけど，難しい課題はまだできない」と考えることができるようになる（Heckhausen, 1982）。

　4〜5歳になると，他者との社会的比較情報を自分の遂行の評価に用いることができるようになる。ただし，それは「お友だちよりかけっこが速かった」などのわかりやすいパフォーマンスレベルの比較に限定される。また，社会的比較情報を積極的に自己評価のために用いるわけではない（Bulter, 1998）。しかし7歳頃になると，他者との社会的比較への関心がより強くなり，自己評価に与える影響も大きくなる（Ruble et al., 1980）。社会的比較情報をもとに，目に見える結果の比較だけではなく，目に見えない"能力の大きさ"や"知能の高さ"についての推測もできるようになり，それをもとに自己評価をするようになる（Dweck, 2002）。

　このように課題に取り組み様々な経験を積むことで，状況判断や自己のコンピテンスをより正確に捉えることができるようになり，自己評価や将来に対する予測がより客観的で正確になっていく。また，結果の自己評価ができるようになるにしたがって，より課題の成果や達成を意識することが多くなっていく。こうして幼児期後期頃からは徐々に，習熟を求めるマスタリー・モチベーションから高いレベルでの到達を求める達成動機づけが分化して発達していく。

2. 能力，努力概念の発達

　幼児期は課題の成否を自己の能力に結びつけて考えたとしても，それが無力感や動機づけの低下などに結びつくことはなく，失敗してもがんばれば次はできると楽観的に捉える傾向がある。幼児期の子どもが失敗によるネガティブな影響をあまり受けず，将来の見通しに対して楽観的であるのは，失敗や成功の

要因の性質を可変的であるととらえているからである。特に幼児期は課題成功の要因としての努力と能力概念が未分化であり，努力は能力（知能）の一部だと捉えている（Dweck, 2002）。つまり，能力が高い人はたくさん努力する人だと思っており（Nicholls, 1978），自分も努力すれば能力が高まり成功すると信じているのである。

しかし7歳頃になると，能力を安定的な特性であると理解し始める。まずは，時間がたっても個人の様々な特性（e.g., 性別など）は継続すると認識するようになる。個人の能力についても同様に捉え，現在の能力を将来的な遂行・行動を予測する情報として用い始める（Rholes & Ruble, 1984）。この変化を引き起こす要因として，「できなかったことができるようになった」という個人内の基準による能力判断から外的な「できる／できない」という基準によって能力を判断するようになること，結果に対する能力の影響と努力や課題の難しさなどの他の要因の影響を切り離して考え始めること，自分の興味や願望を基準に成否の判断をする傾向が減ることなどがあげられる（Dweck, 2002）。

10歳頃になると，結果に影響する要因として，努力と能力を明確に分けて捉え，さらにその2つの概念の関係性は反比例するものとして位置づけるようになる。すなわち，能力の高い人は少ない努力で課題に成功し，多くの努力をして成功した場合はその分能力が低いのだと考えるようになる。また，能力を変化しにくい性質だと捉えるようになり，努力によって能力が増大するという考え方をしなくなっていく（Dweck & Leggett, 1988）。このようなことから，努力に価値を置かなくなり，苦手なことや一度失敗したことに対しては，積極的な努力や挑戦を回避するようになるのである。

3. 失敗への無力感反応の変化

前述のように，幼児期はたとえ失敗したとしてもそれがその後の動機づけにダメージを与えることは少なく，次の機会にはきっと成功するだろうと楽観的に捉えている。しかし自己評価がより正確になり，能力概念が成熟していくにしたがって，失敗への脆弱性が強まっていく。

失敗経験が動機づけにネガティブな影響を与えるようになるまでの変化を

追っていくと，まず2歳頃に自分が関わった課題の成否について理解できるようになる段階がある。自分が思い描いた目標に到達したかどうかの判断ができるようになると，目標に到達すれば微笑んだり誇らしい表情を見せ（Stipek et al., 1992），課題がうまくできなかったときにはフラストレーションを示したり助けを求めたりする。しかしこの段階では，失敗しても恥などの自己に関連した否定的感情は示さない（Heckhausen, 1988）。失敗に対するネガティブな反応が出てくるのは3，4歳頃になってからであり，課題の成否の認知からかなり遅れて出現する。失敗したかどうかの判断ができるのであれば，それがネガティブな自己評価につながってもおかしくないが，子どもが幼い頃は養育者や保育者はできなかったことよりもできたことに焦点を当ててフィードバックをし，失敗しても非難せずに手助けするなどの対応をするため，失敗に対するネガティブな自己認識の出現が遅くなるのだと考えられる（Heckhausen, 1993）。

失敗経験が感情反応だけではなく，動機づけにネガティブな影響を与え始めるのは，7歳以降だといわれている（Nicholls, 1978；Wigfield & Eccles, 2000）。小学校に入学後しばらくすると，子どもたちは能力をより安定的な個人特性と捉えるようになる。能力の自己評価はより正確になり，コンピテンスの自己認知が課題の成功期待に影響を与えるようになる。10歳以降になると，個人の能力の"容量"は一定であり努力によって変化しないと考えるようになる。課題の成果によって能力を推量するようになり，課題に失敗することは能力が低いことを意味すると受け取るようになる。このように，能力は決まった容量しかないという概念形成と，努力によって能力は変化しないという能力観の変化は，失敗経験の捉え方を否定的なものにする。そして失敗をネガティブに捉えることで，失敗する可能性のある苦手なことに対する挑戦を避けたり，失敗した課題に対しては達成を目指した努力をしようとはしなくなるのである（Dweck, 2002）。

以上のように，10歳以上の子どもは，大人と同じような固定的な能力観を持ち，失敗後は無力感反応を示すが，それ以前の能力観が未熟なうちは能力を可変的であると捉えているため，今できないことも将来的にはできるようになると考え，失敗経験によるダメージを受けにくいのだと説明されている。

しかし，Dweckらは，幼い子どもでも失敗後に無力感になることがある

を明らかにした（Heyman et al., 1992；Kamins & Dweck, 1999）。ただし幼児では失敗経験と能力の自己評価の結びつきがhelpless反応を引き起こすのではなく，失敗とパーソナリティを結びつける思考が影響を与えていると考えられている。前述のように，幼児は能力が固定的で変化しないとは捉えていないため，失敗と能力を結びつけてもダメージを受けない。一方で幼児期は行動の結果に対して，"いい子／悪い子"というフィードバックを受けることが多く，失敗と"悪い子"というパーソナリティを結びつけて考えるようになる場合がある。幼児にとっては"悪い子"という判定は，年長の子どもや大人にとっての"能力が低い"という判定と同じようなインパクトを持つと考えられ，失敗後に無力感を示したり，挑戦をしなくなったりすると説明されている（Burhans & Dweck, 1995）。

小学校に入学後は，課題の成否と知的能力が結びつくようなフィードバックにさらされるようになるため，徐々に失敗が意味することが"悪い子"から"能力が低い"に変化していくと考えられる。

5節　達成目標

課題の成否が能力や人格と関連づけて捉えられるようになると，優れた基準で達成し高い評価を得ることが重視されるようになる。課題に取り組む際に目指すものは，従来マスタリー・モチベーションとして求めてきたような個人内の能力の向上とは別に，能力や人格への高い評価の獲得が目標となることもある。個人が達成場面で持つ関心やなぜ達成したいのかという理由は，個人の持つ暗黙の目標として表象される。達成目標理論ではそれを「達成目標」（1章参照）と呼んでいる（Burhans & Dweck, 1995）。達成目標のタイプはそれぞれの研究者によって呼び方は異なるものの，大きくは，能力を伸ばすことを目指す「マスタリー目標」と，能力への高い評価を得ることを目指す「パフォーマンス目標」の2つの方向性があると考えられている（Nicholls, 1984；Dweck & Leggett, 1988；Ames & Archer, 1988）。

小学校低学年までは，マスタリー目標が優勢で，次第にパフォーマンス目標の比重が大きくなってくるといわれている（Anderman et al., 2002）。その変

化に影響を与える要因として，能力観の発達的変化と学校での経験が指摘されている。

　Nicholls（1990）は，能力と努力の関係の捉え方と達成目標との関連を分析した。それによると7歳以前の子どもは課題関与目標（マスタリー目標に相当）と自我関与目標（パフォーマンス目標に相当）の概念的区別はついているが，能力と努力の概念は未分化であるため，能力についての考え方が特定の達成目標とは結びついていない。10歳以降になって努力と能力概念が区別されるようになり，さらにはその2つは逆の働きをするものとして捉えるようになると，自分の能力が優れていることを示そうとする自我関与目標を持つようになるのである。

　また，Dweck（Dweck & Elliott, 1983）は個人の達成目標を規定する要因として，個人が暗黙のうちに持つ知能観が関わっているとしている。人は知能について，変化しにくい固定的な性質だと捉えている「知能の固定理論」を持つ人と，学習や努力によって変化する可能性のある柔軟な性質だと捉えている「知能の増大理論」を持つ人がいる。知能の固定理論を持つ人は達成場面でパフォーマンス目標を志向し，課題に成功している間は高い動機づけを示すが，課題への失敗は能力のなさを判定されることを意味するため，それ以上の努力や挑戦をしないという無力感反応を示す。一方，知能の増大理論を持つ人は，達成場面では学習目標（マスタリー目標に相当）を志向し，たとえ失敗を経験した後も動機づけを低下させることなく努力や挑戦を継続する（Dweck & Leggett, 1988）。

　発達的にみると，小学校高学年から中学生になるとこの知能観と達成目標や失敗への無力感反応との関連がみられることが示されている（Henderson & Dweck, 1990）。それ以前の幼児や小学校低学年の子どもたちも，失敗に対する無力感反応を示すことがあるが（Cain & Dweck, 1995），それは知能観や達成目標と結びついたものではない。年齢の低い子どもたちは基本的にマスタリー目標的であり，能力（知能）も可変的であると捉えている。変化をみせるのは9〜10歳頃であり，知能についての概念が成熟し知能は変化しないという固定理論を持つようになると，現有の知能に対してできるだけ良い評価を得ようとするパフォーマンス目標を示し始めるのである（Burhans & Dweck,

1995)。

　達成目標の発達的変化には，個人内の発達要因の他に，学校という社会的文脈の影響も大きいといわれている。Meece & Miller (2002) は，小学校3～5年生の間の達成目標の安定性を検証し，1年程度の期間では個人内の達成目標の特徴は比較的一貫しているが，発達的傾向としては学年が上がるにつれてマスタリー目標志向は低下することを示した。また Midgley (2002) は，小学校では中学校に比べて教師がマスタリー目標を強調すること，子ども自身も中学生のほうが小学生よりも学校でパフォーマンス目標が強調されていると認識していることを明らかにした。実際に中学生になると，個人の達成目標もパフォーマンス目標がより強くなるのである。このようなことから，教室や学校風土は子どもが個人的にどのような達成目標を持つようになるのかに大きな影響を与えており，子どもたちのパフォーマンス目標が年齢とともに強くなるのは，学校で強調される目標構造の影響だと考えられるのである。

　また，それぞれの達成目標をさらに接近と回避に分け4分類とした，改訂達成目標理論も提唱されている（Elliot & MacGregor, 2001）。発達的観点からの研究としては，小学校3年生になると4分類の達成目標の違いを認識できるようではあるが，パフォーマンス目標の接近志向性と回避志向性の相関はかなり高く，大人と同じように区別できているわけではないことが示されている（Bong, 2009）。

6節　興味と課題価値の発達

1. 興味の発達

　人が課題に取り組む理由は，達成の場で何を求めるのかという達成目標以外に，その課題をやってみたいか，おもしろいと思えるか，など"興味"という観点も重要な要素であろう（7章参照）。そもそも新生児期のマスタリー・モチベーションのあり方は，目新しい出来事に興味を持つところから始まっている。年齢が上がり，行動が社会的に動機づけられるようになっても，個々人が持つ興味・関心は行動を引き起こす重要な要因としてあり続ける。

　発達段階ごとに特徴をみていくと，まず乳児期の興味は特定の課題や領域に

特化しているのではなく，新規なもの全般に向けられている。生後4か月以降のある程度の注意の維持ができるようになった乳児を観察すると，新規な刺激に注意（興味）を向け，一定の情報が得られると興味を失うといった様子をみることができる（Bornstein & Sigman, 1986）。その後比較的早い時期から，興味を向ける対象の個人差が現れるようになり（Todt, 1990），3歳頃になるとジェンダーアイデンティティに影響を受けたジェンダーステレオタイプな興味を示すようになる（Ruble & Martin, 1998）。学齢期になると社会的関係や自己の能力認知に関連させて興味対象を捉えるようになり，活動への興味や職業興味なども社会的所属集団や能力認知との一貫性を示し始める（Cook et al., 1996）。13歳以降になると，自己の内面的特性と関連した課題や領域に興味を示すようになる（Weisgram et al., 2010）。

　以上のように，どの領域にどの程度の興味を持つかという個人差は，個人特性（個人的興味）と与えられた領域における活動（状況的興味）の両方に関連すると考えられている（Schiefele, 2009）。個人的興味は特定領域への比較的安定的な価値判断傾向であり，状況的興味は特定の活動によって生じる感情の状態である（Hidi, 2001）。ある活動の成功経験やある領域が得意であるという自己概念は，その活動や領域への興味を高めることが明らかになっている（Marsh et al., 2005）。一方で学校場面においては，学年が上がるにつれてどの教科においても興味は徐々に低下していくことがわかっているが，それは幼児期に比べて周囲からのサポートが得られなくなったり，教室で強調される価値が個人的興味と合致しないなど，活動に取り組む際の状況が興味を抑制しているためだと考えられている（Wigfield & Cambria, 2010）。

　このような興味の発達について Hidi は年齢とは関係なく個人内で生じる4段階の変容モデルを提唱している（Hidi & Renninger, 2006；7章参照）。このモデルにおける最初の興味の段階は「状況的興味の喚起」であり，興味は特定の課題や活動状況に刺激されて出現する。次の段階は「状況的興味の維持」であり，関わり始めた課題に継続して関与する段階である。さらに3つ目に「個人的興味の発現」が生じ，個人的に興味を生み出し活動を続けようとする段階となる。最後に「個人的興味の十分な発達」の段階に達し，課題や感情，価値，目標，信念などが強固に結びつき，活動を活発に行い，自己効力が高まり，課

題への関与も効果的に自己制御できるようになるとされている。状況興味から個人的興味へは必ず移行するとは限らないが，状況興味を持たせるような働きかけは，課題に目を向けさせその内容を理解する機会を提供し，その課題に取り組もうとする動機づけを促進するといわれている（Renninger & Su, 2012）。

2. 課題の価値の発達

　これまでみてきた，"目標"や"興味"は，個人が達成課題に対して持つ「価値」を反映している。Atkinson（1957）が提唱した期待−価値理論においては，"誘因価値"が動機づけメカニズムにおける重要な構成要素であると位置づけられている。Wigfield & Eccles（1992）はその期待−価値理論をさらに発展させ，個人が課題に対して持つ"主観的価値"に注目した（序章参照）。一般に「価値」は課題に取り組む理由に関する認知や心理的反応であると考えられる。たとえば Higgins（2007）は「価値」を「商品や活動や個人の相対的な重要性であり，また対象や活動に引き付けられる心理的経験」と定義しており，行動を引き起こす動機づけ特性を持つものとして捉えている。つまり，より重要であると認識された領域や課題・目標は，それを獲得したい到達したいと思わせ，人を行動に駆り立てる力を持ち，活動の選択や持続性に影響を与えるのである（Eccles, 2005）。

　その領域・課題・目標の重要性をどのように捉えるかは社会化をされる過程で発達的に獲得されていくと考えられる。乳幼児期の活動の経験やその成果に対するフィードバックは，その活動や結果の価値を内在化させる。周囲から注目されたりポジティブな反応を得られたという経験は，その活動や出来事を価値があるものと見なすことにつながり，また個人的な興味や達成によって得られた満足感も，その活動や出来事を価値あるものとして捉える経験となる（Wigfield & Cambria, 2010）。

　Eccles et al.（1983）は，課題に対する主観的価値として「達成価値」「興味価値」「利用価値」「コスト」の4つを想定している。このうち幼児期の子どもが捉える課題の価値は主に「興味価値」であり，"おもしろい"と思える活動が重要であり，自分が得意なことや上手にできることはおもしろくて価値がある

と捉えている。小学校低学年になると，自分が得意なことと自分にとって重要なことを区別して認識し始める。子どもたちは課題の「興味価値」と「利用価値」を区別し，"おもしろい"もしくは"役に立つ"から価値があると捉えるようになる。5年生以降になると価値の捉え方は「興味価値」「利用価値」に加えて「達成価値」が認識されるようになる（Eccles et al., 1993）。

また，年齢が高くなるほど主観的価値を見出す対象は分化していき，学業全般に対する重要性の認識は低下するが，どの領域（教科）を重視するかには個人差が出てくる。学校では活動従事やその成果に対する評価が強調されるが，個人的にとても重要だと捉えている課題に対して評価やコンピテンスが低いと，自尊感情は低くなり動機づけも低下する。一方で，重視している領域で有能感が持てると自尊感情も動機づけも高くなる（Harter, 2006；Eccles, 2005）。つまり，低い評価が予想されるような苦手な活動を重要視しないことは，自尊感情の低下を防ぐための戦略的対処であると考えられる（Wigfield et al., 1998）。このような課題に対する個人的な重要性の認識とその課題に関するコンピテンスの認知とのバランスが，自尊感情や動機づけに影響を与えると考えられるのである。

7節　養育態度の影響

ここまでみてきたように，動機づけへの発達に影響を与える要因は個人内の成熟だけではなく，他者からの働きかけや，社会・文化的要因も大きく関わっている。特に乳幼児期から子どもの社会化に最も影響を与えるのは，養育者の子どもへの関わり方であろう。養育態度と子どもの動機づけの関連について検証する研究は多いが，理論的にもその関係性の説明が試みられている。

まず，子どもの動機づけの発達に影響を与える養育者の関わりを考える上で重要な理論として，Bowlby（1969）の提唱した愛着理論があげられる。Bowlbyは愛着の機能について，生存のために必要な資源を提供するだけではなく，特定の他者との心理的絆を形成することが重要であることを示した。学習や動機づけの観点からみると，愛着が形成された特定の他者の存在は心理的安全基地として表象され，新しい経験をする際の安全確保と不安の低減を提供する。乳

児は愛着対象を拠り所にして様々な探索行動に従事することができ，それによって環境を知り新しいスキルを獲得する機会を得てコンピテンスの感覚を高め，さらなる探索行動や習熟を求めるようなマスタリー・モチベーションが促進されると考えられる（Belsky et al., 1984）。

しかしながら，愛着の質がマスタリー・モチベーションと直接的な関連があるわけではないという指摘もある。Maslin-Cole et al.（1993）は，安定的な愛着よりも子どもがマスタリー行動をする際の親による手助けのほうが，その後のマスタリー・モチベーションやコンピテンスとの関連を示すことを明らかにした。親が子どもに適切なサポートができるということは，子どもの要求に対して敏感であると考えられ，そのような親の対応は安定的愛着の形成にも子どものコンピテンスの促進にもポジティブな影響を与えていると考えられるのである。

Deci & Ryan（1985）の提唱する自己決定理論（Self-determination Theory：SDT）でも，人の初期の動機づけは養育者との関係性に影響を受けると考えている。SDTによると乳児が環境に働きかけようとする行動傾向は，「自律性」「有能感」「関係性」という人の持つ基本的な3つの欲求を基盤としている（2章参照）。養育者はこれらの欲求を満足させるような関わりを通して，動機づけの発達を導いていく。なかでも乳幼児期における養育者との「関係性」は，その後の動機づけの発達に重要な影響を与えるとされている。養育者が子どもに関心を持ち愛情を持って関わることで，子どもの「関係性の欲求」が満たされ，自分には価値があり能力があると感じることができる。それは子どもの「自律性」と「有能感」を促進し，自発的に行動できるように導くことになるのである（Ryan & Deci, 2017）。

しかし，どのような形でも養育者は子どもに関与すればいいというわけではない。Grolick et al.（1997）は養育者の関り方として特に重要なのは，子どもの行動をコントロールしようとするのではなく，子どもの自律性を支援しようとする関わり方であると指摘している。たとえば，1歳頃の養育者の"自律性サポート"の働きかけは，2歳前後の子どものワーキングメモリや衝動のコントロールなどとポジティブな関連が（Bernier et al., 2010），また小学校や高校でも適応や学業成績とポジティブな関連があることが示されている（Bindman et al., 2015)。このように乳幼児期の養育者の子どもへの温かい関わりは，子どもの動機づけの発達の第一歩として重要であり，加えて"自律性サポート"と達成に向けた"構造"を提供することが，動機づけの促進や様々な課題におけるより良い成果につながるのである（Pomerantz et al., 2012）。

8節　まとめ

　本章では，私たちが目標に向かって動機づけられる行動の起源と発達的変化について概観してきた。人は生まれた直後から自分の置かれた環境について知ろうとし，その環境の中でうまく行動できるようになりたいという習熟への欲求を示す。そのような習熟へ向けた動機づけは，やがて明確な目標達成に向かうようになり，社会的な枠組みの中で目標を設定し達成行動をするようになる。こういった発達的変化は，個人内の成熟だけではなく，養育者との関係や成功体験などの個別の経験，また学校制度や所属集団の持つ価値観などの社会・文化的要因の影響を受けて生じるものである。

　これまでの研究では，動機づけの発達的変化が生じるのはほぼ青年期前期までであり，それ以降は成人として，同じ動機づけメカニズムで説明ができると考えられてきた。このため，本章では青年期以降の動機づけについては言及しなかったが，近年では青年期・成人期・老年期を対象とした各発達段階に特有の活動に関する動機づけ研究も増えている（Heckhausen et al., 2019；Hennecke & Freund, 2017）。今後それらの知見を集積することで，生涯発達的な視点から動機づけの発達的変化を明らかにすることが可能になるのではないかと期待される。

7章
感情・ストレス 研究アプローチ

　動機づけの理論は,「認知論的アプローチ」と「感情論的アプローチ」,「欲求論的アプローチ」の3つに大別される（鹿毛, 2004, 2013）。古典的な心理学研究においては感情論的アプローチが優勢であったが, 1970年代に認知論的アプローチが台頭すると, 現在に至るまで, 認知論的アプローチが主流となってきた（感情と動機づけの関係や研究史については, 大芦, 2018; Reeve, 2018; 上淵, 2008などを参照されたい）。こうした流れの中, 近年では感情の役割が再評価され, 感情に中心的な意味づけを持たせた研究が蓄積されてきている。

　本章では, 感情に関する理論として, 実証研究も多く蓄積されている「統制－価値理論」, 内発的動機づけや知的好奇心などと類似した概念でありつつも, 独自の理論的・実証的研究が展開されてきた「興味」, 学業場面におけるストレッサーによって生じるネガティブな感情反応とコーピング, 動機づけ（エンゲージメント）の関係を統合し理論化した「動機づけレジリエンス」に焦点を当てる。また, これらに先立ち, 本章では感情の定義と機能について簡潔に説明する（感情の定義をめぐる議論とこれまでの感情の理論については, 遠藤, 2013やShiota & Kalat, 2017の展望を参照されたい）。

1節　感情とは

1. 感情の定義と種類

　試験の成績が悪くて落ち込んだり, 友達にバカにされて怒ったり, 授業中に

▼ 表 7-1　気分と情動の各特徴による比較
(上淵, 2008 を一部改変)

	mood（気分）	emotion（情動）
興奮の強度	弱い	強い
持続時間	長い	短い
特定の行為傾向	なし	あり

先生に叱られて恥ずかしくなったり，私たちは日常生活の中で様々な感情を経験している。しかし，研究対象としての「感情」を定義することは難しく，感情研究者にとっても「感情を定義することは難しい」ということがもはや定説となりつつある（e.g., 鹿毛, 2013；Shiota & Kalat, 2017）。

日本語の「感情」は，emotion（情動）や feeling（情感），mood（気分），affect（アフェクト），emotional attitude（情動的態度）などを含む極めて広義の言葉として用いられる（遠藤, 2013）。このうち，ある感情を生じさせるような明らかな出来事が先行してあり，始まりと終わりがはっきりしていて，何らかの生理的・身体的反応を伴うような強い感情は emotion と呼ばれる。たとえば，mood と比較すると，emotion は興奮の強度の強さ，持続時間の短さ，そして特定の行為傾向を伴うことが特徴とされる（表 7-1；上淵, 2008）。また，emotion や mood に伴って経験される，「楽しい気持ち」「不安な気持ち」「なんとなく嫌な感じ」といった主観的な情動経験は，feeling と呼ばれる。

感情研究において，emotion の定義として幅広く認知されているのは，以下の 3 つについてである（Shiota & Kalat, 2017）。

①私たちにとって有益なものである
②何らかの出来事に対する反応として生じる
③認知的評価，主観的な情動経験，生理的変化，行動の 4 つの側面から構成される

たとえば，もし大学で授業を受けている最中に緊急地震速報が鳴ったら，その出来事への反応として「恐れ」が喚起され，私たちはとっさに身構え，思わず

心臓がドキドキし,「怖い」と感じ,身の安全を確保するために適切な行動をとろうとするだろう。ある出来事に対する反応として特定のemotionが生じることは,遭遇した出来事に対する適切な行為傾向へと私たちを動機づけるのである (e.g., Frijda, 1988)。

一方で,本章で取り上げる動機づけ研究の文脈,とりわけ学業場面における動機づけを扱った研究においては,emotionの語が用いられながらも,その意味としては,moodやfeelingを指す場合もある。つまり,感情に関する広義の言葉としてemotionが用いられてきた。また,emotionに対応する日本語訳についても,「情動」が用いられる場合と,広義の「感情」が用いられる場合の両方がある。そこで本章では,先行研究においてemotionや「情動」が用いられている場合でも,日本語としては最も広義の「感情」に統一して記すことにする。

2. 感情の機能と動機づけ

喜び (joy),悲しみ (sadness),怒り (anger),恐れ (fear),嫌悪 (disgust) など,生まれつき発生の準備ができていて,生後間もない頃から生起し,国や文化や言語にかかわらず,普遍的に経験・理解されるような感情は,基本感情 (basic emotion) と呼ばれる。基本感情がいくつ存在するかについては研究者によって意見が分かれるが,少なくともいくつかの感情は,普遍的・生得的な基本感情であると考えられている。一方で,生まれて間もない頃にはみられないが,子どもが自分と他者を区別できるようになり,自己についての意識が形成され始めることで経験するようになる感情もある。たとえば,てれ (embarrassment) や,罪悪感 (guilt),恥 (shame),誇り (pride),妬み (envy),感謝 (gratitude) など,自己意識の芽生えとともに経験されるようになる感情は,自己意識的感情 (self-conscious emotion) と呼ばれる。感情研究の中でも機能主義的な立場に立つ研究者たちは,喜びや恐れ,怒りといった個別の感情には固有の動機づけ機能があり,感情が備わっていることによって私たちの学習が促進され,適応が促されることを強調してきた (e.g., Campos et al., 1994; 遠藤, 1996; Frijda, 1988; Izard, 2002; Malatesta & Wilson, 1988)。

動機づけ研究においても，感情は，人をある反応や行動へと動機づける要因の1つとして位置づけられている（上淵，2008）。ただし，学業場面での動機づけプロセスにおける感情の効果について検討した実証研究では，不安や苛立ちといったネガティブな感情反応は，機能主義的立場から想定されるような肯定的な効果（「テストが不安なので，悪い結果を避けるために計画的に学習に取り組む」など）よりも，感情反応による否定的な効果（「テストが不安なので，その気持ちを紛らわすために学習以外の活動に取り組む」など）のほうが優勢になる場合が多いようである。特に，学業場面における強いネガティブ感情は，学習を阻害する場合がある。たとえば上淵（2004b）は，小学生を対象とした質問紙調査によって，テスト不安が高いほど，自尊心の防衛をはかるためにセルフ・ハンディキャッピングなどのコーピングが促進されるのに対し，プランニングやモニタリングなどのコーピング（自己調整学習方略）は抑制されることを実証的に示している。このように，学業場面において強いネガティブ感情が経験される場合，児童・生徒たちは，知識とスキルを広げるための認知的方略などを使用して学習を効果的に進めるよりも，生起した感情反応を低減させ，自らのウェルビーイングを高めることのほうに関心が向きがちである（Boekaerts, 2011）。つまり，問題に対処することをあきらめて，自分の気持ちを立て直すことに注力しやすくなってしまうようである。

　また，学業場面での自己制御プロセスにおいては，学業場面で生じる感情の質や，自分の感情をうまく調整する能力が重要視されてきた（e.g., Baumeister et al., 2007）。実際，学習の過程において生じた感情反応に対する適切なコーピング（e.g., Skinner et al., 2013）や感情制御（e.g., Boekaerts, 2007）が行われることで，学習への取り組みが動機づけられる側面があることが示唆されている。このように，学習の過程で生じた感情反応が何らかの形で調整されることによる効果は，感情そのものによる動機づけ機能と同様に，動機づけのプロセスにおいて重要な意味を持つと考えられる。本章では，感情自体の動機づけ機能に焦点を当てた研究として「統制－価値理論」と「興味」を，感情の調整に焦点を当てた研究として「動機づけレジリエンス」を紹介する。

2節　統制－価値理論

1. 達成関連感情

　Pekrunらは，受験勉強などの達成活動と，その達成結果（受験の合否など）と関連する代表的な感情を達成関連感情（achievement emotions）と呼び，整理している[注1]（Pekrun et al., 2007；Pekrun & Perry, 2014）。達成関連感情は，誘意性（快－不快）と活性化（活性化－不活性化），焦点（活動－結果）の3次元によって整理されている（表7-2）。たとえば授業に退屈した場合，それは活動に焦点が当たった不快感情であり，あくびをしたり，時には眠りに落ちたりするなど，行動は不活性化される。

▼ 表7-2　達成関連感情の分類 (Pekrun, Muis et al., 2017)

焦点	快		不快	
	活性化	不活性化	活性化	不活性化
活動	楽しさ	リラックス	怒り フラストレーション	退屈
結果／将来	希望 予期的喜び	予期的安心	不安	絶望
結果／回顧	喜び 誇り 感謝	満足 安心	恥 怒り	悲しみ 落胆

　達成関連感情を測定するための尺度としては，AEQ（Achievement Emotions Questionnaire；Pekrun et al., 2011）と，AEQの児童版であるAEQ-ES（AEQ-Elementary School；Lichtenfeld et al., 2012）がある。AEQは3つの場面（授業・学習・試験場面）で経験する達成関連感情を測定するものであり，本邦においては，試験場面におけるAEQの日本語版が作成されている（池田，2015）。

【注1】Pekrun et al.（2002）では，学習や授業などの学業場面で経験する感情が，学業関連感情（academic emotions）として整理されている。そこには，共感や嫉妬・妬み，同情・愛などの社会関連感情も含まれている。

2. 統制－価値理論

達成関連感情が学習動機づけや学習方略などに与える影響について説明するための理論として，統制－価値理論（control-value theory）が提案されている（Pekrun, 2006）。この理論では，達成関連感情は評価（appraisal）によって規定されると考え，評価は課題価値の認知と統制感によって構成される（図7-1）。課題価値（task value）の認知とは，自分が取り組む課題やその達成に対して，主観的な魅力や望ましさ，有用性などの価値をどの程度認識しているかに関する側面である。課題価値には，達成価値と内発的価値，利用価値，コストなど，いくつかの側面があると考えられているが（Eccles & Wigfield, 2002；序章，6章参照），統制－価値理論に基づいた研究では，課題価値という1次元の概念で扱われることも多い。

また統制感（perceived control）は，現在進行中の活動および将来の結果に対する期待と，過去の結果に対する原因帰属に大別される。まず期待（expectancy）とは，主観的な成功の見込みのことである。たとえば志望校に合格する

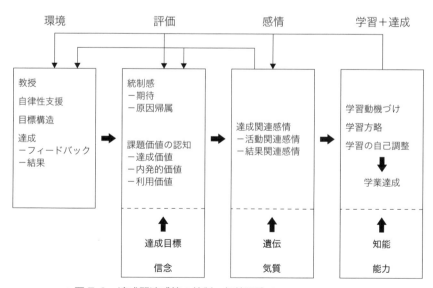

▲ 図 7-1　達成関連感情の統制－価値理論 (Pekrun, 2006 を一部改変)

という結果（価値のポジティブな結果）に対して，合格する自信がある（期待が高い）場合は予期的喜びや希望を感じるのに対し，自信がない（期待が低い）場合には絶望を感じる。また原因帰属（causal attribution）とは，成功や失敗の原因について推論・判断することである。たとえば志望校に合格できなかったという結果（価値のネガティブな結果）について，自分自身の能力や努力に原因帰属をすると恥，採点方法に問題があると考えるなど，他者に帰属すると怒りを感じる。このように，進行中の活動と将来の結果に対する評価（期待）や過去の結果に対する評価（原因帰属），および課題価値の認知によって感情は決定される。このような特徴から，統制－価値理論は，期待－価値理論（e.g., 宮本・奈須，1995；Wigfield & Eccles, 2000）と原因帰属理論（e.g., 宮本・奈須，1995；Weiner, 1985）を感情理論として統合したモデルといわれている（Pekrun, 2006）。

統制－価値理論では，評価と達成関連感情の関係だけでなく，自律性支援や目標構造などの環境要因が評価に与える影響や，達成関連感情が学習方略などの学業活動や成績などの学業達成に与える影響，さらには，学業達成が環境や評価，達成関連感情に影響を及ぼすというサイクルが考えられている。また，達成関連感情は評価を媒介した影響だけでなく，気質や遺伝といった個人差要因によっても規定されることが想定されている。

3. 統制－価値理論に関する実証研究

統制－価値理論に関する実証研究について，たとえば，期待および課題価値の認知はポジティブ感情（楽しさ，希望，誇り）と正の関連，ネガティブ感情（怒り，不安，恥，絶望，退屈）とは負の関連を持つことが示されている（Frenzel et al., 2007a；Goetz et al., 2006；Lichtenfeld et al., 2012；Pekrun et al., 2011）。また，期待と課題価値の交互作用効果についても検討が行われている（Goetz et al., 2010；Putwain, Pekrun et al., 2018）。たとえばGoetz et al. (2010) は，経験サンプリング法を利用し，期待が高いほどポジティブ感情（楽しさ，誇り，満足）が高くなるという傾向は，課題価値の認知が高い場合に顕著になることを示している。

経験サンプリング法（experience sampling method；Csikszentmihalyi & Larson, 1987；Hektner et al., 2007）とは，日常生活を送っている協力者に，数日間にわたって1日数回，定刻もしくは無作為な時刻に質問項目への回答を求めるという調査手法である（尾崎ら，2015）。Goetz et al.（2010）は，大学生を対象に1日6回の測定を1週間にわたって行った。質問紙に回答する時刻は無作為であったが，9～22時までの間に実施され，測定間の時間差が最小でも1時間となるように設定された。つまり，理論上，1日の測定間の最大時間差は9時間であった。

また，環境要因と達成関連感情の直接の関連についても検討が行われている（Frenzel et al., 2007b, 2009, 2018；Goetz et al., 2006；Mainhard et al., 2018；Pekrun, Cusack et al., 2014；Westphal et al., 2018）。たとえばGoetz et al.（2006）では，教師の熱意や精緻化された教授，教師からの正の強化がポジティブ感情（楽しさ，誇り）と正の関連，ネガティブ感情（不安，怒り，退屈）と負の関連を持つことが示されている。ただし，Goetz et al.（2006）では，学習環境そのものの効果ではなく，生徒による学習環境の知覚の効果についてのみ検討が行われている。これに対してFrenzel et al.（2009）は，71学級において，7年生時と8年生時の2時点で調査を行い，マルチレベルSEMを用いて，学習環境に対する生徒の知覚の効果と，環境そのものの効果について検討している。分析の結果，教師に熱意があると知覚している生徒ほど授業を楽しいと感じる傾向にあり（生徒の知覚の効果），熱意のある教師に教わっている学級の生徒たちほど楽しいと感じていることが示された（環境の効果）。またFrenzel et al.（2018）は，教師と児童・生徒の相互関係についても実証している。調査は，5～10年生（69学級）の児童・生徒とその教師を対象に3時点で行われた。マルチレベルSEMを用いて分析した結果，教師に熱意があると知覚している学級の児童・生徒ほど授業を楽しむようになり，児童・生徒たちが熱心に授業に参加していると知覚した教師ほど，より楽しんで授業をするようになるなど，相互に影響を及ぼし合っていることが示された。

さらに，達成関連感情が学習動機づけや学習方略，学業成績と関連することを示した研究も多くみられる（Lichtenfeld et al., 2012；Pekrun et al., 2009, 2011；Pekrun, Hall et al., 2014；Pekrun, Lichtenfeld et al., 2017；Putwain,

Becker et al., 2018；Reindl et al., 2018)。たとえば Pekrun, Lichtenfeld et al. (2017) は，5〜9年生までの5年間にわたる縦断調査で得られたデータを用いて，達成関連感情と学業成績（テスト得点と6段階評定による年度末の成績）の相互関係について検討している。分析の結果，知能指数や家庭の社会経済的地位を統制しても，ポジティブ感情（楽しさ，誇り）は学業成績に対して正の効果を持ち，学業成績もこれらの感情に対して正の効果を持つことが示された。また，ネガティブ感情（怒り，不安，恥，退屈，絶望）は学業成績に対して負の効果，学業成績もこれらの感情に負の効果を持つことが示された。

4. 達成目標と達成関連感情

達成関連感情を規定する要因として，達成目標（1章参照）は特に重要と考えられている（Huang, 2011；Linnenbrink-Garcia & Barger, 2014）。Pekrun et al.（2006, 2009）は，マスタリー目標は活動関連感情と関連し，パフォーマンス接近目標とパフォーマンス回避目標は結果関連感情と関連するという理論モデルを提案している（図 7-2）。つまり，マスタリー目標の高い学習者というのは，能力の獲得や自己成長することを目標にしているため，課題自体に注意が向けられている。また，期待の高い学習者ほどマスタリー目標を持つ傾向にあるため（Elliot & Church, 1997），マスタリー目標は活動に関連するポジティブ感情と正の関連，活動に関連するネガティブ感情とは負の関連を持つと考えられて

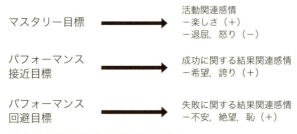

▲図 7-2　達成目標と達成関連感情に関する理論モデル
(Pekrun et al., 2009)

いる。一方でパフォーマンス目標の高い学習者は，他者よりも良い成績を収めることや失敗の回避を目標にするなど，結果に注意が向けられているため，結果に関連した感情が喚起されやすい。より具体的には，パフォーマンス接近目標の高い学習者は，期待が高いために結果に関連するポジティブ感情が喚起されやすく，パフォーマンス回避目標の高い学習者は，期待が高くないために結果に関連するネガティブ感情が喚起されやすいと考えられている。

達成目標と達成関連感情の関連について検討した研究では，理論モデルをおおむね支持する知見が得られている（Goetz et al., 2016 ; Linnenbrink & Pintrich, 2002 ; Pekrun, Cusack et al., 2014 ; Pekrun et al., 2006, 2009）。また，達成目標と達成関連感情の関連に対する，期待と課題価値の認知による媒介効果についても検証が行われている（Hall et al., 2016）。なお，達成目標と達成関連感情の関連を検討した研究の多くは，マスタリー回避目標を除いた3目標を扱っており（Linnenbrink-Garcia & Barger, 2014），マスタリー回避目標を扱った研究では，マスタリー回避目標は不安や怒りなどのネガティブ感情と正の関連を持つことが示されている（Putwain & Symes, 2012 ; Shih, 2008）。

5. 個人間相関と個人内相関の問題

達成関連感情に関する知見はかなりの蓄積があるものの，先行研究のほとんどが個人間相関に基づいて行われたものであることには留意する必要がある。言い換えれば，先行研究の多くは，「強いポジティブ感情を経験した人ほど，（そうでない人と比較して）効果的な学習方略を使用するか」といった問題を扱ってきた。これは，「ポジティブ（あるいはネガティブ）感情を経験しやすい・しにくい人」といった，特性感情に着目してきたということもできる。一方で，感情は個々人の中で状況に応じて変化するものであるにもかかわらず，「（ある個人の中で）ポジティブ感情を強く経験したときに，（その人はそのときに）効果的な学習方略を使用するか」という，個人内相関に基づいた研究はほとんど行われてこなかった。これは，感情の（個人内での）変化による影響，すなわち状態感情の影響に着目した研究が少ないということである（個人間相関と個人内相関については，Murayama et al., 2017 や吉田，2018 の著書を参

照されたい）。

　個人内相関に基づいた研究も少なからず行われているものの（e.g., Goetz et al., 2016；Suzuki & Akasaka, 2018；Tanaka & Murayama, 2014），いまだ少数であり，個人間相関と個人内相関の差異には注意する必要がある。また，個人内相関に着目する場合には，個人内での共変関係の個人間差に着目することも重要である。たとえば Tanaka & Murayama（2014）は大学生を対象に，毎回の講義終わりに，課題に対する認知（期待と利用価値の認知，困難度の認知）と興味，退屈さの測定を行い（計 12 回），これらの関係について，個人内相関に基づいて分析を行った。その結果，個人内での共変関係には個人間差があり，その個人間差は達成目標によって説明できることが示された。たとえば，講義内容に対する利用価値の認知が低いときに退屈に感じやすいという傾向は，マスタリー接近目標の低い学生ほど顕著であった。このように，個人内相関に基づいた研究と，個人内相関を調整する要因（個人内での共変関係の個人間差を説明する要因）に関する研究の蓄積は，今後の課題といえるだろう。

3節　興　味

　興味（interest；6 章参照）に対しては，19 世紀末にはすでに，Ebbinghaus, H.（ヘルマン・エビングハウス）や James, W.（ウィリアム・ジェームズ）などの心理学者たちが関心を示している（Ebbinghaus, 1885/1913；James, 1899）。興味は学習を促進し，努力を駆り立てるものと考えられてきた（Hidi, 2006）。実際に，学習方略の使用や学業成績，知識獲得などに対する興味の効果は実証的にも明らかにされ（Ainley et al., 2002；Harackiewicz et al., 2008；Hidi & Ainley, 2008；Lee et al., 2014；Rotgans & Schmidt, 2011, 2018），教育心理学研究においては，興味を高めること自体が重要な目標とされてきた（Hulleman & Harackiewicz, 2009；Hulleman et al., 2010；田中，2013）。しかし，興味に関する系統的な研究が行われるようになったのはここ 30～40 年ほどのことであり，その概念については感情と捉える立場もあれば，認知的なものとする立場もあるなど，様々な議論が重ねられている（Alexander & Grossnickle, 2016；Hidi, 2006；Krapp, 2002；Krapp & Prenzel, 2011；O'Keefe &

Harackiewicz, 2017；Renninger & Hidi, 2011, 2016；Schiefele, 1991, 2009；Silvia, 2001, 2006, 2008；田中・市川, 2017)。このような状況において現在, 最も影響力のある理論の1つが, 4段階からなる「興味の発達モデル（four-phase model of interest development)」(Hidi & Renninger, 2006) である。

1. 状況的興味と個人的興味

　興味の発達モデルでは, まず, 状況的興味と個人的興味の分類が重要になる。状況的興味（situational interest）とは, 環境要因によって喚起される感情反応や焦点化された注意である。たとえば, 冬季オリンピックの開催期間中に, カーリングに関する知識のほとんどない人が病院の待合室でカーリングの特集を組んだ雑誌を手に取ったり, テレビ中継に目を向けたりしたとき, 状況によって興味が喚起されたといえる。

　個人的興味（individual interest）は状況的興味がより発達したものであり, 特定の内容に繰り返し取り組もうとする, 比較的永続性のある傾向性である。たとえば雑誌やテレビでカーリングのルールや見どころを知り, 自発的に試合を見て興奮したり, 戦略について理解を深めたりするようになり, オリンピック終了後もカーリング観戦に行くようになれば, 個人的興味に発達したといえる。また個人的興味を持つことで, 興味は環境要因に依存しにくくなる。たとえば地球物理学に興味のある生徒は, 仮に授業そのものが生徒を引きつけるようなものではなかったとしても, 授業の中で津波の話題が出てきたら興味を持った状態になりやすい（Harackiewicz et al., 2016）。このように, 興味という心理的状態が喚起された瞬間のみを問題とするのであれば, 興味は感情といえるが (Hidi, 2006), 興味が喚起されたことで内容に取り組んだ結果, 知識を獲得したり, 価値を認識したりするようになると, 感情と認知の双方が興味の重要な構成要素となる。

2. 興味の発達モデル

　心理的状態から傾向性への発達を4段階に分け, モデル化したものが興味の

発達モデルである（表7-3；6章参照）。興味の発達モデルでは，興味の発達に伴って感情や知識，価値の程度が変化すると考える。また，各段階の前段階において，本人や他者によって維持されたり，支えられたりすることで興味は発達していくと仮定され，いずれの段階においても，本人の努力や他者からの支援がなくなることで興味は退行したり，失われたりしてしまう可能性がある。

最初の段階である「状況的興味の喚起（triggered situational interest）」では，興味は感情や認知プロセスの短期的な変化によって生じる心理的状態であり，必ずではないとしても，興味はもっぱら環境要因によって喚起される。この段階の感情反応はポジティブであるとは限らず，ネガティブである可能性もある。たとえば津波のニュースを見て，怖いと思いながらも興味が喚起され，注意が焦点化されるということはありうる。また，持続的に取り組むようにな

▼表 7-3 興味の発達の4段階 (Renninger & Hidi, 2016 より作成)

	第1段階：状況的興味の喚起	第2段階：状況的興味の維持
定義	特定の内容に関する感情的，認知的プロセスの短期的な変化によって生じた心理的状態	特定の内容に対して繰り返し注意を向けたり，持続したりすることを含んだ心理的状態
特徴	・つかの間だとしても，内容に関心が向いている ・経験したことに意識を向けない可能性もある ・内容に取り組むためには，他者からの支援やインストラクショナル・デザインを通した支援が必要である可能性 ・感情反応はネガティブである可能性もある ・困難に直面した場合は堪えられない可能性 ・何をすべきか指示されることを望む可能性	・注意が喚起された内容に再び取り組む ・内容に関する知識を深めている ・内容に対する価値の認知を深めている ・他者からの支援によって，自分のスキルや知識，先行経験と内容を結びつけることができる ・ポジティブ感情を持つ傾向 ・困難に直面した場合は堪えられない可能性 ・何をすべきか指示されることを望む可能性
	第3段階：個人的興味の発現	第4段階：個人的興味の十分な発達
定義	心理的状態に加え，特定の内容に繰り返し取り組もうとする比較的永続性のある傾向性の芽生え	心理的状態に加え，比較的永続的な，特定の内容に繰り返し取り組む傾向性
特徴	・自発的に繰り返し内容に取り組む傾向 ・知識と価値を蓄積している ・内容について熟考している ・自分自身の問いに注意が向いている ・ポジティブ感情を持っている ・困難に直面した場合は堪えられない可能性 ・フィードバックを求めない可能性	・自発的に繰り返し内容に取り組む ・知識と価値を蓄積している ・内容について熟考している ・自己調整して問いを再構成し，答えを探究している ・ポジティブ感情を持っている ・目標を達成するために，フラストレーションや困難に堪えることができる ・フィードバックを積極的に求める可能性

る可能性もあれば，そうはならない可能性もある。喚起された興味が持続され，自分自身の知識やスキルと興味を持った内容を結び続けることで，2つ目の段階である「状況的興味の維持（maintained situational interest）」に移行する。この段階では，ポジティブ感情が経験されやすく，知識を増やしたり，価値の認知を深めたりするようになる。ただし，興味の維持やさらなる発達のためには，グループワークや1対1の個別指導など，環境要因が重要になる。

　自発的に繰り返し取り組んだり，知識を深めるための情報を求めたりするようになると，3つ目の段階である「個人的興味の発現（emerging individual interest）」に達したといえる。この段階では，その他の物事よりも，興味のある対象について理解を深めたり，関与したりすることを優先するようになる。また，自分の持っている知識をもとに新たな問いを生み出すなど，興味は自己生成的になり始める。たとえば天気に関する基本的な知識をもとに，「雲がないときに稲妻は発生するか」といった疑問を自ら持ち，自発的に答えを探索するようになる（Järvelä & Renninger, 2014）。ただし，自分自身の問いがもっぱらの関心であり，たとえスキルの向上や理解を深めるために必要だとしても，他者との比較や，他者からの意見を好まないなど，フィードバックには関心を向けない可能性がある（Renninger, 2009）。そして，最後の「個人的興味の十分な発達（well-developed interest）」の段階になると，自分自身の問いに直接関係しないことであっても注意を向けるようになり，フィードバックも求めるようになる。

3. 類似概念との関係

　しばしば興味と同じ意味で使われる概念として，内発的動機づけ，フロー，エンゲージメント，知的好奇心がある。興味と同様，これらの概念も定義が様々であるため，どの立場に立脚するかによって興味との関係も異なってくる。このことに留意しつつ，本章では主に，興味の発達モデルを提案したHidiやRenningerの立場に基づいて，これらの概念の関係について整理する。

　なお，統制－価値理論における達成関連感情の中に興味は含まれていない。これは，統制－価値理論では，興味は達成関連感情と学業達成を媒介する動機

づけ変数として位置づけられているためである（Ainley & Hidi, 2014）。たとえば，楽しさを経験することで興味が高まる一方で，不安のような失敗に関連した感情を経験することで興味は損なわれてしまう可能性がある（Pekrun et al., 2007）。ただし，統制－価値理論を提案した Pekrun 自身が，境界があいまいであることを認めており（Pekrun, 2005），興味の発達モデルをふまえた概念整理が必要とされている。

(1) 内発的動機づけとフロー

　内発的動機づけ（2章）とフローについては，前著においても解説されていることから，本章ではこれらに関する説明は最小限にとどめる。内発的動機づけについては長沼（2004）や Ryan & Deci（2017），フローについては Csikszentmihalyi（1990, 1997）や今村・浅川（2003）の著書，展望などを参照されたい。

　内発的動機づけは，活動そのものが目的となっている動機づけであり，興味はその源泉と考えられている（長沼，2004）。つまり，興味は内発的動機づけを引き起こし，維持するものである（O'Keefe et al., 2017）。また，興味が特定の内容に対する心理的状態や傾向性であるのに対して，内発的動機づけはプロセスのみに言及している概念であり，内容は問題としていない（O'Keefe et al., 2017）。

　次に，フロー（flow）は，自己没入感覚を伴う楽しい経験である。フロー理論は，内発的に動機づけられた状態であるフロー経験とその生起条件を説明するための「現象学的モデル」，フローを通してより複雑な能力や技能を持つ者へと成長していく過程を理論化した「人間発達のモデル」の2つの側面から成り立つ（浅川，2012）。Renninger & Hidi（2016）は，フローを興味が発達したときの心理的状態の1つと考え，フローよりも広い心理的状態を含む概念として興味を位置づけている。

　なお，フロー理論は内発的に動機づけられた活動を研究対象としてきたものの，浅川（2012）は，フロー理論は人の主観的な経験に焦点を当てた動機づけのモデルという点で，内発的動機づけに関する他の理論とは異なる系譜をたどれると説明している。

(2) エンゲージメント

エンゲージメント（engagement）は多次元的な概念であり，行動的（behavioral），感情的（emotional），認知的（cognitive）エンゲージメントの3つに分類されることが多い（Fredricks et al., 2004；Jimerson et al., 2003；Skinner et al., 2009；序章参照）。また，これら3つに行為主体的（agentic）エンゲージメントを加える立場もある（Reeve, 2013；Reeve & Lee, 2014；Reeve & Tseng, 2011）。行動的エンゲージメントは努力したり集中したりして学習に取り組んでいるか，感情的エンゲージメントは不安などのネガティブ感情がなく，興味などのポジティブ感情を持って学習に取り組んでいるか，認知的エンゲージメントは精緻化方略を用いるなど，深い理解を目指して学習に取り組んでいるか，行為主体的エンゲージメントは質問をしたり，自分の好みや興味を持っていることを伝えたりするなど，学習環境に積極的に関与しながら学習活動に取り組んでいるかに関する側面である。エンゲージメントは，もともと学業不振やドロップアウトなどの問題を改善する上で注目されてきた概念であり（Fredricks et al., 2004），エンゲージメントの高さと学業達成の間に関連があることは，いくつかの研究によって報告されている（Kwon et al., 2018；Putwain, Symes et al., 2018；Reeve, 2013；Reeve & Tseng, 2011）。

興味とエンゲージメントの関係について，上記の定義に基づいた場合には，興味は感情的エンゲージメントに分類される概念といえる。しかし，エンゲージメントの分類方法によっては，認知的エンゲージメントに興味が含まれることもある（Ainley, 2012）。これらに対して Renninger & Hidi（2016）は，たとえば良い成績をとることを目的に戦略的かつ粘り強く学習をしているなど，興味がなくても学習に没頭したり，熱心に取り組んだりすることはあるため，両者は互いに異なる概念であるとしている。また，「小説の続きを読みたいけれど，明日は数学のテストがあるので今日は小説を読まずに数学の勉強をする」といったように他に競合する動機づけがある場合を除けば，興味が発達している場合に興味のあることに取り組まないという状態は考えにくいことから，興味はエンゲージメントを維持するための活力の重要な源と考えられている（Ainley, 2012）。

(3) 知的好奇心

　知的好奇心は，興味との関係について特に議論が重ねられてきた（Alexander & Grossnickle, 2016；Grossnickle, 2016；Jirout & Klahr, 2012；Murayama et al., 2019）。これらの概念をそれぞれ定義づけ，互いに区別することが難しい理由の1つは，知的好奇心も興味も日常生活の中で使われてきた素朴な概念（folk concept）であるためである（Murayama et al., 2019）。それでも，これらの概念を区別しようとする試みは多くされている。

　知的好奇心（curiosity）[注2]は，知識を得たいという欲求のことであり，一般に欲求論的アプローチの中に位置づけられる（鹿毛，2013）。Berlyne（1966）は，拡散的探索と特殊的探索という2つの探索行動を区別した上で，特殊的探索を動機づけるものが知的好奇心であると整理している。拡散的探索（diversive exploration）とは，適度な新奇性や変化を提供する刺激を求める探索行動であり，特殊的探索（specific exploration）とは，矛盾や情報の欠如によって生起する探索行動である。また Loewenstein（1994）は，それまでの知的好奇心研究を統合し，自分の知りたいことと自分の知識との間のギャップが意識され，そのギャップを埋めることができるという期待があるときに知的好奇心が生じるという理論を提案している。

　このように，知的好奇心は知識にギャップがあるときにのみ生じることから，興味のほうがより広い概念と考えられている（Markey & Loewenstein, 2014）。また，知的好奇心が満たされることは心地よいものの，知的好奇心そのものは，自身の知識不足という欠乏のために生起することから嫌悪状態にあるといえる（Markey & Loewenstein, 2014）。一方で，興味に対する感情反応は，いつもではないとしても，しばしばポジティブなものである。さらに Renninger & Hidi（2016）は，知的好奇心は知識のギャップが埋まるまでしか持続しないのに対し，興味にはそのような制限がなく，しばしば発達に応じて持続することから，持続性という観点でも両者は異なるものと捉えている。

【注2】curiosity は「好奇心」と訳されることもある（西川・雨宮，2015など）。波多野（1976）は，「好奇心」では未知の体験を求める傾向を指すように思われることから，「知的」を付け加え，「知的好奇心」としている。

4. 発達モデルの課題

　他の動機づけや感情に関する構成概念と比較して，興味に特徴的なのは発達という観点である。また，興味に関する実証研究では，状況的興味の喚起に関わる要因（Høgheim & Reber, 2015；Sadoski, 2001；Schraw et al., 1995；Tanaka & Murayama, 2014；Tapola et al., 2013）や，個人的興味の発達に影響を与える要因（Frenzel et al., 2010；Harackiewicz et al., 2008；Rotgans & Schmidt, 2017a, 2017b）などについて検討が行われてきた。それらの研究では，たとえば，理解のしやすいテキストや鮮明なテキストが状況的興味を喚起することや，価値の認知や知識が個人的興味の高さと関連することなどが示されている。

　しかしながら，興味の発達モデルでは，たとえば「状況的興味の維持」から「個人的興味の発現」への移行などの段階間での移行が，いつ・どのようにして生じるのかについては十分に理論化されていない（Rotgans & Schmidt, 2017a）。すなわち，「次の段階への移行は徐々に起こるものなのか，それとも突如として生起するものなのか」「移行に要する時間は1週間程度なのか，あるいは1か月や1年以上かかるのか」など，次の段階への移行のメカニズムについては不明な点が多い。また，ある時点での状況的興味と個人的興味の関連など，段階の異なる興味間の関連について検討した研究はあるものの（Del Favero et al., 2007；Harackiewicz et al., 2008；Linnenbrink-Garcia et al., 2010, 2013），これらは興味の発達（変化）そのものについて分析したものではなく，課題が残されている（Rotgans & Schmidt, 2017a）。言い換えれば，達成関連感情と同様，興味に関する先行研究の多くでも，個人間相関に基づいた分析が行われてきた。しかし，興味の発達は個人内で生じるものであることから，「知識が（個々人の中で）蓄積されていくにつれて，（その個人の）興味は発達していくか」といった，個人内相関に基づいた分析が行われる必要がある。さらに，個人的興味の発達に関する研究と比較して，状況的興味の発達について検討した研究は少なく，検討していたとしても，研究方法に問題があることが指摘されている（Fastrich & Murayama, 2020）。たとえば，状況的興味として測定された「興味」は，実際には状況的興味と個人的興味の双方を反映したものになっ

てしまっていることや，正確な発達的軌跡を捉えるのに十分な回数の測定が行われていないなどの問題がある。

　このように，興味の発達に関するエビデンスはいまだ十分ではない。また，フローや知的好奇心などの類似する構成概念との関係について，HidiやRenninger自身も認めているように，概念整理もけっして十分ではない（Renninger & Hidi, 2016）。この問題に関して，たとえばMurayama et al. (2019) は，「興味は学習を促進する」「知的好奇心は知識のギャップによって生じる」といったように，興味や知的好奇心を実体があるかのように捉えるのではなく，「情報探究行動の結果として新たな知識が獲得され，知識の獲得によって新奇な情報の価値が高まり，また，拡張された知識をもとに新たな問いが生成されることで，さらなる情報探究行動が動機づけられる」といった，正のフィードバック・ループに特徴づけられた知識獲得プロセスの枠組みの中で，興味や知的好奇心の研究はされるべきであるという，プロセス志向型アプローチを提案している。こうした試みの有用性については今後の実証研究を待つよりほかなく，興味研究のさらなる発展が期待される。

4節　ストレス・コーピングと動機づけ

1. 動機づけレジリエンス

　学業場面においては，学習内容が理解できない，宿題が終わらない，テストの点数が悪いなどのストレスフルな出来事を経験することがある（Skinner et al., 2013）。そのため，学習の過程では，ストレスフルな出来事によって生じるネガティブ感情をうまく制御したり，ストレス反応を軽減したりすることも必要になる。しかし，学業場面における感情制御（emotion regulation）やコーピングに関する研究は，自己調整学習（self-regulated learning）に関する研究領域で行われてきたものの，研究の蓄積は多くない（Boekaerts, 2011；上淵, 2004a）。

　こうした中でSkinner et al. (2013) は，学業場面におけるストレス・コーピングについて，包括的なモデルを提案している（図7-3）。このモデルでは，学業場面で遭遇した問題や障害への感情反応（emotional reactivity）に対する

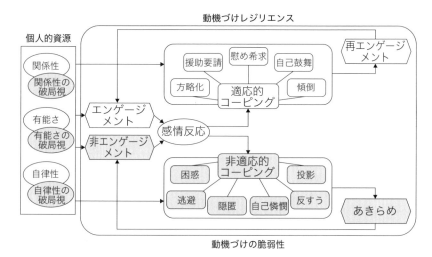

▲ 図 7-3　学業領域におけるコーピングとエンゲージメント，感情反応の関係
(Skinner et al., 2013)

コーピング次第で，エンゲージメントが促進されたり阻害されたりすることが仮定されている。なお，ここで感情反応と呼ばれているものは，ストレスフルな出来事に対するネガティブな反応（「問題にてこずると，ひどく悩んでしまう」など）であり，不安や怒りといった個別感情や，ポジティブな反応は想定されていない。

Skinner et al.（2013）のモデルでは，動機づけレジリエンスと動機づけの脆弱性という，大きく2つのサイクルが仮定されている。まず動機づけレジリエンス（motivational resilience）とは，個人的資源（関係性，有能さ，自律性）の知覚によってエンゲージメントが高まり，課題に取り組んだ結果として生じた感情反応に対して適応的なコーピング（方略化，援助要請，慰め希求，自己鼓舞，傾倒）が適用されることで，課題への再エンゲージメント（re-engagement）が促進されるというサイクルである。一方で動機づけの脆弱性（motivational vulnerability）とは，個人的資源の破局視によってエンゲージメントが損なわれ（非エンゲージメント），その結果生じた感情反応に対して非適応的なコーピング（困惑，逃避，隠匿，自己憐憫，反すう，投影）が適用されることで，課題をあきらめることにつながってしまうというサイクルである。

2. 動機づけレジリエンスに関する実証研究

　Skinner et al. (2013) は，3〜6年生の児童を対象に秋学期と春学期の2時点で調査を行い，動機づけレジリエンスにおける要因同士の関連について検討している。この研究では第一に，コーピングについて，5つの適応的コーピング同士，6つの非適応的コーピング同士にはそれぞれ正の相関がある一方で，適応的コーピングと非適応的コーピングは互いに負の相関または無相関であることが示された。つまり，互いに区別可能なコーピングであることが示されている。第二に，モデルで想定されているとおり，関係性，有能さ，自律性についての児童の知覚は，学習へのエンゲージメント，再エンゲージメント，適応的コーピングとそれぞれ正の関連，感情反応の強さ，非適応的コーピングと負の関連を持つことが示された。一方で，関係性，有能さ，自律性についての児童の破局視は，感情反応の強さおよび非適応的なコーピングと正の関連，適応的コーピングと負の関連を持つことが示されている。すなわち，関係性が良好であると児童自身が感じていたり，有能感や自律性の知覚が高い場合にはネガティブな感情反応は生じにくく，適応的なコーピングをとりやすく，学習へのエンゲージメントが高い可能性があることが示されている。第三に，コーピングの下位尺度が独自の効果をもつ可能性が示唆されている。たとえば，ともに適応的コーピングに分類される方略化（問題を解決したり，将来遭遇する可能性のある問題を防いだりするために何をすべきか把握する）と援助要請（効果的に学ぶために，教師や周りの大人に助けを求める）は，互いに結びつきの強いコーピングであるが，その社会的性質は異なる。実際に，援助要請のほうが，関係性についての知覚と正の関連が強く，隠匿（ネガティブな出来事との遭遇を他者に知られないように隠す）と負の関連が強いことが示されている。このような個別のコーピングが果たす役割については相関関係に基づく示唆にとどまることから，今後は，個別のコーピングの効果についてのさらなる実証研究が望まれる。

　また，図7-3には表現されていないが，Skinnerらは，自律性支援などの環境要因や学業達成を含めた，動機づけレジリエンスに関するより包括的なモデルを提案している (Pitzer & Skinner, 2017；Skinner & Pitzer, 2012；Skinner et al., 2014)。実際に，親や教師からの自律性支援や，教師の感情サポート（emotional support），構造（structure）などがエンゲージメントを高めることが示されている（Hill & Wang, 2015；Hospel & Galand, 2016；Ruzek et al., 2016；Skinner et al., 2008）。特に Pitzer & Skinner（2017）は，動機づけレジリエンスのサイクルについて検討している。彼女らは，3～7年生までの児童・生徒を対象に秋学期と春学期の2時点で調査を行い，個人的資源と教師からの自律性支援のような環境要因が動機づけレジリエンスを促進し，その動機づけレジリエンスが学業成績を向上させ，さらには学業成績や動機づけレジリエンスが個人的資源を増大させるという循環的なプロセスを実証的に示した。ただし，この研究はエンゲージメントとコーピング，再エンゲージメントの3つの要素を1つに合成した指標を「動機づけレジリエンス」の得点として扱っており，図7-3に示したような動機づけレジリエンスのプロセスを実証したわけではない。したがって，動機づけレジリエンスに関するモデルの妥当性に関しては，今後の検証が期待される。

5節　おわりに

　本章では，統制－価値理論と興味，動機づけレジリエンスに焦点を当てて，近年の感情・ストレス研究の展開について検討した。これらのうち，統制－価値理論や興味については実証研究も多く蓄積されてきている。しかし，比較的研究の多い統制－価値理論と興味についても，研究方法上の課題に加えて，理論そのものの課題が残されている。また，感情とストレス，動機づけに関する理論が精緻化されてきた一方で，各理論がタコツボ的であることは否めない。たとえば本章3節でも言及したように，統制－価値理論と興味の関係については一応の注意が向けられているものの，概念整理はけっして十分ではない。したがって，各理論の精緻化や実践への応用のみならず，感情に関する理論の統合的理解という観点からも，ますますの研究の発展が期待される。

8章

むすびに代えて
―動機づけの4つの
プロセスを軸に諸理論を見直す―

1. 動機づけの定義と4つのプロセス

　序章でも述べたように，本書は2004年に出版された『動機づけ研究の最前線』の改訂版である。しかし，単に前著をアップデートしたものではない。前著が21世紀初頭時点での動機づけに関連したトピックを紹介するために書かれたものであるのに対し，本書は，第一編者の上淵氏が前著出版後15年間にわたって思索を重ねてきたメタセオリーとしての動機づけ研究の枠組みをもとに構成されたものである。もちろん，それぞれの章は21世紀に入って15年あまりの動機づけ研究の成果を織り込んでおり，本書を通読することで最新の知見に触れることもできるはずだ。しかし，それ以上に本書は，それらの章でとられているアプローチが序章で提示されたメタセオリーのどこに該当するかを対応づけてみることで，その真価を理解していただけたのではないかと思う。

　現代心理学において，動機づけという研究領域は，必ずしも，中心的な領域ではない。メインストリームを形成する認知主義と前世紀の生き残りと思われている行動主義という2つのパラダイムの間に挟まれて，ややマイナーな領域を形成している。

　上淵氏は序章の冒頭で動機づけを「能力と行動（遂行）の間を埋める」プロセスとして位置づけているが，これは動機づけ研究の領域の現状を的確に捉え，定義と一体化させたものといえよう。

　そして，この動機づけを構成する4つのプロセスとして先行要因，動機，表

出，結果の4つをおき，それぞれが動機づけ研究として取り組むべき課題に対応していることを示した。私たちがよく知っている動機づけ理論の多くも，この4つのプロセスのどこかに位置づけられる。

まず，先行要因に含まれるものとして対人的文脈，社会文化的文脈，物理的文脈があげられている。この3つの文脈のうち対人的文脈，物理的文脈をミクロな視点から解明しようとしたものが4章「社会認知的アプローチ」，そして，社会文化的な文脈をマクロな視点から迫ったものが5章「自己と文化のアプローチ」であると考えると，容易に位置づけが理解できるのではないかと思う。

概論書などで動機づけ研究として取り上げられる諸概念は，2つ目のプロセス，すなわち，動機とは何かを明らかにする研究として位置づけられる。上淵氏はこのプロセスを「個体内プロセス」と述べているが，ここには，内発的動機づけ，学習性無力感，原因帰属理論，自己効力などといったものが含まれる。ここで，私たちは，社会文化的アプローチや社会的認知の研究が大きく依存する先行要因に関する研究と動機中心の研究との違いが，そして，それらが同じ動機づけ研究という領域の中で論じることができるゆえんが明確に理解できた。

次に，表出である。上淵氏は，ここでReeve (2018) に基づき，行動，生理的活動，脳の活動，自己報告をあげている。これらは，通常，実験の従属変数としてのパラメーターとされてきたもので，理論的な研究の対象にはされてこなかった。しかし，表出というプロセスが単に従属変数のパラメーターの問題といえないことは，（本書では十分に触れることができなかったが）動機づけについて神経科学的な方法からアプローチした一連の研究 (e.g., 松元, 2014) を参照すれば明らかであろう。生理的活動，脳の活動は単に動機づけの指標ではなく，動機づけそのものが何であるかという問題に深く関わっているのである。この表出のプロセスの理論化にあたってエンゲージメント（engagement）の概念は役に立ちそうである。エンゲージメントには行動的（behavioral），感情的（emotional），認知的（cognitive）というの3つの下位概念があるとされるが，本書では，このうち，7章で感情的エンゲージメントのみが取り上げられたにとどまっている。このあたりは，今後の課題になってくるだろう。

4つのプロセスの最後，結果について，上淵氏は，遂行，達成，学習，適応，技能，能力，ウェルビーイングをあげている。これらが上昇，改善すれば動機

づけのプロセスは適切に機能したということになる。ただ，残念ながら，この段階について本書では，具体的に記述した章が設けられていないことを，編者の1人として指摘しておこう。実は，ここであげられた遂行，達成，技能などは，動機づけの結果であると同時に目標でもあり，そういう意味では目標理論をはじめ多くの動機づけ研究で取り上げられてきた概念でもある。また，その多くがさらにその前段階の先行要因によっているものであり，循環をなしていることは上淵氏も指摘済みであるが（図0-3），現状では，いまだこれらの結果が，特に社会文化的文脈，対人的文脈などにどのように作用しているのかについて，具体的な理論もなければ実証もない。このフィードバックも5つ目の動機づけのプロセスとして，今後，検討されるべきなのではないかと思う。

　ところで，この4つ目のプロセスはもう1つの視点からも考察される必要がある。それは発達である。遂行，達成，学習，適応，技能，能力，ウェルビーイングの上昇は，単に動機づけのプロセスの結果ではなく，発達の結果もたらされるものでもあるからである。これについて上淵氏はあまり多くを語っていないが，6章「動機づけの発達」の記述がそれを補っている。この章の著者の高崎氏は，人の発達は自ら環境に働きかけようとする自発的性質から発するとされている，というPiaget & Inhelder (1966) の見解を引用し，さらに，自ら環境に働きかけようとする自発的性質としてWhite (1959) のコンピテンスやイフェクタンス動機づけを取り上げている。コンピテンスやイフェクタンス動機づけの研究は1980年代から90年代にかけてずいぶん行われたようだが，我が国ではこれまであまり紹介されることはなかった。6章ではそうした一連の研究が改めて詳細にレビューされているが，このレビューが，発達心理学の専門家の中でも，動機づけを主たる専門領域としている高崎氏によって，動機づけの理論的な内容をテーマにした本書の1つの章として執筆されたということの意義は大きい。

2．グランドセオリーについて

　20世紀の終わり頃から動機づけの領域に限らず，現在の心理学にはグランドセオリーがない，という指摘がよく聞かれる。しかし，そういわれるだけで

具体的なグランドセオリーが出されたという話は，ほとんど聞いていない。

　筆者は，今回の上淵氏の提起した4つのプロセスについて考えてみることで，少なくとも動機づけの領域については，その理由が非常によく理解できた。上淵氏は，ここで動機づけの理論を感情的なモデルと認知的なモデルとに二分して論ずる中で，2000年以降の動機づけの理論の花形である達成目標理論，自己決定理論，期待‐価値モデルが，一見グランドセオリーを志向しているようでいながら「いずれも有力なスモールセオリー」（p. 13）にすぎないと言い切っている。これは，つまり，これらの理論のいずれもが4つのプロセスの一部として非常によくフィットするからである。逆に言えば，こうしたことからも，本書の序章で示した4つのプロセスモデルが包括的に動機づけを捉えたものであると見なすことができるのではないかと思う。もしかすると，この4つのプロセスモデルは新しいグランドセオリーといってよいのかもしれない。ただ，その一方で，筆者はこれをグランドセオリーと呼ぶことにはまだ躊躇する。それは，この4つのプロセスモデルの構成要素としての様々な心理学的概念が独自に定義されたものではないからである。つまり，4つのプロセスモデルは既存の心理学的概念を寄せ集め，それらをパーツとして組み立てられているのである。かつて，グランドセオリーというのはゲシュタルト心理学にせよ，行動主義諸学派にせよ，精神分析にせよ，それぞれ焦点となる構成要素が極めて明確であり強烈な個性を放っていた。そして，それらは各理論間でお互いどう議論してもかみ合わなかったが，そうした議論によって個々の理論の独自性はより鮮明になり洗練されていった。しかし，この4つのプロセスモデルは，個々の理論を包含することには長けているが，かつてのグランドセオリーのような強烈な個性，はっきりとした立ち位置は見えない。それが見えるためには対抗する他のグランドセオリーが必要なのかもしれないが，4つのプロセスモデル自らも個性を出し立場を明確にする努力が必要なのではないかと思われる。

3. それぞれの章について

　2000年代以降の動機づけ研究の"花形"とされた3つの理論のうち，期待‐価値モデルについては序章で簡単に触れられているが，達成目標理論について

8章 むすびに代えて

は1章，自己決定理論については2章でそれぞれ詳しく論じられいる。

　達成目標理論を扱った1章は，理論の歴史的な発展の経緯を軸に論じたものである。意外なことかもしれないが，このようなレビューはこれまでほとんどなかった。一読すると，今や古典的となった目標研究が現在の理論にどのような方向づけを与えていたかが，すっきりと理解される。長年，達成目標理論に関わってきた上淵氏ならではのものであろう。続く，西村氏による2章「自己決定理論」では，まず，自己決定理論のもととなった認知的評価理論について改めて整理しているところがよい。そして，それが有機的統合理論を経て自己決定理論に発展してゆく経緯が語られるが，その中でいくつかのメタ分析が紹介されている点は理論の説得性をより高めているように思える。一方で，基本的心理欲求理論，目標内容理論，関係性動機づけ理論といった，いわば，サブ理論が比較的大きな比重を占めてきた近年の動向は，どちらかというとこれまでわかりやすい発展を遂げてきたこの領域が肥大化しつつあることを示すようで，少し気がかりな点でもある。

　2章に対して1つだけ，注文をつけるとすれば，関係性欲求についての箇所である。この概念を内発的動機づけと同じ土俵で考える伝統は，Harlow以来のもので，自己決定理論の中で誕生したものではない（Harlow & Mears, 1979）。そうした歴史的な経緯を踏まえた議論が加わることで，この理論が心理学の基本的な問題を扱っている重要なものであることが，よりはっきりと見えてくるのではないだろうか。

　「学習における信念と動機づけ」と題された3章は，動機づけを信念という概念を軸に整理し直したもので，一見地味にみえるが意欲的な章といえる。信念の概念は広く，達成目標理論とも関連の深い知能観や学習環境に対する様々な信念，価値，期待といった動機づけに関する信念など，動機づけに関連する認知的な概念のほとんどを包含する可能性を持っているように思う。この章の著者，篠ヶ谷氏は広範な領域をそつなくまとめているが，実は，このような視点から本章を捉えると，信念という概念は動機づけ研究におけるグランドセオリーになりうる懐の広さのようなものを持っているのではないだろうか。ただ，本章では"学習における"という限定のついたタイトルからもわかるように，取り上げられた研究が学習場面に限られている。教育心理学的な動機づけ研究

の中心が学習にあることはいうまでもないが，一方で，動機づけ研究はMaslow, A.の自己実現に関する動機づけ研究に始まる人格的成長という視点も一貫して含めてきた。今後は，そうした人格心理学的な動機づけ研究についても信念という観点からレビューがなされることを希望したい。

　稲垣氏による4章「社会認知的アプローチ」は，前述のように4つのプロセス中の1つ目先行要因に含まれる3つの文脈のうち，対人的文脈，物理的文脈にミクロな視点から検討を加えたものである。この中の対人的文脈については，一見すると何か人間関係の理論があるのではないかと考えてしまう。しかし，本章を読み進めていくうちに，実は，過去数十年にわたって蓄積された自尊心（自尊感情）に関する一連の研究が，この対人的文脈に相当することがわかる。このような視点から研究を見直してみることはとても興味深かった。つまり，独立した心理学的構成概念と捉えがちだった自己は実は文脈に埋め込まれたパーツだったのである。ところが，これまで多くの研究者たちは，そうした視点で理解してこなかったのである。自尊感情や自己高揚に関する研究の多くが自己を中心にしたメカニズム研究から抜け出せなかった理由もそこにあったのだ。次に，物理的文脈であるが，これに関して稲垣氏は主にコントロールの概念を中心に論を進めている。ただ，本稿では膨大な数にのぼるコントロールに関する研究のごく一部しかレビューできておらず，必ずしも十分とはいえない。それでも，本章で取り上げられた研究の中にも，いろいろ考えさせられる点はあった。たとえば，コントロールを一次的／二次的に分類した場合，固体内プロセスに相当する二次的コントロールは先行要因というよりむしろ動機そのものというふうにも思え，4つのプロセスのモデルとの整合性，あるいは，モデルの妥当性に議論の余地があることが感じられたことなどはその1つである。同様に評価が難しいのは，この章の最後に取り上げられている自動動機理論である。これを単に先行要因の1つとしての物理的文脈に付随する効果として扱うべきなのか，あるいは，心理学が正面から取り組まなくてはならない無意識的な過程に関する問題としてとらえるべきなのか（稲垣氏によると，この領域の研究者たちは正面から取り組みたくないのか，精神分析を連想させる無意識的［unconscious］という用語を避け，非意識的［nonconscious］という用語を用いているようだが），そのあたりについては動機づけ概念の根幹に関わる問

題をも孕んでいるように思われる。実は，筆者は4章からそうした根本的な問題を解決するための何らかの手がかりが得られるのではと期待していたのだが，残念ながら，そこまでの議論はなかった。

この4章の扱う範囲は極めて広く，研究数も膨大なものになる。上にコメントした問題点のみならず領域全般にわたって問題を精査し，腰を据えた取り組みが行われることを望みたい。

梅﨑氏による意欲的な5章「自己と文化のアプローチ」で取り上げられた文化心理学的な動機づけ研究は，旧来の動機づけ研究に対するアンチテーゼとして位置づけられることが多い。この章でも旧来の動機づけ研究がProcess-Product（以下，P-P）パラダイムに基づき，所与のものとして動機づけを扱い，理想の教授学習過程を仮定した上でいかに動機づけを高めるかという視点から行われてきたとし，それに対するものとして社会文化的アプローチを捉えている。本章を読んでいくと，社会文化的な動機づけ研究は，文化間比較から文化内比較，さらには，マイノリティ研究などに及び，そこからさらに自己研究との接点を見出す方向に向かっていることがわかる。こうした本章の記述は興味深いものがあるが，一方で，批判の標的となっているP-Pパラダイムについてもまだ考える余地が残されているのではないだろうか。つまり，そもそもP-Pパラダイムが立脚する動機づけ観は，進化論的な適応に基づくもので，こうした視点を含めて考えることで，文化心理学的な動機づけ観とP-Pパラダイムが立脚する動機づけ観を連続線上で考えることができそうに思えるからである。そうすることで，とかくあいまいさが指摘される自己の概念も，より多面的に捉えることができると思うのである。

6章「動機づけの発達」については，すでにコメントしたので（p. 186）ここでは割愛する。

さて，7章「感情・ストレス研究アプローチ」の前半では，4つのプロセスの2番目（動機）に含まれる感情の問題が扱われている。感情が大きな役割を果たす理論としてこの章で大きく取り上げられているのは，統制−価値理論である。実は，この統制−価値理論は，古典的な動機づけ理論の中では認知的な理論に属すると見なされている期待−価値理論（Atkinson, 1964；Wigfield & Eccles, 2000）や原因帰属理論（Weiner, 1985）の流れを汲むものである。その

ことは結果として，統制－価値理論が2番目のプロセス（動機）を構成する認知と感情という2つの構成要素の関係をよく説明していることを示した。また，これに続く達成目標と達成関連感情に関する部分も，この感情と認知の関係を整理して理解するにあたって助けになる。

この章の4節では，「ストレス・コーピングと動機づけ」と題して，主に動機づけレジリエンスに関する研究が紹介されている。多くの研究者は，ストレス研究と動機づけ研究との間には何らかの接点があるはずであろうと感じていたと思われるが，特に我が国の場合，ストレスの研究者のほとんどが臨床心理学を志向していたため，その関係について積極的に取り組んではこなかった。そういう意味で，この領域は今後の研究の発展が期待できる分野でもあり，情報提供としての意味も大きいのではないかと思う。

以上，僭越ではあるが，各章について簡単にコメントさせていただいた。こうしてみると多士済々の若手，中堅研究者から寄稿していただいた本書では，（編者の1人として自画自賛になってしまうが）我が国の動機づけ研究がこれまでにない水準に達していることが示されたのではないだろうか。

4. 動機づけと意志研究について

さて，ここまでは上淵氏の提起した動機づけの4プロセスモデルをベースに話題を進めてきたが，最後に，第二編者である筆者の個人的な関心から1つだけ今後の課題を提起しておきたいと思う。

最近は多少の陰りを見せているが，21世紀初頭からの動機づけ研究のトレンドとして自己制御，セルフコントロールの概念が大きく取り入れられたということがあった（e.g., Schunk & Zimmerman, 2007）。一般的に動機づけ研究の対象になる行動は，何らかの中長期的な目標を念頭に置き，それを目指して動機づけられた持続的な行動である。この行動は，古典的な達成動機研究の言葉を引くまでもなく，困難を克服し卓越した水準で何かを成し遂げることを目指すもので，内発的動機づけに支えられた行動とはだいぶ異なるものだろう。困難を克服するプロセスは，内発的な興味，関心とは程遠く，結果のフィードバックを評価し，この先負うであろうコストと得られる結果を比較し行動を選

択していくもので，そうした中長期的な行動の生起・維持に対する関心が見直されていたのだと思う。

　このようにある一定の方向に行動を維持するプロセスは，何らかの個人の能力を要するものであろう。この能力はセルフコントロールの能力といわれてきたものとほぼ同じものであり，この能力を幼児を対象として測定しようとした試みとしてよく知られているものにマシュマロ・テストがある。Mischel (2014) によれば，このマシュマロ・テストで高得点（セルフコントロールが高い傾向）を示した幼児は5年後，10年後の学業成績が良好であるというような縦断的研究の結果もあり，（これらの研究自体は必ずしも新しい研究ではないが）近年，我が国でも再注目されつつある。

　一方，これと似た視点に立ち，セルフコントロールの能力を小さな意思決定を積み重ねてゆく能力として捉え，その能力の源泉を意志力（will power）として再概念化しようという動きもみられる（Baumeister & Tierney, 2011）。それによれば，意志力はある種のエネルギーのようなもので，①誘惑にまどわされないように自分を抑えて，我慢する，②自分で判断してどちらが適切か選択するとき消耗されるという。そして，Baumeister & Tierney は，「意志力は筋肉のようなもので，使いすぎると消耗するのでできるだけ工夫して消耗しないようにするのがよい」として，そのための有効な自己制御の方略の必要性を唱えている。

　このようなセルフコントロール，そして，意志力をめぐる研究は，4つのプロセスの2番目"動機"の状態に含まれるものと思われるが，意志的なセルフコントロールによる意思決定を強調する点で，既存の動機関連概念とは異なる方向性を持っているように思われる。なぜなら，それは，意思決定のプロセスを究極まで問い詰めていくことで，哲学における古典的なテーマでもある自由意志論に連なっていくからである。自由意志の有無をめぐる議論は，行動をあくまで環境因から説明しようとする動機づけ研究では暗黙裡のうちに守備範囲外のこととされ避けられてきたことであり，意志研究を標榜することによって，初めて浮かび上がってくることだからである。もちろん，有名な Libet, B. らの一連の研究をはじめとした現代の認知心理学，神経科学は，私たちの自由意志が限定的で，せいぜい何かをしてしまいそうになる直前でそれを拒否できる程

度のものであることを明らかにしつつある (Libet, 2004)。しかし，そうした研究が，自由意志の働く範囲を明確に定めてくれることは動機づけ研究にとっても利点がある。それは，意志研究が，旧来の動機づけ研究が誤差項として処理していた部分に切り込むことによって，動機づけ研究ではこれまで手付かずだった部分が明らかになり，結果的に，人の行動を予測する精度を高めることにつながるからである。

　一方，これとは方向性は異なるが，意志研究は，動機づけ研究が必ずしも得意としてこなかった価値（特に倫理的な価値）判断がどのように行われ，意思決定のプロセスに反映されているかといった課題に取り組むことも可能とする。それは，21世紀に入り生命倫理学や環境倫理学といった応用倫理学がさかんになっている中で，心理学が，再び哲学と融合しながら新たな貢献をする糸口を開いてくれるようにも感じる。

　かつて，矢田部（1942）は，ギリシャから近代までの哲学および心理学の意志学説を概観し，そこから得られたものは何もなかったとして，意志心理学の終焉を宣言した。おそらく，それに代わるものとして20世紀の心理学の中で生まれたのが動機づけ概念であったと思う。しかし，21世紀の5分の1ほどが過ぎようとしている現在，動機づけ概念もいつまでその地位を維持できるかどうかの正念場に来ているように思える。もしかすると，矢田部が終焉を宣言した意志概念が，動機づけに代わり再び心理学の表舞台に躍り出てくる日が来るようにも思える。

　いささか空想とも妄言ともつかないものになってしまったが，第二編者として最後に少しばかり個人的な考えを述べさせていただいた。読者諸氏のお許しを乞いたいと思う。

引用文献

●序章

Atkinson, J. W., & Feather, N. (1966). *A theory of achievement motivation.* New York: Wiley and Sons.
Cameron, J., & Pierce, W. D. (2002). *Rewards and intrinsic motivation: Resolving the controversy.* Bergin & Garvey.
Christenson, S. L., Reschly, A. L., & Wylie, C. (Eds.). (2012). *Handbook of research on student engagement.* New York: Springer.
Deci, E. L. (1975). *Intrinsic motivation.* New York: Plenum.
Deci, E. L., & Ryan, R. M. (1987). The support of autonomy and the control behavior. *Journal of Personality and Social Psychology, 53,* 1024-1037.
Engelschalk, T., Steuer, G., & Dresel, M. (2017). Quantity and quality of motivational regulation among university students. *Educational Psychology, 37,* 1154-1170.
Hidi, S. (2016). Revisiting the role of rewards in motivation and learning: Implications of neuroscientific research. *Educational Psychology Review, 28,* 61-93.
Izard, C. E. (1991). *The psychology of emotions.* New York: Plenum.
鹿毛雅治（2015）．学習意欲の理論　金子書房
Kirschner, S. R., & Martin, J. (Eds.). (2010). *The sociocultural turn in psychology: The contextual emergence of mind and self.* Columbia University Press.
Lauermann, F., Tsai, Y. M., & Eccles, J. S. (2017). Math-related career aspirations and choices within Eccles et al. 's expectancy-value theory of achievement-related behaviors. *Developmental Psychology, 53,* 1540-1559.
Lepper, M. R., & Greene, D. (Eds.). (1978). *The hidden costs of reward: New perspectives on the psychology of human motivation.* Lawrence Erlbaum Associates.
McInerney, D. M., Walker, R. A., & Liem, G. A. D. (Eds.). (2011). *Sociocultural theories of learning and motivation: Looking back, looking forward.* Charlotte, N. C.: Information Age Pub.
宮本美沙子・奈須正裕（編著）（1995）．達成動機の理論と展開：続・達成動機の心理学　金子書房
Panksepp, J. (2011). The basic emotional circuits of mammalian brains: Do animals have affective lives? *Neuroscience and Biobehavioral Reviews, 35,* 1791-1804.
Pekrun, R. (1992). The impact of emotions on learning and achievement: Towards a theory of cognitive/motivational mediators. *Applied Psychology: An International Review, 41,* 359-376.
Pekrun, R. (2006). The control-value theory of achievement emotions: Assumptions, corollaries, and implications for educational research and practice. *Educational Psychology Review, 18,* 315-341.
Reeve, J. (2018). *Understanding motivation and emotion* (7th ed.). Wiley.
Reiss, S. (2005). Extrinsic and intrinsic motivation at 30: Unresolved scientific issues. *The Behavior Analyst, 28,* 1-14.
Renninger, K. A., Hidi, S., & Krapp, A. (Eds.). (1992). *The Role of interest in learning and development.* Psychology Press.
Schattke, K., & Proulx, F. A. (2018). Clarifying the concept of intrinsic motivation. In K. Schattke, E. A. Locke, & J. Gutzmer (Chairs), *Intrinsic, extrinsic, and achievement motivation in the work place.* Symposium conducted at 30th Annual Convention of Association for Psychological Science. San Francisco: CA.
Schwinger, M., Steinmayr, R., & Spinath, B. (2009). How do motivational regulation strategies affect achievement: Mediated by effort management and moderated by intelligence. *Learning and Individual Differences, 19,* 621-627.
Skinner, E. A., Kindermann, T. A., Connell, J. P., & Wellborn, J. G. (2009). Engagement and disaffection as organizational constructs in the dynamics of motivational development. In K. Wentzel, & A. Wigfield

(Eds.), *Handbook of motivation at school* (pp. 223-245). Mahwah, NJ: Lawrence Erlbaum Associates.
上淵　寿（1995）．教育場面における情動　東京大学教育学部紀要, *34*, 229-233.
上淵　寿（編著）(2008)．感情と動機づけの発達心理学　ナカニシヤ出版
上淵　寿（2012a）．動機づけとはなにか　上淵　寿（編著）キーワード動機づけ心理学（pp. 4-5）　金子書房
上淵　寿（2012b）．動機づけに関する基礎用語　上淵　寿（編著）キーワード動機づけ心理学（pp. 6-7）　金子書房
上淵　寿・小泉令三・野坂祐子・若山育代・利根川明子・遠藤利彦・松尾直博（2013）．教室における情動：感情論的転回（Affective Turn）の新しい展開　日本教育心理学会総会第55回総会発表論文集, S164-S165.
上淵　寿・小松孝至・豊田弘司・本山方子・利根川明子・遠藤利彦・市川洋子（2012）．教室における情動：多様な視点から　日本教育心理学会第54回総会, 892-893.
上淵　寿・砂上史子・小松孝至・井ノ崎敦子・澤田匡人・中澤　潤（2013）．発達心理学における感情論的転回（Affective Turn）　日本発達心理学会第24回大会発表論文集, 2-3.
梅本貴豊・田中健史朗（2012）．大学生における動機づけ調整方略　パーソナリティ研究, *21*, 138-151.
Wigfield, A. L., & Eccles, J. S. (2000). Expectancy-value theory of achievement motivation. *Contemporary Educational Psychology, 25*, 68-81.
Wigfield, A., Eccles, J. S., Schiefele, U., Roeser, R., & Davis-Kean, P. (2006). Development of achievement motivation. In N. Eisenberg (Ed.), *Social, emotional, and personality development. Volume 3 of the Handbook of child psychology* (6th ed., pp. 933-1002). Editors-in-Chief: W. Damon & R. M. Lerner. Hoboken, NJ: Wiley.
Wolters, C. A. (1998). Self-regulated learning and college students' regulation of motivation. *Journal of Educational Psychology, 90*, 224-235.
Woodworth, R. S. (1918). *Dynamic psychology.* New York: Columbia University Press.

●1章

Ames, C. (1992). Classrooms: Goals, structures, and student motivation. *Journal of Educational Psychology, 84*, 261-271.
Ames, C., & Archer, J. (1988). Achievement goals in the classroom: Student's learning strategies and motivation processes. *Journal of Educational Psychology, 80*, 260-267.
Atkinson, J. W., & Feather, N. T. (1963). *A theory of achievement motivation.* New York: Wiley.
Avery, R. E., & Smillie, L. D. (2013). The impact of achievement goal states on working memory. *Motivation and Emotion, 37*, 39-49.
Avery, R. E., Smillie, L. D., & de Fockert, J. W. (2013). The role of working memory in achievement goal pursuit. *Acta Psychologica, 144*, 361-372.
Bartels, J. M., & Magun-Jackson, S. (2009). Approach-avoidance motivation and metacognitive self-regulation: The role of need for achievement and fear of failure. *Learning and Individual Differences, 19*, 459-463.
Bostwick, K. C. P., Collie, R. J., Martin, A. J., & Durksen, T. L. (2017). Students' growth mindsets, goals, and academic outcomes in mathematics. *Zeitschrift für Psychologie, 225*, 107-116.
Burnette, J. L., O'Boyle, E. H., VanEpps, E. M., Pollack, J. M., & Finkel, E. J. (2013). Mind-sets matter: A meta-analytic review of implicit theories and self-regulation. *Psychological Bulletin, 139*, 655-701.
Cook, D. A., Castillo, R. M, Gas, B., & Artino, A. R., Jr. (2017). Measuring achievement goal motivation, mindsets and cognitive load: Validation of three instruments' scores. *Medical Education, 51*, 1061-1074.
Covington, M. V. (1992). *Making the grade.* New York: Cambridge University Press.
Covington, M. V., & Beery, J. (1976). *Self-worth and school learning.* New York: Holt, Rinehart, and Winston.
Crouzevialle, M., & Butera, F. (2017). Performance goals and task performance: Integrative considerations on the distraction hypothesis. *European Psychologist, 22*, 73-82.
DePasque, S. S., & Tricomi, E. (2014). Goals and task difficulty expectations modulate striatal responses to feedback. *Cognitive, Affective, & Behavioral Neuroscience, 14*, 610-620.
Dickhäuser, O., Dinger, F. C., Janke, S., Spinath, B., & Steinmayr, R. (2016). A prospective correlational

引用文献

analysis of achievement goals as mediating constructs linking distal motivational dispositions to intrinsic motivation and academic achievement. *Learning and Individual Differences, 50*, 30-41.

Dweck, C. S. (1986). Motivational processes affecting learning. *American Psychologist, 41*, 1040-1048.

Dweck, C. S. (1999). *Self-Theories: Their role in motivation, personality, and development.* Philadelphia: Psychology Press.

Dweck, C. S. (2006). *Mindset: The new psychology of success.* Ballantine Books.

Dweck, C. S., & Elliott, E. S. (1983). Achievement motivation. In P. Mussen (gen. Ed.) & E. M. Hetherington (vol. Ed.), *Handbook of child psychology Vol. 3: Social and personality development* (pp. 643-691.) New York: Wiley.

Dweck, C. S., & Leggett, E. L. (1988). A social-cognitive approach to motivation and personality. *Psychological Review, 95*, 256-273.

Elliot, A. J. (1999). Approach and avoidance motivation and achievement goals. *Educational Psychologist, 34*, 149-169.

Elliot, A. J., & Church, M. A. (1997). A hierarchical model of approach and avoidance achievement motivation. *Journal of Personality and Social Psychology, 72*, 218-232.

Elliot, A. J., Gable, S. L., & Mapes, R. R. (2006). Approach and avoidance motivation in the social domain. *Personality and Social Psychology Bulletin, 32*, 378-391.

Elliot, A. J., & Harackiewicz, J. M. (1996). Approach and avoidance achievement goals and intrinsic motivation: A mediational analysis. *Journal of Personality and Social Psychology, 70*, 461-475.

Elliot, A. J., & McGregor, H. (2001). A 2 × 2 achievement goal framework. *Journal of Personality and Social Psychology, 80*, 501-519.

Elliot, A. J., Murayama, K., & Pekrun, R. (2011). A 3 × 2 achievement goal model. *Journal of Educational Psychology, 103*, 632-648.

Elliot, A. J., & Sheldon, K. M. (1998). Avoidance personal goals and personality-illness relationship. *Journal of Personality and Social Psychology, 75*, 1282-1299.

Elliot, A. J., & Thrash, T. M. (2001). Achievement goals and the hierarchical model of achievement motivation. *Educational Psychology Review, 13*, 139-156.

Elliott, E. S., & Dweck, C. S. (1988). Goals: An approach to motivation and achievement. *Journal of Personality and Social Psychology, 54*, 5-12.

Escribe, C., & Huet, N. (2005). Knowledge accessibility, achievement goals, and memory strategy maintenance. *British Journal of Educational Psychology, 75*, 87-104.

Fletcher, K. L., Shim, S. S., & Wang, C. (2012). Perfectionistic concerns mediate the relationship between psychologically controlling parenting and achievement goal orientations. *Personality and Individual Differences, 52*, 876-881.

Grant, H., & Dweck, C. S. (2003). Clarifying achievement goals and their impact. *Journal of Personality and Social Psychology, 85*, 541-553.

Harackiewicz, J. M., Barron, K. E., Pintrich, P. R., Elliot, A. J., & Thrash, T. M. (2002). Revision of achievement goal theory: Necessary and Illuminating. *Journal of Educational Psychology, 94*, 638-645.

Harackiewicz, J. M., Durik, A. M., Barron, K. E., Linnenbrink-Garcia, L., & Tauer, J. M. (2008). The role of achievement goals in the development of interest: Reciprocal relations between achievement goals, interest, and performance. *Journal of Educational Psychology, 100*, 105-122.

Huang, C. (2012). Discriminant and criterion-related validity of achievement goals in predicting academic achievement: A meta-analysis. *Journal of Educational Psychology, 104*, 48-73.

Hulleman, C. S., Schrager, S. M., Bodmann, S. M., & Harackiewicz, J. M. (2010). A meta-analytic review of achievement goal measures: Different labels for the same constructs or different constructs with similar labels? *Psychological Bulletin, 136*, 422-449.

Ikeda, K., Castel, A. D., & Murayama, K. (2015). Mastery-approach goals eliminate retrieval-induced forgetting: The role of achievement goals in memory inhibition. *Personality and Social Psychology Bulletin, 41*, 687-695.

引用文献

Ikeda, K., Yue, C. L., Murayama, K., & Castel, A. D. (2016). Achievement goals affect metacognitive judgments. *Motivation Science, 2*, 199-219.

Kaplan, A., & Middleton, M. J. (2002). Should childhood be a journey or a race? Response to Harackiewicz et al. (2002). *Journal of Educational Psychology, 94*, 646-648.

Lee, K., Ning, F., & Goh, H. C. (2014). Interaction between cognitive and non-cognitive factors: The influences of academic goal orientation and working memory on mathematical performance. *Educational Psychology, 34*, 73-91.

Lee, W., & Kim, S. (2014). Effects of achievement goals on challenge seeking and feedback processing: Behavioral and fMRI evidence. *PLoS ONE, 9*(*9*), e107254.

Liem, G. A. D. (2016). Academic and social achievement goals: Their additive, interactive, and specialized effects on school functioning. *British Journal of Educational Psychology, 86*, 37-56.

Linnenbrink, E. A., Ryan, A. M., & Pintrich, P. R. (1999). The role of goals and affect in working memory functioning. *Learning and Individual Differences, 11*, 213-230.

Linnenbrink-Garcia, L., Tyson, D. F., & Patall, E. A. (2008). When are achievement goal orientations beneficial for academic achievement? A closer look at main effects and moderating factors. *Revue Internationale de Psychologie Sociale, 21*(*1-2*), 19-70.

松村大希（2017）．日本語版 Work avoidance 目標尺度の作成と Work avoidance 目標が Well-being に与える影響　東京学芸大学大学院修士論文（未公刊）

松村大希・上淵　寿（2016）．Work avoidance 目標尺度の作成と妥当性の検討　日本教育心理学会第 58 回総会論文集，782．

McClelland, D. C., Atkinson, J. W., Clark, R. A., & Lowell, E. L. (1953). *The achievement motive.* Appleton-Century-Crofts.

Midgley, C., Kaplan, A., & Middleton, M. J. (2001). Performance-approach goals: Good for what, for whom, under what circumstances, and at what cost? *Journal of Educational Psychology, 93*, 77-86.

Midgley, C., Maehr, M., Hicks, L., Roeser, R., Urdan, T., Anderman, E., & Kaplan, A. (1996). *Patterns of Adaptive Learning Survey* (*PALS*). Ann Arbor, MI: Center for Leadership and Learning.

Mouratidis, A., & Michou, A. (2011). Self-determined motivation and social achievement goals in children's emotions. *Educational Psychology, 31*, 67-86.

Murayama, K., & Elliot, A. J. (2011). Achievement motivation and memory: Achievement goals differentially influence immediate and delayed remember-know recognition memory. *Personality and Social Psychology Bulletin, 37*, 1339-1348.

Ng, B. (2018). The neuroscience of growth mindset and intrinsic motivation. *Brain Sciences, 8*(*2*), E20.

Nicholls, J. G. (1984). Achievement motivation: Conceptions of ability, subjective experience, task choice, and performance. *Psychological Review, 91*, 328-346.

Nicholls, J. G. (1989). *The competitive ethos and democratic education.* Harvard University Press.

Nicholls, J. G., Patashnik, M., & Nolen, B. (1985). Adolescents' theories of education. *Journal of Educational Psychology, 77*, 683-692.

小方涼子（2004）．学習回避志向性に関する研究の動向について　学習院大学文学部研究年報，*51*, 207-219.

Payne, S. C., Youngcourt, S. S., & Beaubien, J. M. (2007). A meta-analytic examination of the goal orientation nomological net. *Journal of Applied Psychology, 92*, 128-150.

Pintrich, P. R. (2000). The Role of motivation in self-regulated learning. In M. Boekaerts, P. R. Pintrich, & M. Zeidner (Eds.). (2000). *Handbook of self-regulation* (pp. 451-502). Burlington, MA: Academic Press.

Puente-Díaz, R., & Cavazos-Arroyo, J. (2017). The influence of creative mindsets on achievement goals, enjoyment, creative self-efficacy and performance among business students. *Thinking Skills and Creativity, 24*, 1-11.

Rawsthorne, L. J. & Elliot, A. J. (1999). Achievement goals and intrinsic motivation: A meta-analytic review. *Personality and Social Psychology Review, 3*, 326-344.

Schutz, P. A. (1994). Goals as the transactive point between motivation and cognition. In P. R. Pintrich, D. R. Brown, & C. E. Weinstein (Eds.), *Student motivation, cognition, and learning: Essays in honor of Wilbert*

引用文献

J. McKeachie (pp. 135-156). Hillsdale, New Jersey: Lawrence Erlbaum Associates.
Senko, C., & Dawson, B. (2017). Performance-approach goal effects depend on how they are defined: Meta-analytic evidence from multiple educational outcomes. *Journal of Educational Psychology*, *109*, 574-598.
Senko, C., Hulleman, C. S., & Harackiewicz, J. M. (2011). Achievement goal theory at the Crossroads: Old controversies, current challenges, and new directions. *Educational Psychologist*, *46*, 26-47.
Senko, C., & Hulleman, C. S. (2013). The role of goal attainment expectancies in achievement goal pursuit. *Journal of Educational Psychology*, *105*, 504-521.
Shim, S. S., Cho, Y., & Wang, C. (2013). Classroom goal structures, social achievement goals, and adjustment in middle school. *Learning and Instruction*, *23*, 69-77.
Shim, S. S., & Ryan, A. M. (2012). What do students want socially when they arrive at college? Implications of social achievement goals for social behaviors and adjustment during the first semester of college. *Motivation and Emotion*, *36*, 504-515.
Shim, S. S., Wang, C., & Cassady, J. C. (2013). Emotional well-being: The role of social achievement goals and self-esteem. *Personality and Individual Differences*, *55*, 840-845.
Smiley, P. A., Buttitta, K. V., Chung, S. Y., Dubon, V. X., & Chang, L. K. (2016). Mediation models of implicit theories and achievement goals predict planning and withdrawal after failure. *Motivation and Emotion*, *40*, 878-894.
Sommet, N., & Elliot, A. J. (2017). Achievement goals, reasons for goal pursuit, and achievement goal complexes as predictors of beneficial outcomes: Is the influence of goals reducible to reasons? *Journal of Educational Psychology*, *109*, 1141-1162.
Trope, Y., & Brickman, P. (1975). Difficulty and diagnosticity as determinants of choice among tasks. *Journal of Personality and Social Psychology*, *31*, 918-925.
上淵 寿 (2003). 達成目標理論の展望：その初期理論の実際と理論的系譜 心理学評論, *46*, 640-654.
上淵 寿 (2004). 達成目標理論の最近の展開 上淵 寿（編著）動機づけ研究の最前線（pp. 88-107） 北大路書房
上淵 寿・川瀬良美 (1995). 目標理論 宮本美沙子・奈須正裕（編著）達成動機の理論と展開：続・達成動機の心理学 (pp. 187-215) 金子書房
Urdan, T. C. (1997). Achievement goal theory: Past results, future directions. In M. L. Maehr, & P. R. Pintrich (Eds.), *Advances in motivation and achievement* (Vol. 10, pp. 99-142). Greenwich, CN: JAI Press.
Van Yperen, N. W., Blaga, M., & Postmes, T. (2014). A meta-analysis of self-reported achievement goals and nonself-report performance across three achievement domains (work, sports, and education). *PLoS ONE*, *9*, e93594.
Van Yperen, N. W., Blaga, M., & Postmes, T. (2015). A meta-analysis of the impact of situationally induced achievement goals on task performance. *Human Performance*, *28*, 165-182.
White, R. W. (1959). Motivation reconsidered: The concept of competence. *Psychological Review*, *66*, 297-333.（佐柳信男（訳）(2015). モチベーション再考：コンピテンス概念の提唱 新曜社）
Wormington, S. V., & Linnenbrink-Garcia, L. (2017). A new look at multiple goal pursuit: The promise of a person-centered approach. *Educational Psychology Review*, *29*, 407-445.

●2章

安藤史高・布施光代・小平英志 (2008). 授業に対する動機づけが児童の積極的授業参加行動に及ぼす影響 教育心理学研究, *56*, 160-170.
Bardi, A., & Goodwin, R. (2011). The dual route to value change: Individual processes and cultural moderators. *Journal of Cross-Cultural Psychology*, *42*, 271-287.
Bartholomew, K. J., Ntoumanis, N., Ryan, R. M., Bosch, J. A., & Thøgersen-Ntoumani, C. (2011). Self-determination theory and diminished functioning: The role of interpersonal control and psychological need thwarting. *Personality and Social Psychology Bulletin*, *37*, 1459-1473.

Beja, E. L. (2014). Income growth and happiness: Reassessment of the Easterlin Paradox. *International Review of Economics, 61*, 329-346.
Bénabou, R., & Tirole, J. (2003). Intrinsic and extrinsic motivation. *Review of Economic Studies, 70*, 489-520.
Boiché, J., & Stephan, Y. (2014). Motivational profiles and achievement: A prospective study testing potential mediators. *Motivation and Emotion, 38*, 79-92.
Cerasoli, C. P., Nicklin, J. M., & Ford, M. T. (2014). Intrinsic motivation and extrinsic incentives jointly predict performance: A 40-year meta-analysis. *Psychological Bulletin, 140*, 980-1008.
Chen, B., Vansteenkiste, M., Beyers, W., Boone, L., Deci, E. L., Van der Kaap-Deeder, J., ... Verstuyf, J. (2015). Basic psychological need satisfaction, need frustration, and need strength across four cultures. *Motivation and Emotion, 39*, 216-236.
Chirkov, V., Ryan, R. M., Kim, Y., & Kaplan, U. (2003). Differentiating autonomy from individualism and independence: A self-determination theory perspective on internalization of cultural orientations and well-being. *Journal of Personality and Social Psychology, 84*, 97-110.
Church, A. T., Katigbak, M. S., Locke, K. D., Zhang, H., Shen, J., de Jesús Vargas-Flores, J., ... Ching, C. M. (2013). Need satisfaction and well-Being testing self-determination theory in eight cultures. *Journal of Cross-Cultural Psychology, 44*, 507-534.
d'Ailly, H. (2003). Children's autonomy and perceived control in learning: A model of motivation and achievement in Taiwan. *Journal of Educational Psychology, 95*, 84-96.
Deci, E. L. (1971). Effects of externally mediated rewards on intrinsic motivation. *Journal of Personality and Social Psychology, 18*, 105-115.
Deci, E. L., Eghrari, H., Patrick, B. C., & Leone, D. R. (1994). Facilitating internalization: The self-determination theory perspective. *Journal of Personality, 62*, 119-142.
Deci, E. L., Koestner, R., & Ryan, R. M. (1999). A meta-analytic review of experiments examining the effects of extrinsic rewards on intrinsic motivation. *Psychological Bulletin, 125*, 627-668.
Deci, E. L., Koestner, & Ryan, R. M. (2001). Extrinsic rewards and intrinsic motivation in education: Reconsidered once again. *Review of Educational Research, 71*, 1-27.
Deci, E. L., La Guardia, J. G., Moller, A. C., Scheiner, M. J., & Ryan, R. M. (2006). On the benefits of giving as well as receiving autonomy support: Mutuality in close friendships. *Personality and Social Psychology Bulletin, 32*, 313-327.
Deci, E. L., & Ryan, R. M. (1985). The general causality orientations scale: Self-determination in personality. *Journal of Research in Personality, 19*, 109-134.
Deci, E. L., & Ryan, R. M. (2000). The "what" and "why" of goal pursuits: Human needs and the self-determination of behavior. *Psychological Inquiry, 11*, 227-268.
Deci, E. L., & Ryan, R. M. (2014). Autonomy and need satisfaction in close relationships: Relationships motivation theory. In N. Weinstein, *Human motivation and interpersonal relationships: Theory, research, and applications* (pp. 53-73). Dordrecht, Netherlands: Springer.
Deci, E. L., Ryan, R. M., Gagné, M., Leone, D. R., Usunov, J., & Komazheva, B. P. (2001). Need satisfaction, motivation, and well-being in the work organizations of a former eastern bloc country. A cross-cultural study of self-determination. *Personality and Social Psychology Bulletin, 27*, 930-942.
Di Domenico, S. I., & Ryan, R. M. (2017). The emerging neuroscience of intrinsic motivation: A new frontier in self-determination research. *Frontiers in Human Neuroscience, 11*, 145. doi: 10.3389/fnhum.2017.00145
Dittmar, H., Bond, R., Hurst, M., & Kasser, T. (2014). The relationship between materialism and personal well-being: A meta-analysis. *Journal of Personality and Social Psychology, 107*, 879-924.
Downie, M., Mageau, G. A., & Koestner, R. (2008). What makes for a pleasant social interaction? The motivational dynamics of interpersonal relations. *Journal of Social Psychology, 148*, 523-534.
Dunn, E. W., Aknin, L. B., & Norton, M. I. (2008). Spending money on others promotes happiness. *Science, 319*, 1687-1688.
Edmunds, J., Ntoumanis, N., & Duda, J. L. (2008). Testing a self-determination theory-based teaching style intervention in the exercise domain. *European Journal of Social Psychology, 38*, 375-388.

引用文献

Eisenberger, R. (1992). Learned industriousness. *Psychological Review, 99*, 248-267.

Eisenberger, R., & Cameron, J. (1996). Detrimental effects of rewards: Reality or myth? *American Psychologist, 51*, 1153-1166.

Eisenberger, R., Pierce, W. D., & Cameron, J. (1999). Effects of reward on intrinsic motivation — Negative, neutral, and positive: Comment on Deci, Koestner, and Ryan (1999). *Psychological Bulletin, 125*, 677-691.

Fernet, C., Gagné, M., & Austin, S. (2010). When does quality of relationships with coworkers predict burnout over time? The moderating role of work motivation. *Journal of Organizational Behavior, 31*, 1163-1180.

Froiland, J. M. (2011). Parental autonomy support and student learning goals: A preliminary examination of an intrinsic motivation intervention. *Child & Youth Care Forum, 40*, 135-149.

Gagné, M. (2003). The role of autonomy support and autonomy orientation in prosocial behavior engagement. *Motivation and Emotion, 27*, 199-223.

Gagné, M., & Deci, E. L. (2005). Self-determination theory as a new framework for understanding organizational behavior. *Journal of Organizational Behavior, 26*, 331-362.

Gagné, M., Forest, J., Gilbert, M. H., Aube, C., Morin, E., & Malorni, A. (2010). The motivation at work scale: validation evidence in two languages. *Educational and Psychological Measurement, 70*, 628-646.

Gillet, N., Morin, A. J. S., & Reeve, J. (2017). Stability, change, and implications of students' motivation profiles: A latent transition analysis. *Contemporary Educational Psychology, 51*, 222-239.

Goswami, I., & Urminsky, O. (2017). The dynamic effect of incentives on postreward task engagement. *Journal of Experimental Psychology, 146*, 1-19.

後藤崇志・川口秀樹・野々宮英二・市村賢士郎・楠見 孝・子安増生 (2017). 自律的動機づけと動機づけ調整方略の双方向的関係 心理学研究, *88*, 197-202.

Grouzet, F. M. E., Kasser, T., Ahuvia, A., Fernandez-Doles, J. M., Kim, Y., Lau, S., ... Sheldon, K. M. (2005). The structure of goal contents across 15 cultures. *Journal of Personality and Social Psychology, 89*, 800-816.

Guay, F., Mageau, G. A., & Vallerand, R. J. (2003). On the hierarchical structure of self-determined motivation: A test of top-down, bottom-up, reciprocal, and horizontal effects. *Personality and Social Psychology Bulletin, 29*, 992-1004.

Hadden, B. W., Rodriguez, L. M., Knee, C. R., & Porter, B. (2015). Relationship autonomy and support provision in romantic relationships. *Motivation and Emotion, 39*, 359-373.

Hagger, M. S., & Chatzisarantis, N. L. D. (2016). The trans-contextual model of autonomous motivation in education. *Review of Educational Research, 86*, 360-407.

萩原俊彦・櫻井茂男 (2008). "やりたいこと探し"の動機における自己決定性の検討：進路不決断に及ぼす影響の観点から 教育心理学研究, *56*, 1-13.

Hardré, P. L., & Reeve, J. (2003). A motivational model of rural students' intentions to persist in, versus drop out of, high school. *Journal of Educational Psychology, 95*, 347-356.

Hardré, P., & Reeve, J. (2009). Benefits of training corporate managers to adopt a more autonomy supportive style toward employees: An intervention study. *International Journal of Training and Development, 13*, 165-184.

Hewett, R. & Conway, N. (2016). The undermining effect revisited: The salience of everyday verbal rewards and self-determined motivation. *Journal of Organizational Behavior, 37*, 436-455.

Hidi, S. (2016). Revisiting the role of rewards in motivation and learning: Implications of neuroscientific research. *Educational Psychology Review, 128*, 61-93.

Howard, J. L., Gagné, M., & Bureau, J. S. (2017). Testing a continuum structure of self-determined motivation: A meta-analysis. *Psychological Bulletin, 143*, 1346-1377.

Howell, R., & Hill, G. (2009). The mediators of experiential purchases: Determining the impact of psychological needs satisfaction and social comparison. *Journal of Positive Psychology, 4*, 511-522.

Ilardi, B. C, Leone, D., Kasser, T., & Ryan, R. M. (1993). Employee and supervisor ratings of motivation: Main effects and discrepancies associated with job satisfaction and adjustment in a factory setting. *Journal of*

Applied Social Psychology, 23, 1789-1805.

Jang, H., Reeve, J., & Deci, E. L. (2010). Engaging students in learning activities: It is not autonomy support or structure but autonomy support and structure. *Journal of Educational Psychology, 102*, 588-600.

Jaspers, E. D. T., & Pieters, R. G. M. (2016). Materialism across the life span: An age-period-cohort analysis. *Journal of Personality and Social Psychology, 111*(3), 451-473.

Kahneman, D., & Deaton, A. (2010). High income improves evaluation of life but not emotional well-being. *Proceedings of the National Academy of Sciences of the United States of America, 107*, 16489-16493.

Kasser, T., Rosenblum, K. L., Sameroff, A. J., Deci, E. L., Niemiec, C. P., Ryan, R. M., ... Hawks, S. (2014). Changes in materialism, changes in psychological well-being: Evidence from three longitudinal studies and an intervention experiment. *Motivation and Emotion, 38*, 1-22.

Kasser, T., & Ryan, M. R. (1993). A dark side of the American dream: Correlates of financial success as a central life aspiration. *Journal of Personality and Social Psychology, 65*, 410-422.

Kasser, T., & Ryan, M. R. (1996). Further examining the American dream: Differential correlates of intrinsic and extrinsic goals. *Personality and Social Psychology Bulletin, 22*, 280-287.

Kasser, T., & Ryan, R. M. (2001). Be careful what you wish for: Optimal functioning and the relative attainment of intrinsic and extrinsic goals. In P. Schmuck & K. M. Sheldon (Eds.), *Life goals and well-being: Towards a positive psychology of human striving* (pp. 116-131). Ashland, OH: Hogrefe & Huber Publishers.

Krebs, R. M., Boehler, C. N., & Woldorff, M. G. (2010). The influence of reward associations on conflict processing in the Stroop task. *Cognition, 117*, 341-347.

Kreps, D. (1997). Intrinsic motivation and extrinsic incentives. *American Economic Review, 87*, 359-364.

La Guardia, J. G., Ryan, R. M., Couchman, C. E., & Deci, E. L. (2000). Within-person variation in security of attachment: A self-determination theory perspective on attachment, need fulfillment, and well-being. *Journal of Personality and Social Psychology, 79*, 367-384.

Lakes, N., Hope, N. H., Gouveia, L., Koestner, R., & Philippe, F. L. (2012). Influencing value priorities and increasing well-being: The effects of reflecting on intrinsic values. *Journal of Positive Psychology, 7*, 249-261.

Lee, W., Reeve, J., Xue, Y., & Xiong, J. (2012). Neural differences between intrinsic reasons for doing versus extrinsic reasons for doing: an fMRI study. *Neuroscience Research, 73*, 68-72.

Legault, L., & Inzlicht, M. (2013). Self-determination, self-regulation, and the Brain: Autonomy improves performance by enhancing neuro affective responsiveness to self-regulation failure. *Journal of Personality and Social Psychology, 105*, 123-138.

Levesque, C., Zuehlke, A. N., Stanek, L. R., & Ryan, R. M. (2004). Autonomy and competence in German and American university students: A comparative study based on self-determination theory. *Journal of Educational Psychology, 96*, 68-84.

Locke, H. S. & Braver, T. S. (2008). Motivational influences on cognitive control: Behavior, brain activation, and individual differences. *Cognitive, Affective, & Behavioral Neuroscience, 8*, 99-112.

Ma, Q., Jin, J., Meng, L., & Shen, Q. (2014). The dark side of monetary incentive: how does extrinsic reward crowd out intrinsic motivation. *Neuroreport, 25*, 194-198.

Maio, G. R., & Olson, J. M. (1998). Values as truisms: Evidence and implications. *Journal of Personality and Social Psychology, 74*, 294-311.

Marsden, K. E., Ma, W. J., Deci, E. L., Ryan, R. M., & Chiu, P. H. (2015). Diminished neural responses predict enhanced intrinsic motivation and sensitivity to external incentive. *Cognitive, Affective, & Behavioral Neuroscience, 15*, 276-286.

Martos, T., & Kopp, M. S. (2012). Life goals and well-being: Does financial status matter? Evidence from a representative Hungarian sample. *Social Indicators Research, 105*, 561-568.

Milyavskaya, M., Philippe, F., & Koestner, R. (2013). Psychological need satisfaction across levels of experience: Their organization and contribution to general well-being. *Journal of Research in Personality, 47*, 41-51.

引用文献

Montasem, A., Brown, S. L., & Harris, R. (2014). Subjective well-being in dentists: The role of intrinsic aspirations. *Community Dent Oral Epidemiol*, *42*, 279-288.

Murayama, K. & Kuhbandner, C. (2011). Money enhances memory consolidation: But only for boring material. *Cognition*, *119*, 120-124.

Murayama, K., Matsumoto, M., Izuma, K., & Matsumoto, K. (2010). Neural basis of the undermining effect of monetary reward on intrinsic motivation. *Proceedings of the National Academy of Sciences of the United States of America*. *107*, 20911-20916.

永作　稔・新井那二郎 (2005). 自律的高校進学動機と学校適応・不適応に関する短期縦断的検討　教育心理学研究, *53*, 516-528.

中井大介 (2015). 教師との関係の形成・維持に対する動機づけと担任教師に対する信頼感の関連　教育心理学研究, *63*, 359-371.

Ng, J. Y. Y., Ntoumanis, N., Thogersen-Ntoumani, C., Deci, E. L., Ryan, R. M., Duda, J. L., & Williams, G. C. (2012). Self-determination theory applied to health contexts: A meta-analysis. *Perspectives on Psychological Science*, *7*, 325-340.

Niemiec, C. P., Ryan, R. M., & Deci, E. L. (2009). The path taken: Consequences of attaining intrinsic and extrinsic aspirations in post-college life. *Journal of Research in Personality*, *43*, 291-306.

Nishimura, T., & Suzuki, T. (2016). Basic psychological need satisfaction and frustration in Japan: Controlling for the Big five personality traits. *Japanese Psychological Research*, *58*, 320-331.

Ntoumanis, N., Barkoukis, V., & Thøgersen-Ntoumani, C. (2009). Developmental trajectories of motivation in physical education: Course, demographic differences, and antecedents. *Journal of Educational Psychology*, *101*, 717-728.

岡田　涼 (2008). 友人との学習活動における自律的な動機づけの役割に関する研究　教育心理学研究, *56*, 14-22.

岡田　涼 (2010a). 自己決定理論における動機づけ概念間の関連性：メタ分析による相関係数の統合　パーソナリティ研究, *18*, 152-160.

岡田　涼 (2010b). 小学生から大学生における学習動機づけの構造的変化：動機づけ概念間の関連性についてのメタ分析　教育心理学研究, *58*, 414-425.

Otis, N., Grouzet, F. M., & Pelletier, L. G. (2005). Latent motivational change in an academic setting: A 3-year longitudinal study. *Journal of Educational Psychology*, *97*, 170-183.

Padmala, S., & Pessoa, L. (2011). Reward reduces conflict by enhancing attentional control and biasing visual cortical processing. *Journal of Cognitive Neuroscience*, *23*, 3419-3432.

Patrick, H., Knee, C. R., Canevello A., & Lonsbary, C. (2007). The role of need fulfillment in relationship functioning and well-being: A self-determination theory perspective. *Journal of Personality and Social Psychology*, *92*, 434-457.

Ratelle, C. F., Guay, F., Vallerand, R. J., Larose, S., & Senécal, C. (2007). Autonomous, controlled, and amotivated types of academic motivation: A person-oriented analysis. *Journal of Educational Psychology*, *99*, 734-746.

Reeve J., Jang, H., Garrell, D., Jeon, S., & Barch, J. (2004). Enhancing students' engagement by increasing teachers' autonomy support. *Motivation and Emotion*, *28*, 147-169.

Reinboth, M., & Duda, J. L. (2006). Perceived motivational climate, need satisfaction and indices of well-being in team sports: A longitudinal perspective. *Psychology of Sport and Exercise*, *7*, 269-286.

Reyes-García, V., Babigumira, R., Pyhälä, A., Wunder, S., Zorondo-Rodríguez, F., & Angelsen, A. (2016). Subjective wellbeing and income: Empirical patterns in the rural developing world. *Journal of Happiness Studies*, *17*, 773-791.

Ryan, R. M., Chirkov, V. I., Little, T. D., Sheldon, K. M., Timoshina, E., & Deci, E. L. (1999). The American dream in Russia: Extrinsic aspirations and well-being in two cultures. *Personality and Social Psychology Bulletin*, *25*, 1509-1524.

Ryan, R. M., & Connell, J. P. (1989). Perceived locus of causality and internalization: examining reasons for acting in two domains. *Journal of Personality and Social Psychology*, *57*, 749-761.

Ryan, R. M., & Deci, E. L. (2006). Self-regulation and the problem of human autonomy: Does psychology need

choice, self-determination, and will? *Journal of Personality, 74*, 1557-1586.
Ryan, R. M., & Deci, E. L. (2017). *Self-determination theory: Basic psychological needs in motivation, development and wellness*. New York: The Guilford Press.
Ryan, R. M., Patrick, H., Deci, E. L., & Williams, G. C. (2008). Facilitating health behavior change and its maintenance: Interventions based on self-determination theory. *European Health Psychologist, 10*, 2-5.
Schmuck, P., Kasser, T., & Ryan, R. (2000). Intrinsic and extrinsic goals: Their structure and relationship to well-being in German and US college students. *Social Indicators Research, 50*, 225-241.
Soenens, B., Berzonsky, M. D., Vansteenkiste, M., Beyers, W., & Goossens, L. (2005). Identity styles and causality orientations: In search of the motivational underpinnings of the identity exploration process. *European Journal of Personality, 19*, 427-442.
Stevenson, B., & Wolfers, J. (2013). Subjective well-being and income: Is there any evidence of satisfaction? *American Economic Review, 103*, 598-604.
Su, Y., & Reeve, J. (2011). A meta-analysis of the effectiveness of intervention programs designed to support autonomy. *Educational Psychology Review, 23*, 159-188.
鈴木雅之・西村多久磨・孫　媛 (2015). 中学生の学習動機づけの変化とテスト観の関係　教育心理学研究, *63*, 372-385.
Taylor, G., Jungert, T., Mageau, G. A., Schattke, K., Dedic, H., Rosenfield, S., & Koestner, R. (2014). A self-determination theory approach to predicting school achievement over time: The unique role of intrinsic motivation. *Contemporary Educational Psychology, 39*, 342-358.
Unanue, W., Dittmar, H., Vignoles, V. L., & Vansteenkiste, M. (2014). Materialism and well-being in the UK and Chile: Basic need satisfaction and basic need frustration as underlying psychological processes. *European Journal of Personality, 28*, 569-585.
Vallerand, R. J. (1997). Toward a hierarchical model of intrinsic and extrinsic motivation. In M. P. Zanna (Ed.), *Advances in experimental social psychology* (Vol. 29, pp. 271-360). San Diego, CA, US: Academic Press.
Vallerand, R. J., Pelletier, L. G., Blais, M. R., Brière, N. M., Senecal, C., & Vallieres, E. F. (1992). The academic motivation scale: A measure of intrinsic, extrinsic, and amotivation in education. *Educational and Psychological Measurement, 52*, 1003-1017.
Van Hiel, A., & Vansteenkiste, M. (2009). Ambitions fulfilled? The effects of intrinsic and extrinsic goal attainment on older adults' ego-integrity and death attitudes. *The International Journal of Aging & Human Development, 68*, 27-51.
Vansteenkiste, M., Niemiec, C., & Soenens, B. (2010). The development of the five mini-theories of self-determination theory: A historical overview, emerging trends and future directions. In T. Urdan & S. Karabenick (Eds.), *Advances in motivation and achievement, vol. 16: The decade ahead* (pp. 105-166). UK: Emerald Publishing.
Vansteenkiste, M., & Ryan, R. M. (2013). On psychological growth and vulnerability: Basic psychological need satisfaction and need frustration as a unifying principle. *Journal of Psychotherapy Integration, 23*, 263-280.
Vlachopoulos, S. P., & Michailidou, S. (2006). Development and initial validation of a measure of autonomy, competence, and relatedness in exercise: The basic psychological needs in exercise scale. *Measurement in Physical Education and Exercise Science, 10*, 179-201.
Wiechman, B. M., & Gurland, S. T. (2009). What happens during the free-choice period? Evidence of a polarizing effect of extrinsic rewards on intrinsic motivation. *Journal of Research in Personality, 43*, 716-719.
Williams, G. C., Cox, E. M., Hedberg, V. A., & Deci, L. E. (2000). Extrinsic life goals and health-risk behaviors in adolescents. *Journal of Applied Social Psychology, 30*, 1756-1771.
Williams, G. C., McGregor, H., Sharp, D., Levesque, C. S., Kouides, R. W., Ryan, R. M. & Deci, E. L. (2006). Testing a self-determination theory intervention for motivating tobacco cessation: Supporting autonomy and competence in a clinical trial. *Health Psychology, 25*, 91-101.

引用文献

吉崎聡子・平岡恭一（2015）．自己決定理論に基づく動機づけと自己効力感からみたキャリア探索　心理学研究, **86**, 55-61.
Yu, S., Levesque-Bristol, C., & Maeda, Y. (2018). General need for autonomy and subjective well-being: A meta-analysis of studies in the US and East Asia. *Journal of Happiness Studies*, **19**, 1863-1882.

●3章

赤松大輔（2017）．高校生の英語の学習観と学習方略，学業成績との関連：学習観内，学習方略内の規定関係に着目して　教育心理学研究, **65**, 265-280.
Bråten, I., & Strømsø, H. I. (2004). Epistemological beliefs and implicit theories of intelligence as predictors of achievement goals. *Contemporary Educational Psychology*, **29**, 371-388.
Chen, J. A., & Pajares, F. (2010). Implicit theories of ability of Grade 6 science students: Relation to epistemological beliefs and academic motivation and achievement in science. *Contemporary Educational Psychology*, **35**, 75-87.
Conley, A. M., Pintrich, P. R., Vekiri, I., & Harrison, D. (2004). Changes in epistemological beliefs in elementary science students. *Contemporary Educational Psychology*, **29**, 186-204.
Dahl, T. I., Bals, M., & Turi, A. L. (2005). Are students' beliefs about knowledge and learning associated with their reported use of learning strategies? *British Journal of Educational Psychology*, **75**, 257-273.
Deci, E. L., & Ryan, R. M. (2004). *Handbook of self-determination research*. University of Rochester Pr.
Dweck, C. S., & Leggett, E. L. (1988). A social-cognitive approach to motivation and personality. *Psychological Review*, **95**, 256.
Elliot, A. J., & McGregor, H. A. (2001). A 2 × 2 achievement goal framework. *Journal of Personality And Social Psychology*, **80**, 501-519.
福田麻莉（2017）．家庭学習のつまずき場面における数学の教科書・参考書の自発的利用　教育心理学研究, **65**, 346-360.
Hofer, B. K. (2000). Dimensionality and disciplinary differences in personal epistemology. *Contemporary Educational Psychology*, **25**, 378-405.
Hofer, B. K. (2004). Epistemological understanding as a metacognitive process: Thinking aloud during online searching. *Educational Psychologist*, **39**, 43.
Hofer, B. K., & Pintrich, P. R. (1997). The development of epistemological theories: Beliefs about knowledge and knowing and their relation to learning. *Review of Educational Research*, **67**, 88-140.
堀野　緑・市川伸一（1997）．高校生の英語学習における学習動機と学習方略　教育心理学研究, **45**, 140-147.
市川伸一（2004）．学ぶ意欲とスキルを育てる：今求められる学力向上策　小学館
市川伸一・堀野　緑・久保信子（1998）．学習方法を支える学習観と学習動機　市川伸一（編）　認知カウンセリングから見た学習方法の相談と指導（pp.186-203）　ブレーン出版
犬塚美輪（2016）．大学初年次生の数学信念の構造：関連要因の探索的検討　教育心理学研究, **64**, 13-25.
鹿毛雅治（2013）．動機づけ　安藤寿康・鹿毛雅治（編）　教育心理学：教育の科学的解明をめざして　慶應義塾大学出版会
Kardash, C. M., & Howell, K. L. (2000). Effects of epistemological beliefs and topic-specific beliefs on undergraduates' cognitive and strategic processing of dual-positional text. *Journal of Educational Psychology*, **92**, 524-535.
Muis, K. R. (2007). The role of epistemic beliefs in self-regulated learning. *Educational Psychologist*, **42**, 173-190.
Muis, K. R., & Franco, G. M. (2009). Epistemic beliefs: Setting the standards for self-regulated learning. *Contemporary Educational Psychology*, **34**, 306-318.
村山　航（2003）．テスト形式が学習方略に与える影響　教育心理学研究, **51**, 1-12.
村山　航（2006）．テスト形式スキーマへの介入が空所補充テストと学習方略の関係に及ぼす影響　教育心理学研究, **54**, 63-74.
長濱文与・安永　悟・関田一彦・甲原定房（2009）．協同作業認識尺度の開発　教育心理学研究, **57**, 24-37.

中山　晃（2005）．日本人大学生の英語学習における目標志向性と学習観および学習方略の関係のモデル化とその検討　教育心理学研究, *53*, 320-330.
Neber, H., & Schommer-Aikins, M. (2002). Self-regulated science learning with highly gifted students: The role of cognitive, motivational, epistemological, and environmental variables. *High Ability Studies*, *13*, 59-74.
野村亮太・丸野俊一（2011）．個人の認識論についての多重時間スケールモデルの提唱　教育心理学研究, *59*, 244-256.
野村亮太・丸野俊一（2014）．授業を協同的活動の場として捉えるための認識的信念　教育心理学研究, *62*, 257-272.
野村亮太・丸野俊一（2017）．質問と回答を取り入れた授業による認識的信念の変容　教育心理学研究, *65*, 145-159.
小野田亮介・篠ヶ谷圭太（2014）．リアクションペーパーの記述の質を高める働きかけ　教育心理学研究, *62*, 115-128.
Pintrich, P. R., Smith, D. A., Garcia, T., & McKeachie, W. J. (1993). Reliability and predictive validity of the Motivated Strategies for Learning Questionnaire (MSLQ). *Educational and Psychological Measurement*, *53*, 801-813.
Pintrich, P. R., Smith, D. F., Garcia, T., & McKeachie, W. J. (1991). A manual for the use of the Motivated Strategies for Learning Questionnaire (MSLQ).
Schommer, M. (1990). Effects of beliefs about the nature of knowledge on comprehension. *Journal of Educational Psychology*, *82*, 498-504.
篠ヶ谷圭太（2008）．予習が授業理解に与える影響とそのプロセスの検討：学習観の個人差に注目して　教育心理学研究, *56*, 256-267.
篠ヶ谷圭太（2011）．学習を方向づける予習活動の検討：質問に対する解答作成と自信度評定に着目して　教育心理学研究, *59*, 355-366.
鈴木　豪（2013）．小・中学生の学習観とその学年間の差異　教育心理学研究, *61*, 17-31.
鈴木　豪（2016）．小学校高学年における学習観と算数の課題解決との関連　教育心理学研究, *64*, 327-339.
鈴木雅之（2011）．ルーブリックの提示による評価基準・評価目的の教示が学習者に及ぼす影響：テスト観・動機づけ・学習方略に着目して　教育心理学研究, *59*, 131-143.
鈴木雅之・西村多久磨・孫　媛（2015）．中学生の学習動機づけの変化とテスト観の関係　教育心理学研究, *63*, 372-385.
辰野千壽（1997）．学習方略の心理学：賢い学習者の育て方　図書文化
植木理恵（2002）．高校生の学習観の構造　教育心理学研究, *50*, 301-310.
植阪友理（2010）．学習方略は教科間でいかに転移するか：「教訓帰納」の自発的な利用を促す事例研究から　教育心理学研究, *58*, 80-94.
Uesaka, Y., Seo, M., & Ichikawa, S. (2009). Students' cognitive and non-cognitive beliefs about learning as a factor in learning skills acquisition: Suggestions from cognitive counselling. *He iti te matakahi, pakaru rikiriki te tōtara.*, 89-100.
Yang, N.-D. (1999). The relationship between EFL learners' beliefs and learning strategy use. *System*, *27*, 515-535.
Wolters, C. A., Shirley, L., & Pintrich, P. R. (1996). The relation between goal orientation and students' motivational beliefs and self-regulated learning. *Learning and Individual Differences*, *8*, 211-238.

● 4章

Abramson, L. Y., Seligman, M. E. P., & Teasdale, J. D. (1978). Learned Helplessness in Humans: Critique and Reformulation. *Abnormal Psychology*, *87*, 49-74.
安藤清志（1990）．「自己の姿の表出」の段階　中村陽吉（編）「自己過程」の社会心理学（pp.143-198）　東京大学出版会
荒木友希子（2012）．学習性無力感パラダイムを用いた防衛的悲観主義に関する実験的検討　健康心理学研究, *25*,

引用文献

104-113.
Banaji, M. R., & Prentice, D. A. (1994). The self in social contexts. *Annual Review of Psychology, 45*, 297-332.
Bargh, J. A. (1990). Auto-motives: Preconscious determinants of social interaction In E. T. Higgins, R. M. Sorrentino (Eds.), *Handbook of motivation and cognition.* (pp. 93-130). New York: Guilford Press.
Bargh, J. (1994). The four horsemen of automaticity: Awareness, efficiency, intention, and control in social cognition. In J. R. S. Wyer, & T. K. Srull (Eds.), *Handbook of social cognition* (2nd ed., pp. 1-40). Hillsdale, NJ: Erlbaum.
Bargh, J. A., Chen, M., & Burrows, L. (1996). Automaticity of social behavior: Direct effects of trait construct and stereotype activation on action. *Journal of Personality and Social Psychology, 71*, 230-244.
Bargh, J. A., Gollwitzer, P. M., Lee-Chai, A., Barndollar, K., & Trötschel, R. (2001). The automated will: Nonconscious activation and pursuit of behavioral goals. *Journal of Personality and Social Psychology, 81*, 1014-1027.
Carver, C. S., & White, T. L. (1994). Behavioral inhibition, behavioral activation, and affective responses to impending reward and punishment: The BIS/BAS Scales. *Journal of Personality and Social Psychology, 67*, 319-333.
Chartrand, T. L., & Bargh, J. A. (1999). The chameleon effect: The perception-behavior link and social interaction. *Journal of Personality and Social Psychology, 76*, 893-910.
Christopher, A. N., Saliba, L., & Deadmarsh, E. J. (2009). Materialism and well-being: The mediating effect of locus of control. *Personality and Individual Differences, 46*, 682-686.
Cialdini, R. B., Borden, R. J., Thorne, A., Walker, M. R., Freeman, S., & Sloan, L. R. (1976). Basking in reflected glory: Three (football) field studies. *Journal of Personality and Social Psychology, 34*, 366-375.
Covington, M. (2009). Self-worth theory: Retrospection and prospects. In K. R. Wenzel & A. Wigfield (Eds.), *Educational psychology handbook series Handbook of motivation at school* (pp. 141-169). New York, NY, US: Routledge.
Covington, M. V., & Omelich, C. L. (1979). Effort: The double-edged sword in school achievement. *Journal of Educational Psychology, 71*, 169-182.
Diener, C., & Dweck, C. (1978). An analysis of learned helplessness: Continuous changes in performance, strategy, and achievement cognitions following failure. *Journal of Personality and Social Psychology, 36*, 451-462.
土居健郎（1971）．「甘え」の構造　弘文堂
Doyens, S., Klein, O., Pichon, C-L., & Cleeremans, A. (2012). Behavioral priming: It's all in the mind, but whose mind? *PLoS ONE, 7*, e29081.
Ferrari, J. R. (1991). Self-handicapping by procrastinators: Protecting self-esteem, social-esteem, or both? *Journal of Research in Personality, 25*, 245-261.
Gray, J. A. (1982). *Neuropsychological theory of anxiety.* New York: Oxford University Press.
Gray, J. A. (1987). *The psychology of fear and stress.* Cambridge University Press.
Higgins, E. T. (2000). Making a good decision: Value from fit. *American Psychologist, 55*, 1217-1230.
Higgins, E. T. (2007). Regulatory fit. In J. Shah & W. Gardner (Eds.), *Handbook of motivation science* (pp. 356-372). New York: Guilford Press.
Higgins, E. T., & Silberman, I. (1998). Development of regulatory focus: Promotion and prevention as ways of living. In J. Heckhausen & C. S. Dweck (Eds.), *Motivation and self-regulation across the life span* (pp. 78-113). New York: Cambridge University Press.
池上知子（2001）．自動処理・統制処理：意識と無意識の社会心理学　唐沢　穣・池上知子・唐沢かおり・大平英樹（著）　社会的認知の心理学：社会を描く心のはたらき（pp. 130-151）　ナカニシヤ出版
伊藤忠弘（1994）．セルフ・ハンディキャッピングの統制可能性・安定性および形態が観察者の印象に及ぼす影響　社会心理学研究, *10*, 24-34.
伊藤忠弘（1995）．自尊心の維持と高揚　宮本美沙子・奈須正裕（編）　達成動機の理論と展開：続・達成動機の心理学（pp. 161-186）　金子書房

引用文献

Jones, E. E., & Berglas, S. (1978). Control of attributions about the self through self-handicapping strategies: The appeal of alcohol and the role of underachievement. *Personality and Social Psychology Bulletin, 4*, 200-206.
鹿毛雅治 (2013). 学習意欲の理論：動機づけの教育心理学　金子書房
鹿毛雅治 (2018). 学習動機づけ研究の動向と展望　教育心理学年報, *57*, 155-170.
鎌原雅彦・樋口一辰・清水直治 (1982). Locus of Control 尺度の作成と信頼性，妥当性の検討　教育心理学研究, *30*, 302-307.
Kim, S., Fernandez, S., & Terrier, L. (2017). Procrastination, personality traits, and academic performance: When active and passive procrastination tell a different story. *Personality and Individual Differences, 108*, 154-157.
北村英哉 (2013). 社会的プライミング研究の歴史と現況：特性プライミング，目標プライミング，評価プライミング，感情プライミング，マインドセット・プライミングの研究動向　認知科学, *20*, 293-306.
光浪睦美 (2010). 達成動機と目標志向性が学習行動に及ぼす影響：認知的方略の違いに着目して　教育心理学研究, *58*, 348-360.
三和秀平・外山美樹・長峯聖人・湯　立・相川　充 (2017). 制御焦点の違いが上方比較後の動機づけおよびパフォーマンスに与える影響　教育心理学研究, *65*, 489-500.
Molden, D. C., Lee, A. Y., & Higgins, E. T. (2008). Motivations for promotion and prevention. In J. Shah & W. L. Gardner (Eds.), *Handbook of motivation science* (pp. 169-189). New York: Guilford Press.
Morling, B., & Evered, S. (2006). Secondary control reviewed and defined. *Psychological Bulletin, 132*, 269-296.
Morris, P. E., & Fritz, C. O. (2015). Conscientiousness and procrastination predict academic coursework marks rather than examination performance. *Learning and Individual Differences, 39*, 193-198.
Nisbett, R., & Wilson, T. (1977). Telling more than we can know: Verbal reports on mental processes. *Psychological Review, 84*, 231-259.
Norem, J. K., & Cantor, N. (1986). Defensive pessimism: Harnessing anxiety as motivation. *Journal of Personality and Social Psychology, 51*, 1208-1217.
Norem, J. K. & Illingworth, K. S. S. (1993). Strategy-dependent effects of reflecting on self and tasks: Some implications for optimism and defensive pessimism. *Journal of Personality and Social Psychology, 65*, 822-835.
奈須正裕 (1995). 達成動機づけ理論　宮本美沙子・奈須正裕 (編)　達成動機の理論と展開：続・達成動機の心理学 (pp. 41-71)　金子書房
及川昌典 (2005). 知能観が非意識的な目標追求に及ぼす影響　教育心理学研究, *53*, 14-25.
及川昌典 (2012). 知られざる力　鹿毛雅治 (編著)　モティベーションをまなぶ 12 の理論：ゼロからわかる「やる気の心理学」入門！ (pp. 135-159)　金剛出版
及川昌典・及川　晴 (2010). 自己制御における意識と無意識：意識的編集と目標プライミングの効果　心理学研究, *81*, 485-491.
Otto, A. R., Markman, A. B., Gureckis, T. M., & Love, B. C. (2010). Regulatory fit and systematic exploration in a dynamic decision-making environment. *Journal of Experimental Psychology: Learning, Memory, and Cognition, 36*, 797-804.
尾崎由佳 (2011). 制御焦点と感情：促進焦点と予防焦点にかかわる感情の適応的機能　感情心理学研究, *18*, 125-134.
Reeve, J. (2001). *Understanding motivation and emotion* (3rd Ed.). Orlando, FL: Harcourt.
Rosenberg, M. (1965). *Society and the adolescent self-image*. Princeton, NJ: Princeton University Press.
Roth, S., & Bootzin, R. R. (1974). Effects of experimentally induced expectancies of external control: An investigation of learned helplessness. *Journal of Personality and Social Psychology, 29*, 253-264.
Rothbaum, F., Weisz, J. R., & Snyder, S. S. (1982). Changing the world and changing the self: A two-process model of perceived control. *Journal of Personality and Social Psychology, 42*, 5-37.
Rotter, J. (1966). Generalized expectancies for internal versus external control of reinforcement. *Psychological Monographs, 80*, 1-28.

引用文献

澤海崇文（2015）．対人場面におけるコントロール方略についての実証的研究　東京大学人文社会系研究科博士学位論文（未公刊）
Seligman, M. E. P. (1975). *Helplessness: On Depression, Development and Death*. San Francisco: Freeman.
下條信輔（2008）．サブリミナル・インパクト：情動と潜在認知の現代　筑摩書房
潮村公弘（2001）．自動的処理，自動性　山本眞理子・外山みどり・池上知子・遠藤由美・北村英哉・宮本聡介（編）　社会的認知ハンドブック（p.263）　北大路書房
塩崎万里（2018）．教育現場で自尊感情への関心が高いのはなぜか　児童心理，*72*, 418-423.
Srull, T. K., & Wyer, R. S. (1979). The role of category accessibility in the interpretation of information about persons: Some determinants and implications. *Journal of Personality and Social Psychology*, *37*, 1660-1672.
須藤康介（2015）．小学生の努力主義の形成要因と帰結：「頑張ればできる」勉強観の功罪　ベネッセ教育総合研究所　小中学生の学びに関する調査報告書, 1-11.
高橋雄介・山形伸二・木島伸彦・繁桝算男・大野　裕・安藤寿康（2007）．Grayの気質モデル：BIS/BAS尺度日本語版の作成と双生児法による行動遺伝学的検討　パーソナリティ研究，*15*, 276-289.
竹村明子・仲　真紀子（2012）．二次的コントロール概念の多様性と今後の課題　教育心理学研究，*60*, 211-226.
田中道弘（2014）．Locus of Controlが精神的健康に与える影響について：自己肯定感と病理的特徴に基づく自己愛との視点から　自己心理学，*6*, 53-56.
Tesser, A. (1988). Toward a self-evaluation maintenance model of social behavior. In L. Berkowitz (Ed.), *Advances in experimental social psychology* (Vol. 21). (pp. 181-227). San Diego, CA: Academic Press.
塚原拓馬（2008）．2次コントロール研究の展望：学習性無力感理論修正と生涯発達心理学への示唆　心理学評論，*51*, 396-414.
塚原拓馬（2010）．1次／2次コントロールにおけるBack/upモデルの検証：尺度作成と否定的な事態に対するコントロール方略の作動関係　教育心理学研究，*58*, 186-197.
渡邊芳之（2016）．心理学のデータと再現可能性　心理学評論，*59*, 98-107.
山田　歩・外山みどり（2010）．もっともらしい理由による選択の促進　心理学研究，*81*, 492-500.
山田恭子・中條和光（2011）．課題遂行に及ぼす達成プライミングの効果　日本教育心理学会第53回総会発表論文集，277.

●5章

秋田喜代美（2004）．授業への心理学的アプローチ：文化的側面に焦点を当てて　心理学評論，*47*, 318-331.
東　洋・柏木惠子・R. D. ヘス（1981）．母親の態度・行動と子どもの知的発達：日米比較研究　東京大学出版会
Bruner, J. (1996). *The culture of education*. Cambridge: MA: Harvard University Press. 岡本夏木・池上貴美子・岡村佳子（訳）（2004）．教育という文化　岩波書店
Cazden, C. (1986). Classroom discource. In M. Wittrock (Ed.), *Handbook of research on teaching* (3rd ed., pp. 432-463). New York: Macmillan.
Cole, M. (1996). *Cultural psychology: A once and future discipline*. Cambridge: Harvard University Press. 天野　清（訳）（2002）．文化心理学　新曜社
Dweck, C. S. (2007). *Mindset: The new psychology of success*. New York: Penguin Random House. 今西康子（2016）．マインドセット「やればできる！」の研究　草思社
Dweck, C. S. (2009). Forum. In M. Tomasello, *Why we cooperate* (pp. 125-136). Cambridge: The MIT Press. 橋彌和秀（訳）（2013）．ヒトはなぜ協力するのか（pp. 101-108）　勁草書房
榎本美香（2016）．書評　マイケル・トマセロ（著）橋彌和秀（訳）（2013）．「ヒトはなぜ協力するのか」　勁草書房　認知科学，*23*, 427-430.
Fleer, M. (2011). Motives as a central concept for learning. In D. M., McInerney, R. A., Walker, & G. A. D. Liem, (Eds.), *Sociocultural theories of learning and motivation: Looking back, looking forward* (pp. 65-85). Charlotte: North Carolina.
Gharabaghi, K. (2011). A culture of education: enhancing school performance of youth living in residential group care in Ontario. *Child Welfare*, *90*, 75-91.

Gutierrez, K. D. & Rogoff, B.（2003）．Cultural ways of learning: individual traits or repertoires of practice. *Educational Researcher, 32*, 19-25.
原　知章（1999）．「文化」の再想像「全体としての文化」から「メディアに媒介された文化」へ　川野健治・圓岡偉男・余語琢磨（編）（1999）．間主観性の人間科学　他者・行為・物・環境の言説再構にむけて（pp. 122-154）　言叢社
Hardy S. A., Walker, L. J., Olsen, J. A., Woodbury R. D., & Hickman J. R.（2014）．Moral identity as moral ideal self: Links to adolescent outcomes. *Developmental Psychology, 50*(1), 45-57.
畑野　快・原田　新（2014）．大学生の主体的な学習を促す心理的要因としてのアイデンティティと内発的動機づけ：心理社会的自己同一性に着目して　発達心理学研究, *25*, 67-75.
Heckman, J. J., & Masterov, D. V.（2007）．The productivity argument for investing in young children. *NBER working paper No. 13016*.
Horn, I. S.（2008）．Minding the gaps: Recontextualizing teaching practices from coursework to the field. *Paper presented at the annual meeting of the American Educational Research Association*. New York, NY.
Horn, I. S.（2010）．Teaching replays, teaching rehearsals, and re-visions of practice: Learning from colleagues in a mathematics teacher community. *Teachers College Record, 112*, 225-259.
Horn, I. S., & Campbell, S. S.（2015）．Developing pedagogical judgement in novice teacher: Mediated field experience as a pedagogy in teacher education. *Pedagogies, 10*, 149-176.
保坂裕子（1998）．教室学習場面における動機とアイデンティティの物語的構成　教育方法学研究, *24*, 39-48.
保坂裕子（2016）．社会的排除対策としての児童養護施設への教育文化導入について：大学生による学習支援ボランティア活動の課題と展望　兵庫県立大学環境人間学部研究報告, *18*, 19-28.
伊田勝憲（2017）．アイデンティティに基づく学習動機づけの形成　静岡大学教育学部研究報告（人文・社会・自然科学篇）, *67*, 159-170.
石黒広昭（2008）．保育心理学の射程　石黒広昭（編著）．保育心理学の基底（pp. 1-32）　萌文書林
石黒広昭（2010）．実践としての文化：文化に対する社会歴史的アプローチ　石黒広昭・亀田達也（編）　文化と実践　心の本質的社会性を問う（pp. 107-158）　新曜社
石黒広昭（2016）．子どもたちは教室で何を学ぶのか：教育実践論から学習実践論へ　東京大学出版会
伊藤忠弘（2004）．自己と動機づけ　上淵　寿（編著）　動機づけ研究の最前線（pp. 61-86）　北大路書房
伊藤忠弘・上淵　寿・藤井　勉・大家まゆみ（2013）．達成動機づけにおける重要な他者の果たす役割：日本と韓国の比較研究　学習院大学東洋文化研究所, *58*, 1-67.
Iyengar, S. S. & Lepper, M.（1999）．Rethinking the value of choice: Considering cultural mediators of intrinsic motivation. In V. Murphy-Berman & J. J. Berman (Eds.), *Nebraska Symposium on Motivation: Vol. 49. Cross-cultural differences in perspectives on the self* (pp. 129-174). Lincoln: University of Nebraska Press.
香川秀太（2011）．状況論の拡大：状況的学習, 文脈横断, そして共同体間の「境界」を問う議論へ　認知科学, *18*, 604-623.
亀田達也（2010）．社会歴史的アプローチ, 実践の共同体, および"ヒト―人"問題をめぐって：石黒論文を中心とするコメント　石黒広昭・亀田達也（編）文化と実践：心の本質的社会性を問う（pp. 185-198）　新曜社
鹿子木康弘（2014）．発達早期における向社会性：その性質と変容　発達心理学研究, *25*, 443-452.
柏木惠子（2015）．新装版　子どもの「自己」の発達　東京大学出版会
木村大治（2018）．見知らぬものと出会う：ファースト・コンタクトの相互行為論　東京大学出版会
北山　忍（1994）．文化的自己観と心理的プロセス　社会心理学研究, *10*, 153-167.
小島康生（2016）．人間の観察研究における再現可能性の問題　心理学評論, *59*, 108-113.
Lave, J.（1996）．Teaching, as learning, in practice. *Mind, Culture and Activity, 3*, 149-164.
Lave, J., & Wenger, E.（1991）．*Situated learning: Legitimate peripheral participation*. Cambridge: Cambridge university press. 佐伯　胖（訳）（1993）．状況に埋め込まれた学習：正統的周辺参加　産業図書
Lepper, M. R., Greene, D., & Nisbett, R. E.（1973）．Undermining children's intrinsic interest with extrinsic reward: A test of the "overjustification" hypothesis. *Journal of Personality and Social Psychology, 28*, 129-137.

引用文献

Manchi, C. M., Sujata, V., Anirban, M., & Rajeev, D. (2017). Do rewards reinforce the growth mindset?: Joint effect of the growth mindset and incentive schemes in a field intervention. *Journal of Experimental Psychology, 146*, 1402-1419.

Markus, H. R., & Kitayama, S. (1991). Culture and the self: Implications for cognition, emotion, and motivation. *Psychological Review, 98*, 224-253.

Matthews, J. S., Banerjee. M., & Lauermann, F. (2014). Academic identity formation and motivation among ethnic minority adolescents: The role of 'self' between internal and external perceptions of identity. *Child Development, 85*, 2355-2373.

宮崎清孝 (1998). 心理学は実践知をいかにして越えるか:研究が実践の場に入るとき　佐伯　胖・宮崎清孝・佐藤　学・石黒広昭（編著）　心理学と教育実践の間で　東京大学出版会

宮崎清孝 (2009). 子どもの学び 教師の学び:斎藤喜博とヴィゴツキー派教育学　一莖書房

森永康子・坂田桐子・古川善也・福留広大 (2017). 女子中高生の数学に対する意欲とステレオタイプ　教育心理学研究, *65*, 375-387.

本山方子 (2004). 小学3年生の発表活動における発表者の自立過程:「声が小さい」ことの問題化と「その子らしさ」の発見を中心に　質的心理学研究, *3*, 49-75.

無藤　隆 (2016). 生涯の学びを支える「非認知能力」をどう育てるか　これからの幼児教育ベネッセ教育総合研究所, 18-21.

内閣府 (2014). 平成26年版 子ども・若者白書　特集 今を生きる若者の意識:国際比較から見えてくるもの　自己認識
http://www8.cao.go.jp/youth/whitepaper/h26honpen/tokushu_02.html（2018年9月18日閲覧）

内藤美加 (2011). "心の理論"の概念変化:普遍性から社会文化的構成へ　心理学評論, *54*, 249-263.

奈須正裕 (2017).「資質・能力」と学びのメカニズム　東洋館出版社

西村多久磨・櫻井茂男 (2012). 小中学生における学習動機づけの構造的変化　心理学研究, *83*, 546-555.

Nolen, S. B., Horn, I. S., & Ward, C. J. (2015). Situating motivation. *Educational Psychologist, 50*, 234-247.

Nolen, S. B., Horn, I. S., Ward, C. J., & Childers, S. (2011). Assessment tools as boundary objects in novice teachers' learning. *Cognition and Instruction, 29*, 88-122.

Nolen, S. B., & Ward, C. K. (2008). Sociocultural and situative approaches to studying motivation. *Social Psychological Perspectives Advances in Motivation and Achievement, 15*, 425-460.

大家まゆみ (2004). 社会文化的アプローチ　上淵　寿（編著）動機づけ研究の最前線 (pp. 128-145)　北大路書房

Open Science Collaboration (2015). Estimating the reproducibility of psychological science. *Science, 249*, aac4716.

Oyserman, D., & Destin, M. (2010). Identity-Based Motivation: Implications for intervention. *The Counseling Psychologist, 38*, 1001-1043.

Paris, S. G., Byrnes, J. P., & Paris, A. H. (2001). Constructing theories, identities, and actions for self-regulated learners. In B. J. Zimmerman, & D. H. Schunk (Eds.), *Self-regulated learning and academic achievement: Theoretical perspectives* (2nd ed., pp. 253-287). Mahwah, NJ: Erlbaum.

Pintrich, P. R. (2000). The role of motivation in self-regulated learning. In M. Boekaerts, P. R. Pintrich, & M. Zeidner (Eds.), *Handbook of self-regulation* (pp. 451-502). New York: Academic Press.

Rogoff, B. (2003). *The cultural nature of human development.* USA: Oxford University Press. 當眞千香子（訳）(2006). 文化的営みとしての発達 個人, 世代, コミュニティ　新曜社

Ryan, R. M. & Deci, E. L. (2000). Self-determination theory and facilitation of intrinsic motivation, social development, and well-being. *American Psychologist, 55*, 68-78.

Samaras, A. P., & Gismondi, S. (1998). Scaffolds in the field: Vygotskian interpretation in a teacher education program. *Teaching and Teacher Education, 14*, 715-733.

佐藤郁哉 (2006). フィールドワーク 増訂版:書を持って街へ出よう　新曜社

Sherman, D. K., Hartson, K. A., Binning, K. R., Purdie-Vaughns, V., Garcia, J., Taborky-Barba, S., Tomassetti, S., Nussbaum, A. D., & Cohen, G. L. (2013). Deflecting the trajectory and changing the narrative: How self-affirmation affects academic performance and motivation under identity threat. *Journal of Personality and Social Psychology, 104*, 591-618.

谷　冬彦（2008）．アイデンティティのとらえ方　岡田　努・榎本博明（編）シリーズ自己心理学：5 パーソナリティ心理学へのアプローチ（pp.6-21）金子書房

Tomasello, M. (2009). *Why we cooperate*. Cambridge: The MIT Press. 橋彌和秀（訳）（2013）．ヒトはなぜ協力するのか　勁草書房

上淵　寿（1998）．自己制御と自己評価の教育　無藤　隆・市川伸一（編著）学校教育の心理学（pp.118-134）学文社

上淵　寿（2012）．動機づけ　日本発達心理学会（編）氏家達夫・遠藤利彦（責任編集）発達科学ハンドブック5：社会・文化に生きる人間（pp.252-262）新曜社

上淵　寿（2018a）．学習の動機づけを理解する　多鹿秀継・上淵　寿・堀田千絵・津田恭充（著）読んでわかる教育心理学（pp.155-178）サイエンス社

上淵　寿（2018b）．自己調整学習を理解する　多鹿秀継・上淵　寿・堀田千絵・津田恭充（著）読んでわかる教育心理学（pp.179-201）サイエンス社

上淵　寿・伊藤忠弘・大芦　治・大家まゆみ・藤江康彦・青山征彦・古屋恵太・三宮真智子・鹿毛雅治（2009）．自己学習再考：その基底への省察　教育心理学年報，*48*, 29-31.

Vadeboncoeur, J. A., Vellos, R. E., & Goessling, K. P. (2011). Learning as (one part) identity construction: Educational implications of a sociocultural perspective. In D. M. McInerney, R. A. Walker, & G. A. D. Liem (Eds.), *Sociocultural theories of learning and motivation: Looking back, looking forward* (pp.223-251). Charlotte, NC: Information Age Publishing.

Ward, C. J., Nolen, S. B., & Horn, I. S. (2011). Productive friction: How conflict in student teaching creates opportunities for learning at the boundary. *International Journal of Educational Research, 50*, 14-20.

Warneken, F., & Tomasello, M. (2008). Extrinsic rewards undermine altruistic tendencies in 20-monthe-olds. *Developmental Psychology, 44*, 1785-1788.

渡邊芳之（2016）．心理学のデータと再現可能性　心理学評論，*59*, 98-107.

山住勝広（2017）．拡張する学校：協働学習の活動理論　東京大学出版会

Zimmerman, B. J. (1986). Becoming a self-regulated learner: Which are the key subprocesses? *Contemporary Educational Psychology, 11*, 307-313.

Zimmerman, B. J. (2001). Theories of self-regulated learning and academic achievement. In B. J. Zimmerman, & D. H. Schunk (Eds.), *Self-regulated learning and academic achievement: Theoretical perspectives* (2nd ed., pp.1-37). Mahwah, NJ: Erlbaum.

●6章

Ames, C. A., & Archer, J. (1988). Achievement goal in the classroom: Students' learning strategies and motivation process. *Journal of Educational Psychology, 80*, 260-267.

Anderman, E. M., Austin, C. C., & Johnson, D. M. (2002). The development of goal orientation. In A. Wigfield & J. S. Eccless (Eds.), *Development of achievement motivation* (pp.197-220). New York: Academic Press.

Atkinson, J. W. (1957). *An introduction to motivation*. Princeton: Van Nostrand.

Barrett, K. C., & Morgan, G. A (1995). Continuities and discontinuities in mastery motivation during infancy and toddlerhood: a conceptualization and review. In R. H. MacTurk & G. A. Morgan (Eds.), *Mastery motivation: Origins, conceptualizations and applications* (pp.57-93). New Jersey: Ablex.

Barrett, K. C., Morgan, G. A., & Maslin-Cole, C. (1993). Three studies on the development of mastery motivation in infancy and toddlerhood. In D. J. Messer (Ed.), *Mastery motivation in early childhood: Development, measurement, and social processes* (pp.83-108). London: Routledge.

Belsky, J., Garduque, L., & Hrncir, E. (1984). Assessing performance, competence, and executive capacity in infant play: Relations to home environment and security of attachment. *Developmental Psychology, 20*, 406-417.

Bernier, A., Carlson, S. M., & Whipple, N. (2010). From external regulation to self-regulation: early parenting precursors of young children's executive functioning. *Child Development, 81*, 326-339.

引用文献

Bindman, S. W., Pomerantz, E. M., & Roisman, G. I (2015). Do children's executive functions account for associations between early autonomy-supportive parenting and achievement through high school? *Journal of Educational Psychology*, *107*, 756-770.

Bird, J. E., & Thompson, G. B. (1986). Understanding of the dimensional terms "easy" and "hard" in the self-evaluation of competence. *International Journal of Behavioral Development*, *9*, 343-357.

Bong, M. (2009). Age-related differences in achievement foal differentiation. *Journal of Educational Psychology*, *101*, 879-896.

Bornstein, M. H., & Sigman, M. D. (1986). Continuity in mental development from infancy. *Child Development*, *57*, 251-274.

Bowlby, J. (1969). *Attachment and loss, Vol. 1: Attachment*. New York: Basic Books.

Bulter, R. (1998). Age trend in the use of social and temporal comparison for self-evaluation: Examination of a novel developmental hypothesis. *Child Development*, *69*, 1054-1073.

Burhans, K. K., & Dweck, C. S. (1995). Helplessness in Early Childhood: The Role of Contingent Worth. *Child Development*, *66*, 1719-1738.

Cain, K. M., & Dweck, C. S. (1995). The relation between motivation patterns and achievement cognition through the elementary school. *Merrill-Palmer Quarterly*, *41*, 25-52.

Cook, T. D., Church, M. B., Ajanaku, S., Shadish Jr., W. R., Kim, J., & Cohen, R. (1996). The Development of Occupational Aspirations and Expectations among Inner-City Boys. *Child Development*, *67*, 3368-3385.

D'Andrade, R. G. (1992). Schemas and motivation. In R. G. D'Andrade & C. Strauss (Eds.), *Human motivation and cultural models* (pp. 23-44). New York: The press syndicate of University of Cambridge.

DeCasper, A. J., & Carstens, A. A. (1981). Contingencies of stimulation: Effects on learning and emotion in neonates'. *Infant Behavior and Development*, *4*, 19-35.

Deci, E. L., & Ryan, R. M. (1985). *Intrinsic motivation and self-determination in human behavior*. New York: Plenum.

Dweck, C. S (2002). The development of ability conceptions. In A. Wigfield & J. S. Eccless (Eds), *Development of achievement motivation*, (pp. 57-89). Academic press.

Dweck, C. S., & Elliott, E. S. (1983). Achievement motivation. In E. M. Hetherington (Ed.), *Hand book of child psychology, vol. 4, Socialization, personality, and social development* (pp. 643-691). New York: Wiley.

Dweck, C. S., & Leggett, E. L. (1988). A social cognitive approach to motivation and personality. *Psychological Review*, *95*, 256-273.

Eccles, J. S. (2005) Subjective task values and the Eccles et al. model of achievement related choice. In A. J. Elliot & C. S. Dweck (Eds.), *Handbook of competence and motivation*, 105-121. New York: Guilford.

Eccles, J. S., Adler, T. F., Futterman, R., Goff, S. B., Kaczala, C. M., Meece, J. L., & Midgley, C. (1983). Expectancies, values, and academic behaviors. In J. T. Spence (Ed.), *Achievement and achievement motivation* (pp. 75-146). San Francisco: W. H. Freeman.

Eccles, J. S, Wigfield, A., Harold, R., & Blumenfeld, P. B. (1993). Age and gender differences in children's self- and task perceptions during elementary school. *Child Development*, *64*, 830-847.

Elliot, A. J., & MacGregor, H. (2001). A 2×2 achievement foal framework. *Journal of Personality and Social Psychology*, *80*, 501-509.

Grolick, W. S., Deci, E. L., & Ryan, R. M. (1997). Internalization within the family: The self-determination theory perspective. In J. Grusec & L. Kuczynski (Eds.), *Parenting and children's internalization of values: A handbook of contemporary theory*. (pp. 135-161). New York: Wiley.

Harter, S. (1975). Developmental differences in the manifestations of mastery motivation on problem-solving tasks. *Child Development*, *46*, 370-378.

Harter, S. (1981). A model of mastery motivation in child. In W. A. Collins (Ed.), *Minnesota Symposium on Child Psychology*, (Vol. 14, pp. 215-255) Hillsdale: Erlbaum.

Harter, S. (2006). The self. In W. Damon, R. Lerner & N. Eisenberg (Eds.), *Handbook of child psychology* (Vol. 3, pp. 505-570). New York: Wiley.

Heckhausen, J. (1982). The development of achievement motivation. In W. W. Hartup (Ed.), *Review of Child*

Development Research (Vol. 6, pp. 600-668). Chicago: University of Chicago Press.

Heckhausen, J. (1988). Becoming aware of one's competence in the second year: developmental progression within the mother-child dyad. *International Journal of Behavioral Development, 11*, 305-326.

Heckhausen, J. (1993). The development of mastery and its perception within caretaker-child dyad. In D. J. Messer (Ed.), *Mastery motivation in early childhood: Development, measurement, and social processes* (pp. 55-79). London: Routledge.

Heckhausen, J., & Shulz, R. (1998). Developmental regulation in adulthood: Selection and compensation via primary and secondary control. In J. Heckhausen & C. S. Dweck (Eds.), *Motivation and self-regulation across the life span* (pp. 50-77). New York: Cambridge University Press.

Heckhausen, J., Wrosch, C., & Schulz, R. (2019). Agency and Motivation in Adulthood and Old Age. *Annual Review of Psychology, 70*, 191-217.

Henderson, V. L., & Dweck, C. S. (1990). Motivation and achievement. In S. Feldman & G. Elder, (Eds.), *Adolescence: At the threshold* (pp. 308-329). Cambridge: Harvard University Press.

Hennecke, M., & Freund, A. M. (2017). The development of goals and motivation. In. J. Specht (Ed.), *Personality Development Across the Lifespan* (pp. 257-273). Academic Press.

Heyman, G. D., Dweck, C. S., & Cain, K. (1992). Young children's vulnerability to self-blame and helplessness. *Child Development, 63*, 401-415.

Hidi, S. (2001). Interest, reading and learning: theoretical and practical considerations. *Educational Psychology Review, 13*, 191-209.

Hidi, S., & Renninger, J. M. (2006). The four phase model of interest development. *Educational Psychology, 41*, 111-127.

Higgins, E. T. (2007). Value. In A. W. Kruglanski & E. T. Higgins (Eds.), *Social psychology: Handbook of basic principles* (pp. 454-472). New York: Guilford Press.

Hunt, J. M. (1965). Intrinsic motivation and its role in psychological development. In D. Levine (Ed.), *Nebraska Symposium on Motivation, 13*. Lincoln: University of Nebraska Press.

Jennings, K. D. (1993). Mastery motivation and the formation of self-concept from infancy through early childhood. In D. J. Messer (Ed.), *Mastery motivation in early childhood: Development, measurement, and social processes* (pp. 36-54). London: Routledge.

Kamins, M., & Dweck, C. S. (1999). Person vs. process praise and criticism: Implication s for contingent self-worth and coping. *Developmental Psychology, 12*, 559-560.

小島康次 (2013). 新成熟論の考え方 日本発達心理学会 (編) 発達心理学と隣接領域の理論・方法論：発達科学ハンドブック 1 (pp. 70-83). 新曜社

Lewis, M., Alessandri, S. M., & Sullivan, M. W. (1992). Differences in shame and pride as a function of children's gender and task difficulty. *Child Development, 63*, 630-638.

Lewis, M., & Brooks-Gunn, J. (1979). *Social cognition and the acquisition of self.* New York: Plenum.

Marsh, H. W., Koller, O., Trautwein, U., & Baumert, J. (2005). Academic self-concept, interest, grades and standardized test scores: Reciprocal effects models of causal ordering. *Child Development, 76*, 397-416.

Maslin-Cole, C., Bretherton, I., & Morgan, G. A. (1993). Toddler mastery motivation and competence: Links with attachment security, maternal scaffolding, and family climate. In D. J. Mwsser (Ed.), *Mastery motivation in early childhood: Development, measurement, and social processes* (pp. 205-229). London: Routledge.

Meece, J. L., & Miller, S. D. (2002). A longitudinal analysis of elementary school student' achievement goals in literacy activities. *Contemporary Educational psychology, 26*, 454-480.

Messer, D. J. (1993). Mastery motivation: An introduction to theories and issues. In D. J. Messer (Ed.), *Mastery, motivation in early childhood: Development, measurement, and social processes* (pp. 1-16). London: Routledge.

Midgley, C. (2002). *Goals, goal structures, and adaptive learning.* Mahwah: Erlbaum.

Morgan, G. A., Maslin-Cole, C., Birinngen, Z., & Harmon, R. J. (1991). Play assessment and mastery motivation in infants and young children. In C. Shaefer, K. Gitlin, & A. Sandgrund (Eds.), *Play diagnosis and*

引用文献

assessment (pp. 54-86). New York: Wiley.

Nicholls, J. G. (1978). The development of the concepts of effort and ability, perceptions of academic attainments, and the understanding that difficult tasks require more ability. *Child Development, 49*, 800-814.

Nicholls, J. G. (1984). Achievement motivation: Conceptions of ability, subjective experience, task choice, and performance. *Psychological Review, 91*, 328-346.

Nicholls, J. G. (1990). What is ability and why are we mindful of it? A developmental perspective. In R. & J. Kolligian (Eds.), *Competence considered* (pp. 11-40). New Haven: Yale University Press.

Piaget, J., & Inhelder, B. (1966). *La psychologie de l'enfant*. Presses Universitaires de France　波多野完治・須賀哲夫・周郷　博（訳）(1969). 新しい児童心理学　白水社

Pomerantz, E. M., Cheung, C. S., & Qin, L. (2012). Relatedness Between children and parents: Implications for motivation. In R. M. Ryan (Ed.), *The Oxford handbook of human motivation* (pp. 335-349). Oxford University Press.

Renninger, K. A., & Su, S. (2012). Interest and its development. In R. M. Ryan (Ed.), *The Oxford handbook of human motivation* (pp. 167-187). Oxford University Press.

Rholes, W. S., & Ruble, D. N. (1984). Children's understanding of dispositional characteristics of others. *Child Development, 55*, 550-560.

Ruble, D. N., Blackwell, J., Jordan, C., & Walters, C. (1980). A developmental studies of learned helplessness. *Developmental Psychology, 16*, 616-624.

Ruble, D. N., & Martin, C. L. (1998). Gender Development. In W. Damon & N. Eisenberg (Eds.), *Handbook of child psychology* (Vol. 3, pp. 993-1016). New York: Jhon Willey and Sons.

Ryan, R. M., & Deci, E. L. (2017). Parenting and the facilitation of autonomy and well-being in development. In R. M. Ryan, & E. L. Deci (Eds.), *Self-determination theory: basic psychological needs in motivation, development, and wellness* (pp. 319-351). New York: Guilford Press.

Schiefele, U. (2009). Situational and individual interest. In K. R. Wenzel & A. Wigfield (Eds.), *Handbook of motivation in school* (pp. 197-223). New York: Taylor Francis.

Schunk, D. H. (1995). Self-efficacy and education and instruction. In J. E. Maddux (Ed.), *The Plenum series in social/clinical psychology. Self-efficacy, adaptation, and adjustment: Theory, research, and application* (pp. 281-303). New York: Plenum Press.

Schneider, K., Hanne, K., & Lehmann, B. (1989). The development of children's achievement-related expectancies and subjective uncertainty. *Journal of Experimental Child Psychology, 47*, 160-174.

Skinner, B. F. (1953). *Science and human behavior*. New York, Macmillan.

Stipek, D., Rucchia, S., & McMlintic, S. (1992). Self-evaluation in young children. *Monographs of the Society for Research in Child Development, 57* (1, Serial No. 226).

Todt, E. (1990). Development of interest. In H. Hetzer (Ed.), *Applied developmental psychology of children and youth* (pp. 213-264). Wiesbaden: Quelle & Meyer.

Watson, J. S. (1972). Smiling, cooing, and "the game". *Mellill-Palmer Quarterly, 18*, 341-347.

Weisgram, E. S., Bigler, R. S., & Liben, L. S. (2010). Gender, Values, and Occupational Interests Among Children, Adolescents, and Adults. *Child Development, 81*, 778-796.

Wigfield, A., & Cambria, J. S. (2010). Students' achievement values, goal orientations, and interest: Definitions, development, and relations to achievement outcomes. *Developmental Review, 30*, 1-35.

Wigfield, A., & Eccles, J. S. (1992). The development of achievement task values: A theoretical analysis. *Developmental Review, 12*, 265-310.

Wigfield, A., & Eccles, J. S. (2000). Expectancy-value theory of achievement motivation. *Contemporary Educational Psychology, 25*, 68-81.

Wigfield, A., Eccles, J. S., & Rodriguez, D. (1998). The development of children's motivation in school contexts. *Review of Research in Education, 23*, 73-118.

White, R. W. (1959). Motivation reconsidered: The concept of competence. *Psychological Review, 66*, 297-333.

White, R. W. (1963). Ego and reality in psychoanalytic theory. *Psychological Issues, 3*, 1-40.

●7章

Ainley, M. (2012). Students' interest and engagement in classroom activities. In S. L. Christenson, A. L. Reschly & C. Wylie (Eds.), *Handbook of research on student engagement* (pp. 283-302). Springer, Boston, MA.

Ainley, M., & Hidi, S. (2014). Interest and enjoyment. In R. Pekrun & L. Linnenbrink-Garcia (Eds.), *International handbook of emotions in education* (pp. 205-227). New York: Routledge.

Ainley, M., Hidi, S., & Berndorff, D. (2002). Interest, learning, and the psychological processes that mediate their relationship. *Journal of Educational Psychology, 94*, 545-561.

Alexander, P. A., & Grossnickle, E. K. (2016). Positioning interest and curiosity within a model of academic development. In K. R. Wentzel & D. B. Miele (Eds.), *Handbook of motivation at school* (2nd ed., pp. 188-208). New York: Routledge.

浅川希洋志（2012）．楽しさと最適発達の現象学：フロー理論　鹿毛雅治（編）モティベーションをまなぶ12の理論（pp. 161-193）　金剛出版

Baumeister, R. F., Vohs, K. D., DeWall, C. N., & Zhang, L. (2007). How emotion shapes behavior: Feedback, anticipation, and reflection, rather than direct causation. *Personality and Social Psychology Review, 11*, 167-203.

Berlyne, D. E. (1966). Curiosity and exploration. *Science, 153*, 25-33.

Boekaerts, M. (2007). Understanding students' affective processes in the classroom. In P. A. Schutz & R. Pekrun (Eds.), *Emotion in education* (pp. 37-56). San Diego, CA: Academic Press.

Boekaerts, M. (2011). Emotions, emotion regulation, and self-regulation of learning. In D. H. Schunk & B. J. Zimmerman (Eds.), *Handbook of self-regulation of learning and performance* (pp. 408-425). New York: Routledge. 岡田　涼（2014）．情動，情動調整と学習の自己調整　塚野州一・伊藤崇達（監訳）自己調整学習ハンドブック（pp. 320-335）　北大路書房

Campos, J. J., Mumme, D., Kermoian, R., & Campos, R. G. (1994). A functionalist perspective on the nature of emotion. 感情心理学研究, *2*, 1-20.

Csikszentmihalyi, M. (1990). *Flow: The psychology of optimal experience.* New York: Harper and Row. 今村浩明（訳）（1996）．フロー体験：喜びの現象学　世界思想社

Csikszentmihalyi, M. (1997). *Finding flow: The psychology of engagement with everyday life.* New York: Basic Books. 大森　弘（監訳）（2010）．フロー体験入門：楽しみと創造の心理学　世界思想社

Csikszentmihalyi, M., & Larson, R. (1987). Validity and reliability of the experience-sampling method. *Journal of Nervous and Mental Diseases, 175*, 526-536.

Del Favero, L., Boscolo, P., Vidotto, G., & Vicentini, M. (2007). Classroom discussion and individual problem-solving in the teaching of history: Do different instructional approaches affect interest in different ways? *Learning and Instruction, 17*, 635-657.

Ebbinghaus, H. (1913). *Memory: A contribution to experimental psychology* (H. A. Ruger & C. E. Bussenius, Trans.). New York: Teachers College Press (Original work published in 1885).

Eccles, J. S., & Wigfield, A. (2002). Motivational beliefs, values, and goals. *Annual Review of Psychology, 53*, 109-132.

Elliot, A. J., & Church, M. A. (1997). A hierarchical model of approach and avoidance motivation. *Journal of personality and Social Psychology, 72*, 218-232.

遠藤利彦（1996）．喜怒哀楽の起源：情動の進化論・文化論　岩波書店

遠藤利彦（2013）．「情の理」論：情動の合理性をめぐる心理学的考究　東京大学出版会

Fastrich, G. M., & Murayama, K. (2020). Development of interest and role of choice during sequential knowledge acquisition. *AERA Open, 6*, 1-16.

Fredricks, J. A., Blumenfeld, P. C., & Paris, A. H. (2004). School engagement: Potential of the concept, state of the evidence. *Review of Educational Research, 74*, 59-109.

Frenzel, A. C., Becker-Kurz, B., Pekrun, R., Goetz, T., & Lüdtke, O. (2018). Emotion transmission in the classroom revisited: A reciprocal effects model of teacher and student enjoyment. *Journal of*

引用文献

Educational Psychology, 110, 628-639.
Frenzel, A. C., Goetz, T., Lüdtke, O., Pekrun, R., & Sutton, R. E. (2009). Emotional transmission in the classroom: Exploring the relationship between teacher and student enjoyment. *Journal of Educational Psychology, 101,* 705-716.
Frenzel, A. C., Goetz, T., Pekrun, R., & Watt, H. M. (2010). Development of mathematics interest in adolescence: Influences of gender, family, and school context. *Journal of Research on Adolescence, 20,* 507-537.
Frenzel, A. C., Pekrun, R., & Goetz, T. (2007a). Girls and mathematics: A "hopeless" issue? A control-value approach to gender differences in emotions towards mathematics. *European Journal of Psychology of Education, 22,* 497-514.
Frenzel, A. C., Pekrun, R., & Goetz, T. (2007b). Perceived learning environment and students' emotional experiences: A multilevel analysis of mathematics classrooms. *Learning and Instruction, 17,* 478-493.
Frijda, N. H. (1988). The laws of emotion. *American Psychologist, 43,* 349-358.
Goetz, T., Frenzel, A. C., Stoeger, H., & Hall, N. C. (2010). Antecedents of everyday positive emotions: An experience sampling analysis. *Motivation and Emotion, 34,* 49-62.
Goetz, T., Pekrun, R., Hall, N., & Haag, L. (2006). Academic emotions from a social-cognitive perspective: Antecedents and domain specificity of students' affect in the context of Latin instruction. *British Journal of Educational Psychology, 76,* 289-308.
Goetz, T., Sticca, F., Pekrun, R., Murayama, K., & Elliot, A. J. (2016). Intraindividual relations between achievement goals and discrete achievement emotions: An experience sampling approach. *Learning and Instruction, 41,* 115-125.
Grossnickle, E. M. (2016). Disentangling curiosity: Dimensionality, definitions, and distinctions from interest in educational contexts. *Educational Psychology Review, 28,* 23-60.
Hall, N. C., Sampasivam, L., Muis, K. R., & Ranellucci, J. (2016). Achievement goals and emotions: The mediational roles of perceived progress, control, and value. *British Journal of Educational Psychology, 86,* 313-330.
Harackiewicz, J. M., Durik, A. M., Barron, K. E., Linnenbrink-Garcia, L., & Tauer, J. M. (2008). The role of achievement goals in the development of interest: Reciprocal relations between achievement goals, interest, and performance. *Journal of Educational Psychology, 100,* 105-122.
Harackiewicz, J. M., Smith, J. L., & Priniski, S. J. (2016). Interest matters: The importance of promoting interest in education. *Policy Insights from the Behavioral and Brain Sciences, 3,* 220-227.
波多野誼余夫 (1976). 知的好奇心の心理学　児童研究会（編）学習意欲を育てる（児童心理選集5）(pp. 43-62) 金子書房
Hektner, J. M., Schmidt, J. A., & Csikszentmihalyi, M. (Eds.). (2007). *Experience sampling method: Measuring the quality of everyday life.* Thousand Oaks, CA: Sage.
Hidi, S. (2006). Interest: A unique motivational variable. *Educational Research Review, 1,* 69-82.
Hidi, S., & Ainley, M. (2008). Interest and self-regulation: Relationships between two variables that influence learning. In D. H. Schunk & B. J. Zimmerman (Eds.), *Motivation and self-regulated learning: Theory, research, and applications* (pp. 77-109). Mahwah, NJ: Erlbaum. 伊藤崇達 (2009). 興味と自己調整：学習の規定因としての相互の関係性　塚野州一（編訳）自己調整学習と動機づけ (pp. 61-87)　北大路書房
Hidi, S., & Renninger, K. A. (2006). The four-phase model of interest development. *Educational Psychologist, 41,* 111-127.
Hill, N. E., & Wang, M. (2015). From middle school to college: Developing aspirations, promoting engagement, and indirect pathways from parenting to post high school enrollment. *Developmental Psychology, 51,* 224-235.
Høgheim, S., & Reber, R. (2015). Supporting interest of middle school students in mathematics through context personalization and example choice. *Contemporary Educational Psychology, 42,* 17-25.
Hospel, V., & Galand, B. (2016). Are both classroom autonomy support and structure equally important for students' engagement? A multilevel analysis. *Learning and Instruction, 41,* 1-10.

引用文献

Huang, C. (2011). Achievement goals and achievement emotions: A meta-analysis. *Educational Psychology Review*, *23*, 359-388.

Hulleman, C. S., Godes, O., Hendricks, B. L., & Harackiewicz, J. M. (2010). Enhancing interest and performance with a utility value intervention. *Journal of Educational Psychology*, *102*, 880-895.

Hulleman, C. S., & Harackiewicz, J. M. (2009). Promoting interest and performance in high school science classes. *Science*, *326*, 1410-1412.

池田安世 (2015). 試験場面における達成関連感情尺度日本語版の作成 心理学研究, *86*, 456-466.

今村浩明・浅川希洋志 (編) (2003). フロー理論の展開 世界思想社

Izard, C. E. (2002). Translating emotion theory and research into preventive interventions. *Psychological Bulletin*, *128*, 796-824.

James, W. (1899). *Talks to teachers on psychology: And to students on some of life's ideals*. New York: Metropolitan Books/Henry Holt and Company.

Järvelä, S., & Renninger, K. A. (2014). Designing for learning: Interest, motivation, and engagement. In R. K. Sawyer (Ed.), *The Cambridge handbook of the learning sciences* (pp. 668-685). New York: Cambridge University Press 小野田亮介 (2017). 学びのためのデザイン：興味, 動機づけ, 積極的関与 秋田喜代美・森 敏昭・大島 純・白水 始 (監訳) 学習科学ハンドブック第3巻 (pp. 123-137) 北大路書房

Jimerson, S. R., Campos, E., & Greif, J. L. (2003). Toward an understanding of definitions and measures of school engagement and related terms. *The California School Psychologist*, *8*, 7-27.

Jirout, J., & Klahr, D. (2012). Children's scientific curiosity: In search of an operational definition of an elusive concept. *Developmental Review*, *32*, 125-160.

鹿毛雅治 (2004).「動機づけ研究」へのいざない 上淵 寿 (編) 動機づけ研究の最前線 (pp. 1-28) 北大路書房

鹿毛雅治 (2013). 学習意欲の理論：動機づけの教育心理学 金子書房

Krapp, A. (2002). An educational-psychological theory of interest and its relation to SDT. In E. L. Deci & R. M. Ryan (Eds.), *Handbook of self-determination research* (pp. 405-427). New York: University of Rochester Press.

Krapp, A., & Prenzel, M. (2011). Research on interest in science: Theories, methods, and findings. *International Journal of Science Education*, *33*, 27-50.

Kwon, K., Kupzyk, K., & Benton, A. (2018). Negative emotionality, emotion regulation, and achievement: Cross-lagged relations and mediation of academic engagement. *Learning and Individual Differences*, *67*, 33-40.

Lee, W., Lee, M.-J., & Bong, M. (2014). Testing interest and self-efficacy as predictors of academic self-regulation and achievement. *Contemporary Educational Psychology*, *39*, 86-99.

Lichtenfeld, S., Pekrun, R., Stupnisky, R. H., Reiss, K., & Murayama, K. (2012). Measuring students' emotions in the early years: The Achievement Emotions Questionnaire-Elementary School (AEQ-ES). *Learning and Individual Differences*, *22*, 190-201.

Linnenbrink, E. A., & Pintrich, P. R. (2002). Achievement goal theory and affect: An asymmetrical bidirectional model. *Educational Psychologist*, *37*, 69-78.

Linnenbrink-Garcia, L., & Barger, M. M. (2014). Achievement goals and emotions. In R. Pekrun & L. Linnenbrink-Garcia (Eds.), *International handbook of emotions in education* (pp. 142-161). New York: Routledge.

Linnenbrink-Garcia, L., Durik, A. M., Conley, A. M., Barron, K. E., Tauer, J. M., Karabenick, S. A., & Harackiewicz, J. M. (2010). Measuring situational interest in academic domains. *Educational and Psychological Measurement*, *70*, 647-671.

Linnenbrink-Garcia, L., Patall, E. A., & Messersmith, E. E. (2013). Antecedents and consequences of situational interest. *British Journal of Educational Psychology*, *83*, 591-614.

Loewenstein, G. (1994). The psychology of curiosity: A review and reinterpretation. *Psychological Bulletin*, *116*, 75-98.

Mainhard, T., Oudman, S., Hornstra, L., Bosker, R. J., & Goetz, T. (2018). Student emotions in class: The relative importance of teachers and their interpersonal relations with students. *Learning and*

引用文献

Instruction, 53, 109-119.
Malatesta, C. Z., & Wilson, A. (1988). Emotion cognition interaction in personality development: A discrete emotions, functionalist analysis. *British Journal of Social Psychology, 27*, 91-112.
Markey, A., & Loewenstein, G. (2014). Curiosity. In R. Pekrun & L. Linnenbrink-Garcia (Eds.), *International handbook of emotions in education* (pp. 228-245). New York: Routledge.
宮本美沙子・奈須正裕（編）(1995).　達成動機の理論と展開：続・達成動機の心理学　金子書房
Murayama, K., FitzGibbon, L., & Sakaki, M. (2019). Process account of curiosity and interest: A reward-learning perspective. *Educational Psychology Review, 31*, 875-895.
Murayama, K., Goetz, T., Malmberg, L-E., Pekrun, R., Tanaka, A., & Martin, A. J. (2017). Within-person analysis in educational psychology: Importance and illustrations. In D. W. Putwain & K. Smart (Eds.), *British Journal of Educational Psychology Monograph Series II: Part 12 The Role of Competence Beliefs in Teaching and Learning* (pp. 71-87). Oxford: Wiley.
長沼君主（2004).　自律性と関係性からみた内発的動機づけ研究　上淵　寿（編）動機づけ研究の最前線 (pp. 30-60)　北大路書房
西川一二・雨宮俊彦（2015).　知的好奇心尺度の作成：拡散的好奇心と特殊的好奇心　教育心理学研究, *63*, 412-425.
O'Keefe, P. A., & Harackiewicz, J. M. (Eds.). (2017). *The science of interest*. Springer, Boston, MA.
O'Keefe, P. A., Horberg, E. J., & Plante, I. (2017). The multifaceted role of interest in motivation and engagement. In A. P. O'Keefe & M. J. Harackiewicz (Eds.), *The science of interest* (pp. 49-67). Springer, Boston, MA.
大芦　治（2018).　心理学における動機づけ概念の起源と発展 (1)：感情心理学における動機づけ　千葉大学教育学部研究紀要, *66*, 9-16.
尾崎由佳・後藤崇志・小林麻衣（2015).　スマートフォンを使用した経験サンプリング法：手法紹介と実践報告　21世紀ヒューマン・インタラクション・リサーチ・センター研究年報, *12*, 21-29.
Pekrun, R. (2005). Progress and open problems in educational emotion research. *Learning and Instruction, 15*, 497-506.
Pekrun, R. (2006). The control-value theory of achievement emotions: Assumptions, corollaries, and implications for educational research and practice. *Educational Psychology Review, 18*, 315-341.
Pekrun, R., Cusack, A., Murayama, K., Elliot, A. J., & Thomas, K. (2014). The power of anticipated feedback: Effects on students' achievement goals and achievement emotions. *Learning and Instruction, 29*, 115-124.
Pekrun, R., Elliot, A. J., & Maier, M. A. (2006). Achievement goals and discrete achievement emotions: A theoretical model and prospective test. *Journal of Educational Psychology, 98*, 583-597.
Pekrun, R., Elliot, A. J., & Maier, M. A. (2009). Achievement goals and achievement emotions: Testing a model of their joint relations with academic performance. *Journal of Educational Psychology, 101*, 115-135.
Pekrun, R., Frenzel, A. C., Goetz, T., & Perry, R. P. (2007). The control-value theory of achievement emotions: An integrative approach to emotions in education. In P. A. Schutz & R. Pekrun (Eds.), *Emotion in education* (pp. 13-36). San Diego, CA: Academic Press.
Pekrun, R., Goetz, T., Frenzel, A. C., Barchfeld, P., & Perry, R. P. (2011). Measuring emotions in students' learning and performance: The Achievement Emotions Questionnaire (AEQ). *Contemporary Educational Psychology, 36*, 36-48.
Pekrun, R., Goetz, T., Titz, W., & Perry, R. P. (2002). Academic emotions in students' self-regulated learning and achievement: A program of qualitative and quantitative research. *Educational Psychologist, 37*, 91-105.
Pekrun, R., Hall, N. C., Goetz, T., & Perry, R. P. (2014). Boredom and academic achievement: Testing a model of reciprocal causation. *Journal of Educational Psychology, 106*, 696-710.
Pekrun, R., Lichtenfeld, S., Marsh, H. W., Murayama, K., & Goetz, T. (2017). Achievement emotions and academic performance: Longitudinal models of reciprocal effects. *Child Development, 88*, 1653-1670.
Pekrun, R., Muis, K., Frenzel, A. C., & Goetz, T. (2017). *Emotion at school*. New York: Routledge.

Pekrun, R., & Perry, R. (2014). Control-value theory of achievement emotions. In R. Pekrun & L. Linnenbrink-Garcia (Eds.), *International handbook of emotions in education* (pp. 120-141). New York: Routledge.

Pitzer, J., & Skinner, E. (2017). Predictors of changes in students' motivational resilience over the school year: The roles of teacher support, self-appraisals, and emotional reactivity. *International Journal of Behavioral Development, 41*, 15-29.

Putwain, D. W., Becker, S., Symes, W., & Pekrun, R. (2018). Reciprocal relations between students' academic enjoyment, boredom, and achievement over time. *Learning and Instruction, 54*, 73-81.

Putwain, D. W., Pekrun, R., Nicholson, L., Symes, W., Becker, S., & Marsh, H. W. (2018) Control-value appraisals, enjoyment, and boredom in mathematics: A longitudinal latent interaction analysis. *American Educational Research Journal, 55*, 1339-1368.

Putwain, D. W., & Symes, W. (2012). Achievement goals as mediators of the relationship between competence beliefs and test anxiety. *British Journal of Educational Psychology, 82*, 207-224.

Putwain, D. W., Symes, W., Nicholson, L. J., & Becker, S. (2018). Achievement goals, behavioural engagement, and mathematics achievement: A mediational analysis. *Learning and Individual Differences, 68*, 12-19.

Reeve, J. (2013). How students create motivationally supportive learning environments for themselves: The concept of agentic engagement. *Journal of Educational Psychology, 105*, 579-595.

Reeve, J. (2018). *Understanding motivation and emotion* (7th ed.). John Wiley & Sons.

Reeve, J., & Lee, W. (2014). Students' classroom engagement produces longitudinal changes in classroom motivation. *Journal of Educational Psychology, 106*, 527-540.

Reeve, J., & Tseng, C.-M. (2011). Agency as a fourth aspect of students' engagement during learning activities. *Contemporary Educational Psychology, 36*, 257-267.

Reindl, M., Tulis, M., & Dresel, M. (2018). Associations between friends, academic emotions and achievement: Individual differences in enjoyment and boredom. *Learning and Individual Differences, 62*, 164-173.

Renninger, K. A. (2009). Interest and identity development in instruction: An inductive model. *Educational Psychologist, 44*, 105-118.

Renninger, K. A., & Hidi, S. (2011). Revisiting the conceptualization, measurement, and generation of interest. *Educational Psychologist, 46*, 168-184.

Renninger, K. A., & Hidi, S. (2016). *The power of interest for motivation and engagement.* New York: Routledge.

Rotgans, J. I., & Schmidt, H. G. (2011). Situational interest and academic achievement in the active-learning classroom. *Learning and Instruction, 21*, 58-67.

Rotgans, J. I., & Schmidt, H. G. (2017a). Interest development: Arousing situational interest affects the growth trajectory of individual interest. *Contemporary Educational Psychology, 49*, 175-184.

Rotgans, J. I., & Schmidt, H. G. (2017b). The relation between individual interest and knowledge acquisition. *British Educational Research Journal, 43*, 350-371.

Rotgans, J. I., & Schmidt, H. G. (2018). How individual interest influences situational interest and how both are related to knowledge acquisition: A microanalytical investigation. *The Journal of Educational Research, 111*, 530-540.

Ruzek, E. A., Hafen, C. A., Allen, J. P., Gregory, A., Mikami, A. Y., & Pianta, R. C. (2016). How teacher emotional support motivates students: The mediating roles of perceived peer relatedness, autonomy support, and competence. *Learning and Instruction, 42*, 95-103.

Ryan, R. M., & Deci, E. L. (2017). *Self-determination theory: Basic psychological needs in motivation, development, and wellness.* New York: Guilford Publications.

Sadoski, M. (2001). Resolving the effects of concreteness on interest, comprehension, and learning important ideas from text. *Educational Psychology Review, 13*, 263-281.

Schiefele, U. (1991). Interest, learning, and motivation. *Educational Psychologist, 26*, 299-323.

Schiefele, U. (2009). Situational and individual interest. In K. R. Wentzel & A. Wigfield (Eds.), *Handbook of motivation at school* (pp. 197-222). New York: Routledge.

引用文献

Schraw, G., Bruning, R., & Svoboda, C. (1995). Sources of situational interest. *Journal of Reading Behavior*, *27*, 1-17.
Shih, S.-S. (2008). The relation of self-determination and achievement goals to Taiwanese eighth graders' behavioral and emotional engagement in schoolwork. *The Elementary School Journal*, *108*, 313-334.
Shiota, M. N., & Kalat, J. W. (2017). *Emotion* (3rd ed.). Oxford University Press.
Silvia, P. J. (2001). Interest and interests: The psychology of constructive capriciousness. *Review of General Psychology*, *5*, 270-290.
Silvia, P. J. (2006). *Exploring the psychology of interest.* New York: Oxford University Press.
Silvia, P. J. (2008). Interest: The curious emotion. *Current Directions in Psychological Science*, *17*, 57-60.
Skinner, E. A., Furrer, C., Marchand, G., & Kindermann, T. (2008). Engagement and disaffection in the classroom: Part of a larger motivational dynamic? *Journal of Educational Psychology*, *100*, 765-781.
Skinner, E. A., Kindermann, T. A., Connell, J. P., & Wellborn, J. G. (2009). Engagement and disaffection as organizational constructs in the dynamics of motivational development. In K. R. Wentzel & A. Wigfield (Eds.), *Handbook of motivation at school* (pp. 223-245). New York: Routledge.
Skinner, E. A., & Pitzer, J. R. (2012). Developmental dynamics of student engagement, coping, and everyday resilience. In S. L. Christenson, A. L. Reschly & C. Wylie (Eds.), *Handbook of research on student engagement* (pp. 21-44). Springer, Boston, MA.
Skinner, E. A., Pitzer, J. R., & Brule, H. A. (2014). The role of emotion in engagement, coping, and the development of motivational resilience. In R. Pekrun & L. Linnenbrink-Garcia (Eds.), *International handbook of emotions and education* (pp. 331-347). New York: Routledge.
Skinner, E. A., Pitzer, J. R., & Steele, J. (2013). Coping as part of motivational resilience in school: A multidimensional measure of families, allocations, and profiles of academic coping. *Educational and Psychological Measurement*, *73*, 803-835.
Suzuki, M., & Akasaka, K. (2018). Do emotions after receiving test results predict review activities? An intra-individual analysis. *Japanese Psychological Research*, *60*, 1-12.
Tanaka, A., & Murayama, K. (2014). Within-person analyses of situational interest and boredom: Interactions between task-specific perceptions and achievement goals. *Journal of Educational Psychology*, *106*, 1122-1134.
田中瑛津子 (2013). 興味の深化を促す授業方略の検討：ポジティブ感情と価値の認知に着目して　教授学習心理学研究, *9*, 12-28.
田中瑛津子・市川伸一 (2017). 学習・教育場面における興味の深化をどう捉えるか：鼎様相モデルによる諸研究の分析と統合　心理学評論, *60*, 203-215.
Tapola, A., Veermans, M., & Niemivirta, M. (2013). Predictors and outcomes of situational interest during a science learning task. *Instructional Science*, *41*, 1047-1064.
上淵　寿 (2004a). 自己制御学習　上淵　寿 (編) 動機づけ研究の最前線 (pp. 108-125)　北大路書房
上淵　寿 (2004b). 自己制御学習におけるコーピングモデルの提唱　心理学研究, *75*, 359-364.
上淵　寿 (編) (2008). 感情と動機づけの発達心理学　ナカニシヤ出版
Weiner, B. (1985). An attributional theory of achievement motivation and emotion. *Psychological Review*, *92*, 548-573.
Westphal, A., Kretschmann, J., Gronostaj, A., & Vock, M. (2018). More enjoyment, less anxiety and boredom: How achievement emotions relate to academic self-concept and teachers' diagnostic skills. *Learning and Individual Differences*, *62*, 108-117.
Wigfield, A., & Eccles, J. S. (2000). Expectancy-value theory of achievement motivation. *Contemporary Educational Psychology*, *25*, 68-81.
吉田寿夫 (2018). 本当にわかりやすい　すごく大切なことが書いてある　ちょっと進んだ　心に関わる　統計的研究法の本Ⅲ　北大路書房

●8章

Atkinson, J. W. (1964). *An introduction to motivation.* Van Nostrand.

Baumeister, R., & Tierney, J. (2011). *Willpower: Rediscovering the greatest human strength.* Penguin Press. 渡会圭子（訳）(2013). Willpower 意志力の科学　インターシフト

Harlow, H. F., & Mears, C. (1979). *The human model: Primate perspectives.* Wiley. 梶田正巳・酒井亮爾・中野靖彦（訳）(1985). ヒューマン・モデル：サルの学習と愛情　黎明書房

Libet, B. (2004). *Mind time: The temporal factor in consciousness.* Harvard University Press. 下條信輔（訳）(2005). マインド・タイム：脳と意識の時間　岩波書店

松元健二 (2014). やる気と脳：価値と動機づけの脳機能イメージング　高次脳機能研究, *34*, 165-174.

Mischel, W. (2014). *The marshmallow test: Understanding self-control and how to master it.* UK: Transword. 柴田裕之（訳）(2015). マシュマロ・テスト：成功する子・しない子　早川書房

Piaget, J., & Inhelder, B. (1966). *The psychology of the child.* Basic Books 波多野完治・須賀哲夫・周郷　博（訳）(1969). 新しい児童心理学　白水社

Reeve, J. (2018). *Understanding motivation and emotion* (7th Ed). Wiley.

Schunk, D. H. & Zimmerman, B. J. (2007). *Motivation and Self-Regulated Learning: Theory, research, and applications.* Routledge.

Weiner, B. (1985). An attributional theory of achievement motivation and emotion. *Psychological Review*, *92*, 548-573.

White, R. W. (1959). Motivation reconsidered: The concept of competence. *Psychological Review*, *66*, 297-333.

Wigfield, A., & Eccles, J. S. (2000). Expectancy-value theory of achievement motivation. *Contemporary Educational Psychology*, *25*, 68-81.

矢田部達郎 (1942/1983). 意志心理学史　培風館

人名索引

● A
Abramson, L. Y.　104
Ainley, M.　176
赤松大輔　79
Akasaka, K.　176
秋田喜代美　122
Alexander, P. A.　176, 182
Ames, C.　24, 25
Anderman, E. M.　158
安藤史高　58
安藤清志　97
新井那二郎　58
荒木友希子　101
Archer, J.　24
浅川希洋志　180
Atkinson, J. W.　12, 30
Austin, S.　58
Avery, R. E.　40
東　洋　125

● B
Banaji, M. R.　96
Bardi, A.　69
Barger, M. M.　174
Bargh, J. A.　116
Barrett, K. C.　153
Bartels, J. M.　41
Bartholomew, K. J.　64
Baumeister, R. F.　169
Becker, S.　174
Beery, J.　21, 43
Belsky, J.　164
Bénabou, R.　52
Berglas, S.　97
Berlyne, D. E.　182
Bernier, A.　164
Bindman, S. W.　164
Bird, J. E.　151
Boekaerts, M.　169
Boiché, J.　59
Bootzin, R. R.　105
Bornstein, M. H.　161
Bostwick, K. C. P.　36
Bowlby, J.　163
Bråten, I.　87
Braver, T. S.　52
Brickman, P.　21

Bruner, J.　132
Bulter, R.　155
Burhans, K. K.　158
Burnette, J. L.　36
Butera, F.　34

● C
Cain, K. M.　159
Cambria, J. S.　161
Cameron, J.　16, 52
Campbell, S. S.　135
Campos, J. J.　168
Cantor, N.　101
Carstens, A. A.　147
Cassady, J. C.　38
Cavazos-Arroyo, J.　36
Cazden, C.　121
Cerasoli, C. P.　53
Chartrand, T. L.　116
Chatzisarantis, N. L. D.　63
Chen, B.　65
Chen, J. A.　89
Chirkov, V.　61
Cho, Y.　38
中條和光　117
Christenson, S. L.　9
Christopher, A. N.　103
Church, A. T.　65
Church, M. A.　25, 28, 39
Cole, M.　124
Conley, A. M.　90
Connell, J. P.　54
Conway, N.　50
Cook, D. A.　36
Covington, M. V.　21, 43, 97
Crouzevialle, M.　34
Csikszentmihalyi, M.　173, 180
Cusack, A.　173, 175

● D
d'Ailly, H.　57
D'Andrade, R. G.　146
Dahl, T. I.　84
Dawson, B.　34, 35
Deaton, A.　67
DeCasper, A. J.　147
Deci, E. L.　14, 45

Del Favero, L. 183
DePasque, S. S. 42
Destin, M. 131
Di Domenico, S. I. 51
Dickhäuser, O. 36
Dittmar, H. 68, 70
Downie, M. 71
Doyens, S. 118
Duda, J. L. 65
Dunn, E. W. 70
Dweck, C. S. 20-26, 29

● E
Ebbinghaus, H. 176
Eccles, J. S. 12, 13
Edmunds, J. 60
Eghrari, H. 57
Eisenberger, R. 52
Elliot, A. J. 25-28, 30, 31, 35, 39, 40
Elliott, E. S. 20-23, 25, 26
遠藤利彦 18, 166
榎本美香 121
Escribe, C. 41
Evered, S. 106

● F
Fastrich, G. M. 183
Feather, N. 12
Feather, N. T. 30
Fernet, C. 58
Ferrari, J. R. 101
Fleer, M. 126
Fletcher, K. L. 38
Franco, G. M. 87
Fredricks, J. A. 181
Frenzel, A. C. 172
Frijda, N. H. 168
Fritz, C. O. 101
Froiland, J. M. 60

● G
Gagné, M. 58
Galand, B. 187
Gharabaghi, K. 137
Gillet, N. 57
Gismondi, S. 124
Goetz, T. 172
Goodwin, R. 69
Goswami, I. 51
後藤崇志 58

Grant, H. 24, 29
Gray, J. A. 109
Greene, D. 16
Grolick, W. S. 164
Grossnickle, E. K. 176, 182
Guay, F. 63
Gurland, S. T. 51
Gutierrez, K, D. 132

● H
Hadden, B. W. 72
Hagger, M. S. 63
萩原俊彦 58
Hall, N. C. 173
原 知章 124
Harackiewicz, J. M. 25, 27, 29, 33
原田 新 131
Hardré, P. L. 57, 60
Harter, S. 149
畑野 快 131
Heckhausen, J. 150, 152
Heckman, J. J. 126
Hektner, J. M. 173
Henderson, V. L. 159
Hewett, R. 50
Heyman, G. D. 158
Hidi, S. 161
Higgins, E. T. 111
Hill, G. 70
Hill, N. E. 187
平岡恭一 58
Hofer, B. K. 76
Høgheim, S. 183
堀野 緑 82
Horn, I. S. 133
保坂裕子 121
Hospel, V. 187
Howard, J. L. 57
Howell, K. L. 84
Howell, R. 70
Huang, C. 39, 174
Huet, N. 41
Hulleman, C. S. 33, 35, 176
Hunt, J. M. 148

● I
市川伸一 77
市川洋子 18
伊田勝憲 131
池田安世 170

Ikeda, K. 40, 41
池上和子 115
Ilardi, B. C. 65
Illingworth, K. S. S. 101
今村浩明 180
Inhelder, B. 147
井ノ崎敦子 18
犬塚美輪 78
Inzlicht, M. 60
石黒広昭 120
Iyengar, S. S. 123
Izard, C. E. 6, 18, 168

● J
James, W. 176
Jang, H. 58
Järvelä, S. 179
Jennings, K. D. 150
Jimerson, S. R. 181
Jirout, J. 182
Jones, E. E. 97

● K
香川秀太 126
鹿毛雅治 5, 74
Kahneman, D. 67
Kalat, J. W. 166
鎌原雅彦 103
亀田達也 145
Kamins, M. 158
鹿子木康弘 121
Kaplan, A. 29
Kardash, C. M. 84
柏木惠子 125
川瀬良美 20, 22, 32
Kim, S. 42, 101
木村大治 126
Kirschner, S. R. 18
北村英哉 116
北山 忍 123
Kitayama, S. 123
Klahr, D. 182
小泉令三 18
小島康次 148
小島康生 144
小松孝至 18
Kopp, M. S. 68
Krapp, A. 176
Krebs, R. M. 52
Kreps, D. 52

Kuhbandner, C. 51
Kwon, K. 181

● L
Lakes, N. 69
Larson, R. 173
Lauermann, F. 14, 15
Lave, J. 124
Lee, K. 41
Lee, W. 42, 51, 176, 181
Legault, L. 60
Leggett, E. L. 20, 22, 23
Leone, D. R. 57
Leontiev, A. L. 127
Lepper, M. R. 16, 121
Levesque, C. 57
Lewis, M. 151
Libet, B. 197
Lichtenfeld, S. 170
Liem, G. A. D. 38
Linnenbrink, E. A. 40, 175
Linnenbrink-Garcia, L. 33, 39
Locke, H. S. 52
Loewenstein, G. 182

● M
Magun-Jackson, S. 41
Mainhard, T. 173
Maio, G. R. 69
Malatesta, C. Z. 168
Manchi, C. M. 131
Markus, H. R. 123
Marsden, K. E. 51
Marsh, H. W. 161
Martin, C. L. 161
Martin, J. 18
Martos, T. 68
丸野俊一 76
Maslin-Cole, C. 164
Maslow, A. 193
Masterov, D. V. 126
松村大希 37
松尾直博 18
Matthews, J. S. 130
McClelland, D. C. 25
McGregor, H. A. 30, 39, 83
McInerney, D. M. 18
Meece, J. L. 160
Messer, D. J. 148
Michailidou, S. 65

Michou, A. 38
Middleton, M. J. 29
Midgley, C. 28, 39
Miller, S. D. 160
Milyavskaya, M. 66
Mischel, W. 196
光浪睦美 97
三和秀平 112
宮本美沙子 12, 172
宮崎清孝 136
Molden, D. C. 110
Montasem, A. 69
Morgan, G. A. 153
森永康子 129
Morling, B. 106
Morris, P. E. 101
本山方子 18, 122
Mouratidis, A. 38
Muis, K. R. 87, 170
村山 航（Murayama, K.） 40, 50, 79
無藤 隆 127

● N
長濱文与 79
長沼君主 180
永作 稔 58
内閣府 123
内藤美加 130
仲 真紀子 105
中井大介 58
中山 晃 86
中澤 潤 18
奈須正裕 12, 103, 127
Neber, H. 91
Ng, B. 42
Ng, J. Y. Y. 65
Niemiec, C. P. 68
Nisbett, R. 115
西村多久磨（Nishimura, T.） 65, 128
Nolen, S. B. 133
野村亮太 76
Norem, J. K. 101
野坂祐子 18
Ntoumanis, N. 58

● O
O'Keefe, P. A. 176
小方涼子 37
大家まゆみ 124
及川昌典 115

岡田 涼 57
Olson, J. M. 69
Omelich, C. L. 98
小野田亮介 80
Open Science Collaboration 143
Otis, N. 58
Oyserman, D. 131
尾崎由佳 109

● P
Padmala, S. 52
Pajares, F. 89
Panksepp, J. 7
Paris, S. G. 128
Patrick, B. C. 57
Patrick, H. 71, 72
Payne, S. C. 32
Pekrun, R. 17, 18, 170
Perry, R. 170
Pessoa, L. 52
Piaget, J. 147
Pierce, W. D. 16
Pintrich, P. R. 27, 30, 75
Pitzer, J. 186
Pomerantz, E. M. 165
Prentice, D. A. 96
Prenzel, M. 176
Proulx, F. A. 14
Puente-Díaz, R. 36
Putwain, D. W. 172, 173, 181

● R
Ratelle, C. F. 57
Rawsthorne, L. J. 28
Reber, R. 183
Reeve, J. 4, 7-9, 57
Reinboth, M. 65
Reindl, M. 174
Reiss, S. 14
Renninger, K. A. 18
Reyes-García, V. 67
Rholes, W. S. 156
Rogoff, B. 125
Rosenberg, M. 96
Rotgans, J. I. 176, 183
Roth, S. 105
Rotter, J. B. 102
Ruble, D. N. 155
Ruzek, E. A. 187
Ryan, A. M. 14, 38

Ryan, R. M. 45

● S
Sadoski, M. 183
櫻井茂男 58, 128
Sam A, H. 130
Samaras, A. P. 124
佐藤郁哉 137
澤田匡人 18
澤海崇文 105
Schattke, K. 14
Schiefele, U. 161
Schmidt, H. G. 176, 183
Schmuck, P. 68
Schneider, K. 151
Schommer, M. 75
Schommer-Aikins, M. 91
Schraw, G. 183
Schunk, D. H. 154
Schutz, P. A. 20, 22
Schwinger, M. 10
Senko, C. 33-35
Sheldon, K. M. 27
Sherman, D, K. 129
Shih, S. 175
Shim, S. S. 38
下條信輔 114
篠ヶ谷圭太 78
Shiota, M. N. 166
塩崎万里 99
Sigman, M. D. 161
Silberman, I. 111
Silvia, P. J. 177
Skinner, B. F. 148
Skinner, E. A. 18, 169, 181
Smiley, P. A. 36
Smillie, L. D. 40
Sommet, N. 35
Srull, T. K. 117
Stephan, Y. 59
Stipek, D. 151
Strumsu, H. I. 87
Su, S. 162
Su, Y. 60
砂上史子 18
鈴木　豪 78, 84, 90
鈴木雅之 58
Suzuki, T. 65
Symes, W. 175, 181

● T
高橋雄介 109
竹村明子 105
田中瑛津子 176
田中健史朗 10, 11
田中道弘 103
Tanaka, A. 176
谷　冬彦 131
Tapola, A. 183
辰野千壽 83
Taylor, G. 57
Tesser, A. 100
Thompson, G. B. 151
Thrash, T. M. 25, 26, 30, 31
Tierney, J. 196
Tirole, J. 52
Tomasello, M. 120
利根川明子 18
外山みどり 115
豊田弘司 18
Tricomi, E. 42
Trope, Y. 21
Tseng, C. 181
塚原拓馬 105

● U
上淵　寿 1, 8, 18, 20, 22, 24, 31, 32, 43, 44
植木理恵 84
植阪友理（Uesaka, Y.） 78, 92
梅本貴豊 10, 11
Unanue, W. 68
Urdan, T. C. 25
Urminsky, O. 51

● V
Vadeboncoeur, J. A. 132
Vallerand, R. J. 56
Van Hiel, A. 69
Van Yperen, N. W. 33, 34
Vansteenkiste, M. 58, 64, 69
Vlachopoulos, S. P. 65
Vygotsky, L. S. 127

● W
若山育代 18
Wang, C. 38
Wang, M. 187
Warneken, F. 121
渡邊芳之 144
Watson, J. S. 147

Weiner, B. 172
Wenger, E. 124
Westphal, A. 173
White, R. W. 21, 44
Wiechman, B. M. 51
Wigfield, A. L. 12, 13
Williams, G. C. 60, 68
Wilson, A. 168
Wilson, T. 115
Wolters, C. A. 10, 86
Woodworth, R. S. 14
Wormington, S. V. 39
Wyer, R. S. 117

●Y
山田　歩　115
山住勝広　127
Yang, N.-D. 86
矢田部達郎　197
吉田寿夫　175
吉崎聡子　58
Yu, S. 61

●Z
Zimmerman, B. J. 128

事項索引

● あ
愛着理論　163
IBM　131
アフェクト　167
アンダーマイニング効果　16
unknown question　136

● い
意志力　196
一次的コントロール　105
一般レベル　62
イフェクタンス動機づけ　149
意味理解志向　78

● え
MSLQ　81
エンゲージメント　9

● か
外見目標　34
改善テスト観　80
外的調整　55
外的統制　103
外的リソース　77
外発的動機づけ　14
拡散的探索　182
学習観　77
学習性無力感　103
学習内容の重要性　82
学習の功利性　82
学習方略　74
可視化　122
過正当化効果　121
課題基準　31
課題の診断性　21
活動　127
活動理論　127
環境志向　78
関係志向　81
関係性動機づけ理論　70
関係性への欲求　64
感情調整　169
関与度　100

● き
基準　26, 30
期待 − 価値モデル　12

期待 × 価値理論　12
気分　167
基本的心理欲求理論　63
強化感受性理論　109
教科書観　80
強制テスト観　80
協働　127
協同活動的授業観　79
協同作業認識　80
興味価値　12
興味の発達モデル　177

● く
グラウンデッドセオリー　122
グランドセオリー　122
訓練志向　81

● け
警戒方略　113
経験サンプリング法　173
結果　2
結果志向　78
検索誘導性忘却　40

● こ
後帯状皮質　51
行動賦活系（BAS）　109
行動抑制系（BIS）　109
コーピング　169
個人的興味　161
コスト　12
固定マインドセット　36
　　→ マインドセット
固定理論　23
コンピテンス　21, 147

● さ
再現性　118

● し
自己意識的感情　168
思考過程重視志向　78
志向性　25
自己改善　96
自己価値理論　21
自己決定理論　45
自己高揚　96

232

事項索引

自己効力（感） 11, 32, 75, 81, 86, 91, 106, 130, 154, 161, 189
自己知識 96
自己調整学習 128
自己評価維持（SEM）モデル 100
事実の到達可能性 76
自尊志向 81
自尊心 96
自尊欲求 95
実践 127
失敗活用志向 78
実用志向 81
自動動機理論 116
社会化 12
社会性発達 37
社会性明示回避 37
社会性明示接近 37
社会的達成目標 37
社会的比較情報 155
社会文化的アプローチ 121
充実志向 81
自由選択場面 49
状況的興味 161
状況レベル 62
情動 6
情動的態度 167
自律性 48
　→ 自律性への欲求
自律性への欲求 64
自律的志向性 60
新成熟論 148
心性単一性仮定の誤り 123
人生目標 67
迅速性 76
信念 74

●せ

制御焦点理論 109
制御適合理論 112
精緻化方略 83
成長マインドセット 36
　→ マインドセット
正統的周辺参加論 132
接近 – 回避 30
セルフコントロール 195
セルフ・ハンディキャッピング 97
選好 6
先行要因 2

●そ

相互協調的自己観 123
相互独立的自己感 123
相対目標 34
増大理論 23
促進焦点 110

●た

体制化方略 83
態度 6
達成価値 12
達成関連感情 170
達成動機づけの階層モデル 25
達成目標 20, 86
達成目標理論 20
探索行動 150

●ち

知識伝達的授業観 79
知識の確実性と単純性 76
知識の起源と権威性 76
知識の正当性と実在性 76
知的好奇心 182
調整スタイル 54

●て

Discrimination モデル 106

●と

同一視的調整 55
動因 7
動機 (motive) 2, 4
動機づけ (motivation) 1
動機づけの階層モデル 62
統合的調整 55
統制（コントロール）の位置 102
統制 – 価値理論 171
統制感 81
島皮質 51
特殊的探索 182
取り入れ的調整 55

●な

内的調整 55
内的統制 103
内的リソース 77
内発の動機づけ 14
内容関与動機 85
内容分離動機 86
ナラティブ 122

233

事項索引

● に
二次的コントロール　105
認識的信念　75
認知的学習観　78
認知的評価理論　47

● ね
ネガティブな内発的動機づけ　17
熱望方略　113

● の
能力概念　159

● は
Back/up モデル　106
発達の最近接領域　134
パフォーマンス回避目標　27
パフォーマンス接近目標　27
パフォーマンス目標　23
反映過程　100

● ひ
比較過程　100
比較文化的アプローチ　121
被統制的志向性　60
非認知的学習観　78
批判的志向　88
表出　2

● ふ
ファシリテータ　139
物量志向　78
プライミング　117
フロー　180
Process-Product（P-P）　121
プロトラーナー／現学習者　140
文脈レベル　62

● ほ
報酬志向　81
方略志向　78
ポジティブな内発的動機づけ　16

● ま
マインドセット（mindset）　36

● マ
マシュマロ・テスト　196
マスタリー目標　23
マスタリー・モチベーション　149
マテリアリズム　68
丸暗記志向　78
マルチレベル　173

● む
無価値的志向性　61

● め
メタ認知的方略　88

● も
目的　25
目標　151
目標志向　2
目標内容理論　66
モニタリング方略　83

● ゆ
有能感への欲求　64
有能さ　20

● よ
要求　5
欲求　6
予防焦点　110

● り
利他的動機づけ　121
リハーサル方略　88
理由　26
利用価値　12
利用知識の性質　76

● る
ルーブリック　93

● わ
work avoidance 目標　37
ワーキングメモリ　34

■ 執筆者一覧 ■

(執筆順，＊は編者)

上淵　寿＊	(早稲田大学教育・総合科学学術院)	序章，1章
西村　多久磨	(福山市立大学教育学部)	2章
篠ヶ谷　圭太	(日本大学経済学部)	3章
稲垣　勉	(京都外国語大学外国語学部)	4章
梅﨑　高行	(甲南女子大学人間科学部)	5章
髙崎　文子	(熊本大学大学院人文社会科学研究部)	6章
利根川　明子	(東京学芸大学教育学部／東京大学大学院教育学研究科)	7章
鈴木　雅之	(横浜国立大学教育学部)	7章
大芦　治＊	(千葉大学教育学部)	8章

■ 編者紹介 ■

上淵　寿（うえぶち　ひさし）

1965 年　長野県に生まれる
1997 年　東京大学大学院教育学研究科博士後期課程単位取得退学
現　在　早稲田大学教育・総合科学学術院教授　博士（教育学）

【主著・論文】

『動機づけ研究の最前線』（編著）　北大路書房　2004 年
『感情と動機づけの発達心理学』（編著）　ナカニシヤ出版　2008 年
『キーワード　動機づけ心理学』（編著）　金子書房　2012 年
『フィールド心理学の実践：インターフィールドの冒険』（共編）　新曜社　2013 年
自己制御学習におけるコーピングモデルの提唱　心理学研究，75 巻，359-364．2004 年
自己制御学習とメタ認知―志向性，自己，及び環境の視座から―　心理学評論，50 巻，227-242．2007 年

大芦　治（おおあし　おさむ）

1966 年　東京都に生まれる
1989 年　早稲田大学第一文学部心理学専修卒業
1996 年　上智大学大学院文学研究科博士後期課程単位取得退学
現　在　千葉大学教育学部教授　博士（心理学）

【主　著】

『動機づけ研究の最前線』（共著）　北大路書房　2004 年
『無気力な青少年の心：無力感の心理』（編著）　北大路書房　2005 年
『心理学：理論か臨床か（改訂版）』（単著）　八千代出版　2011 年
『無気力なのにはワケがある：心理学が導く克服のヒント』（単著）　NHK 出版　2013 年
『教育相談・学校精神保健の基礎知識（第 3 版）』（単著）　ナカニシヤ出版　2016 年
『心理学史』（単著）　ナカニシヤ出版　2016 年

新・動機づけ研究の最前線

2019 年 8 月 20 日　初版第 1 刷発行	定価はカバーに表示
2024 年 5 月 20 日　初版第 4 刷発行	してあります。

編著者　　上　淵　　　寿
　　　　　大　芦　　　治

発行所　　㈱北大路書房
　　　　　〒603-8303　京都市北区紫野十二坊町 12-8
　　　　　電　話　(075) 431-0361 ㈹
　　　　　ＦＡＸ　(075) 431-9393
　　　　　振　替　01050-4-2083

印刷・製本　創栄図書印刷（株）
ISBN 978-4-7628-3072-3　　Printed in Japan© 2019
検印省略　落丁・乱丁本はお取替えいたします。

・ JCOPY 〈㈳出版者著作権管理機構 委託出版物〉
本書の無断複写は著作権法上での例外を除き禁じられています。
複写される場合は，そのつど事前に，㈳出版者著作権管理機構
（電話 03-5244-5088,FAX 03-5244-5089,e-mail: info@jcopy.or.jp）
の許諾を得てください。